AF140822

* *

VON

CHRISTUS

GETRAGEN

*   *   *

… UND WACHSEN

IN DER ERKENNTNIS

DER HERRLICHKEIT

SEINES WUNDERBAREN NAMENS

* *

Herstellung und Verlag:
BoD - Books on Demand, Norderstedt
ISBN 978-3-7392-2116-8

Weiter sind erschienen:
ISBN 9783739222790:   Die Botschaft der 11 Gewürze der Bibel,
die auf Christus und Sein Werk hinweisen.
ISBN 9783739219936:   Die Musikinstrumente der Bibel;
eine Gabe Gottes, zur Ehre des Herrn.

Literaturverzeichnis:
Steine und Mineralien.
Dorling Kindersley Verlag GmbH, München, 2009.
Prof.Dr. Walter Schumann: Edelsteine und Schmucksteine.
BLV Buchverlag GmbH & Co.KG, München, 14. Auflage.
Dr. Andreas Landmann: Edelsteine und Mineralien.
Sammüller Kreativ GmbH, Edition XXL GmbH, Fränkisch-Crumbach, 2004.
Prof. Michael Zohary: Pflanzen der Bibel.
Calwer Verlag, Stuttgart, 1983.

Die Bibelstellen werden nach der „Elberfelder Übersetzung"
(Edition Christliche Schriftenverbreitung Hückeswagen, 2003) angeführt.

Eine breite Auslegung

der symbolischen Bedeutung

und Tragweite

der Schultersteine,

des Brustschilds

und des reinen goldenen Tisches

mit seinen Schaubroten

im 2. Buch Mose

* *

* * * * * * * * * * * * * * * * * *

* * * * * * * * *

Themenverzeichnis

Vorwort

Ich stellte mir die Frage ob und *wie* Christus die Seinen *heute* trägt. Wir wissen aus der Schrift, dass Er als der gute Hirte sowohl den Verirrten als auch den Verlorenen trägt (Mt 18,12; Lk 15,4). Als unser Herr hat Jesus auf dem Kreuz unsere Sünden getragen (1.Pet 2,24; Heb 9,28). Und wie viele Stellen finden wir im Alten Testament wo Er sowohl als mitfühlender und leidender Messias täglich die Last Seines irdischen Volkes trägt als auch den jüdischen Überrest als der Herrscher im 1000-jährigen Reich (Ps 68,20; Jes 46,4).

Doch heute ist Christus als der Sohn des Menschen verherrlicht im Himmel und wir lesen im speziellen nirgendwo, dass Er die Seinen dort "trägt". Er verwendet sich für uns weil Er "Mitleid zu haben vermag mit unseren Schwachheiten" (Heb 7,28; 4,15). Aber wir lesen im Hebräerbrief auch, dass Er als der Sohn Gottes und Schöpfer und Erhalter alle Dinge durch das Wort Seiner Macht trägt (Kap. 1,3). "*Alle Dinge*", ist das nicht die Gesamtheit der Schöpfung, sind das nicht auch wir, die Menschen global? Und sind das nicht im besonderen auch die Seinen, wir, die Kinder Gottes? "*Das Wort*", ist das nicht die Bibel, die Heilige Schrift? "*Seiner Macht*", ist das nicht das "Ich will" des ewigen "Ich bin"? Demnach trägt Christus heute die Seinen mittels der Bibel, die Sein Wort ist.

Ich suchte weiter in Gottes Wort, denn dieses Ergebnis war mir zu allgemein. Was ist, wenn wir durch schlimme Ereignisse in unserem Leben gar nicht mehr fähig sind uns selber zu tragen? Wenn wir durch schier erdrückende Dinge in Familie, Beruf, Gesundheit und nicht zuletzt auch Stress innerhalb des Volkes Gottes so daniederliegen, dass das Leben nicht mehr aushaltbar scheint? Wie, auf welche Art und Weise ist mein Herr dann da um mich aufzuheben, mich zu tragen, mich zu stärken, mich auf meine Füße zu stellen und mich zu ermuntern mit Hoffnung und Freude, mit Ruhe und Frieden im Herzen in Seiner Nachfolge aufs neue loszugehen? Weil Er besorgt ist um mich, weil Ihm an mir liegt muss es in der Bibel eine Antwort geben, eine grundsätzliche und immer und für jeden gültige.

So lang mein Jesus lebt
und Seine Kraft mich trägt,
muss Furcht und Sorge von mir fliehn,
mein Herz in Lieb erglühn.

Drum blick ich nur auf Ihn,
o seliger Gewinn!
Mein Jesus trägt mich ganz gewiss,
das ist mein Paradies.

Das "Tragen" des Christus in heutiger Zeit, der Gnadenzeit, finden wir nur vorgebildet und grundsätzlich in der reichen Bildersprache, in der Symbolik des Alten Testamentes und die gilt es ganz wachsam nüchtern aber sehr unter Gebet in Anwendung zu bringen. Und damit wird die Sache kompliziert, denn vieles ist nicht mehr so wie es früher war; alte Worte und ihre Bedeutung sind verschwunden beziehungsweise sind durch neue ersetzt, Begriffe und Zuordnungen haben sich in den Jahrtausenden geändert oder sind verloren gegangen, usw. Der Urtext der Bibel ist das inspirierte Wort Gottes! Wir halten heute eine gedruckte Übersetzung dieses Urtextes in Händen, der von Wissenschaftlern bestmöglich übersetzt worden ist. Da, wo Schwierigkeiten bei der Zuordnung von Begriffen oder andere Übersetzungsschwierigkeiten wie z.B. andere Übersetzungsmöglichkeiten auftauchten, wurde zumindest in der Elberfelder Übersetzung darauf hingewiesen. Wir wollen festhalten, dass wissenschaftlich akzeptierte Erkenntnisse (hier der Bereich Mineralogie und Flora) bei fundiert neuer Faktenlage revidiert werden müssen. Grundsätzlich gilt also: Menschliches Wissen - die Weisheit der Welt - hat ihre Grenzen und unterliegt latent (d.h. vorhanden, aber noch nicht erkennbar; versteckt; verborgen; nicht offenkundig) der Gefahr des Irrtums; *die Weisheit* (absolut) wird nur bei Gott dem ewig Allwissenden gefunden.

"Denn ohne mich könnt ihr gar nichts tun" sagt unser Herr. In diesem Bewusstsein, indem ich mich bewusst in Seine Abhängigkeit stelle möchte ich nach bestem Vermögen meiner Frage in Seinem Wort nachgehen. Ich war etwa 5 Jahre mit meinem Suchen und ausarbeiten - es war eine über die Maßen gesegnete Zeit - beschäftigt und habe von Ihm viel gelernt. Ich habe meinen wunderbaren Herrn in vielen Schönheiten aufs Neue aber tiefer, intensiver in Seinem Wort gefunden.

Diese vielen Fundstücke habe ich zusammengetragen und mein Wunsch ist es, dass jeder Leser gleich mir zuhört und staunt, wenn Er uns Sein Wort öffnet und all das erklärt, was Ihn betrifft.

Einleitung

Die Herrlichkeit Gottes besteht, vom Standpunkt des Menschen aus betrachtet, darin, dass Gott Licht und Liebe ist; daraus fließen alle übrigen Eigenschaften Gottes hervor. In Seinem tiefsten Wesen ist Gott Vater. Im Johannes-Evangelium nennt der Herr Jesus Christus, der Sohn Gottes, Ihn „heiliger Vater!" und „gerechter Vater!", und von der Liebe Gottes gibt dieses ganze Evangelium ein überwältigendes Zeugnis. Unser Verständnis und unser Fassungsvermögen für die Wesenheiten Gottes ist relativ, doch immer ist es sehr gering. In der Absolutheit ihres Bestehens in Gott ist Sein Wesen für jedes Geschöpf ewig unausforschlich, unfassbar, unergründlich. Auch in der Ewigkeit ist es für die Erlösten, Gottes eigene Kinder in Christus, ein nie endendes Erkennen von Herrlichkeit zu Herrlichkeit, in Ihm, unserem Herrn und Heiland. Herrlichkeit bedeutet mit Blick auf Gott, dessen Majestät, Hoheit und der Lichtglanz, der von Seiner Nähe ausgeht, Seine Souveränität, Macht und Vollkommenheit. Offenbaren heißt ganz allgemein, dass eine Sache, die schon früher da war, jetzt erst zu sehen ist, beziehungsweise jetzt erst die ganze Wirklichkeit erkannt wird. Wenn Gott sich als der „Gott der Herrlichkeit" offenbart - und Er tut es heute in der Person Seines Sohnes, und sein Name heißt „das Wort Gottes" (Off 19,13) - konnte es nur unter Aufrechterhaltung Seiner Heiligkeit, der völligen Trennung (Absonderung) von Finsternis und Hass, von jeder Art der Sünde geschehen. So unmöglich Licht Gemeinschaft haben kann mit Finsternis und Liebe nicht mit Hass korrespondiert, so unmöglich ist es Gott, Gemeinschaft mit Sündern zu haben. Zum Preise der Herrlichkeit Seiner Gnade wirkt heute die Gerechtigkeit Gottes zu ewigem Leben in völliger Übereinstimmung dieser beiden Wesenszüge. Die Gnade Gottes, das überragende Merkmal Seiner Natur - frei zugänglich, bedingungslos und göttlich vollkommen. Offenbart und in Vollkommenheit erwiesen in der Person des Herrn Jesus Christus, macht die Gnade es dem Grundsatz nach jedem Menschen möglich, Gemeinschaft mit Gott als eines Vaters zu haben, in Seiner Liebe zu ruhen und wohlbewahrt zu sein in Seinem Frieden. Der Weg dorthin, in das ewige Leben - das ist Christus in uns und wir in Ihm -, führt allein durch die enge Pforte, durch den Glauben an den Sohn Gottes, der gesagt hat: *„Ich bin der Weg und die Wahrheit und das Leben. Niemand kommt zum Vater als nur durch mich".* Dieses Heil, diese ewige Errettung, kann sich niemand durch religiös-sein verdienen, weder durch irgend eine christliche Kirchenordnung, noch durch die judaistische Liturgie und auch nicht darüber hinaus durch eine Vielzahl guter Werke; „denn durch die Gnade seid ihr errettet, mittels des Glaubens; und das nicht aus euch, Gottes Gabe ist es; nicht aus Werken, damit niemand sich rühme." Ehrlicher, wahrhaftiger Glaube aus einem bußfertigen Herzen und die praktische Umkehr zu Ihm hin ist der Ausgangspunkt.

Der Herr Jesus Christus, Sohn Gottes und aller Menschen Herr, hat sich so sehr erniedrigt, um den Willen Seines Vaters zu erfüllen - der nicht will, dass irgendjemand verloren geht -, dass Er uns gerade dort begegnete, wo wir uns befanden, nämlich tief in unseren Sünden verstrickt und in der Gewalt Satans. *Der Herr musste zu uns kommen*, und - Ihm sei Lob und Dank! - Er ist diesen schweren, leidensvollen Weg der Mühsal bis an das Kreuz freiwillig und in einem gewissen Sinn, wie uns der Heilige Geist im Hebräerbrief wissen lässt, mit Freuden gegangen (Heb 12,2). Die Liebe trieb Ihn, und die Gnade machte den Weg frei. In uns selbst, unfähig, zu Ihm zu gehen, hat uns der Heiland gleich einem guten Hirten aus dem Rachen des brüllenden Löwen gerissen und Er hat uns in Seinen wunderbaren Garten getragen: Schutz, Sicherheit und Allgenugsamkeit in jeder Hinsicht haben wir bei Ihm und dürfen Seine Herrlichkeiten betrachten.

Aber auch das Mit-Ihm-Gehen fällt uns oft schwer, wir werden müde und fallen zurück oder/und kommen vom Weg ab. Dann spüren und erleben wir besonders, dass wir wieder und wieder getragen werden müssen und es sind sehr bewusste, in uns eingeprägte und überaus glückliche Momente und Erinnerungen, wenn wir erkennen, dass Er uns in Gnade und Liebe wirklich trägt - jeden Tag, jede Stunde. Und auch die Gemeinschaft mit Ihm und dem Vater - aber auch untereinander - hat uns immer wieder im Herzen vor jeder Art des Eigenwillens bewahrt und uns durch so manche Schwierigkeiten und Widrigkeiten dieser Zeit hindurch getragen.

Die drei großen Wahrheiten der Offenbarung der Herrlichkeiten Gottes,

⇒ Seine überschwängliche Gnade,
⇒ Seine ewige Liebe
⇒ und die herrliche und segensreiche Gemeinschaft mit Ihm,

stehen in einzigartiger vollkommener Weise mit Seiner Heiligkeit und Wahrheit in Harmonie. Die Gnade, die ihren Ursprung im Herzen Gottes hat, musste notwendigerweise tätig werden wegen der Sünde und Schuld eines Menschen (nämlich Adam), und sie ist sozusagen der Kanal, der es der Liebe erst ermöglicht auszuströmen, um sich in der Gemeinschaft vollkommen, über die Maßen mehr, auszubreiten, damit unsere Freude zur Vollendung gebracht wird.

⇒ Ohne Seine Gnade wären wir verloren.
⇒ Ohne Seine Liebe wären wir einsam.
⇒ Ohne Seine Gemeinschaft wäre alles Liturgie und Religion.

Das sehen wir in verschiedenen Vorbildern des 2. Buch Moses. Bei der Betrachtung

⇒ der Schultersteine,
⇒ des Brustschilds
⇒ und des reinen goldenen Tisches und seiner Schaubrote,

in Verbindung mit dem Neuen Testament (NT), erkennen wir - geistlich angewandt - die tiefe Bedeutung dieser Dinge und wie weitreichend sie sind. Es sind große Wahrheiten in diesen Vorbildern verborgen, die unseren Blick über die Zeitalter hinweg bis in die Ewigkeit führen; sie zeugen für uns „von den Leiden, die auf Christus kommen sollten, und von den Herrlichkeiten danach". Sehr deutlich wird auch, was Augustinus (* 13.11.354, † 28.08.430) schon erkannt hatte, dass das NT im Alten aufbewahrt ist und dass sich das Alte Testament (AT) im Neuen entfaltet. Die Geheimnisse des Alten werden im Neuen offenbar.

Mögen uns die Betrachtungen an alte gesegnete Wahrheiten erinnern. Mögen sie uns ermuntern (ermahnen), den Blick auf unseren Herrn und Heiland zu richten, den Anfänger und Vollender des Glaubens, der allein uns vor Straucheln zu bewahren vermag. Bleiben wir in Ihm, dann leitet Er uns auch in der ganzen Wahrheit zur Verherrlichung Seines Namens, durch den Heiligen Geist, den Gott uns gegeben hat. Wird unser Glaube vermehrt - Gottes Gabe ist es -, dann trägt er auch siebenfältige Frucht (2.Pet 1,1-12). Entsprechend dem Maß unseres Glaubensgehorsams, mit dem wir an Seinem Wort festhalten und darin leben, werden Geist und Seele mit Ruhe, mit Liebe, Freude und Frieden erfüllt und befestigt sein, denn wir wissen uns in all unseren Umständen jeden Tag von Christus wunderbar getragen, bis wir vom Glauben zum Schauen gelangen. Ja, Er trägt dich und mich, Er trägt uns durch die Wüste bis ins Vaterhaus. Gepriesen sei Sein Name.

⇒ Ergreife diese Gnade - täglich - und halte sie fest!
⇒ Erkenne Seine Liebe - täglich - und lebe bewusst darin!
⇒ Genieße die Gemeinschaft mit deinem Gott - täglich - und mit allen Heiligen und bewahre sie dir!

1. Israel, die Leviten und Aaron, der Hohepriester

2. Mose 28,1-4.39-43; 29; 30,30;
3. Mose 8; 9; 4. Mose 3; 8.

Israel - aus dem Zeitlauf der Welt herausgerufen

In Seinen Ratschlüssen, die der einige Gott in der Ewigkeit vor aller Zeit gefasst hat, ist Er immer sich selbst treu. Er ist gleichermaßen Licht (das spricht von Seiner Reinheit, Heiligkeit, Gerechtigkeit, Wahrheit) wie Er auch Liebe ist (das ist die treibende Kraft). Nie wird bei Gott das eine hinter dem anderen zurückstehen. »„Licht" ist wie ein Wort in Flammenschrift, das die innewohnende, absolute Reinheit des göttlichen Wesens zum Ausdruck bringt, während „Liebe" von der uneingeschränkten Tätigkeit Gottes im Blick auf andere wie auch auf sich selbst spricht.« (W.Kelly). Einst wohnte Gott in undurchdringlicher Finsternis. Selbst bei Seinem auserwählten Volk Israel und später im Judentum, wohnte Er in gewisser Weise „im Dunkel"[1], und im Hinblick auf Seinen ewigen Heilsratschluss sprach Gott „in Rätseln"[2]. Und die Person des Schöpfers, als der Sohn Gottes und wahrer Mensch, war noch nicht bekannt. Agur, ein Ismaelit aus dem Gebiet Massa, der Verfasser von Sprüche 30 fragt: „Wer ...? Wer ...? Wer ...? Was ist sein Name, und was der Name seines Sohnes?" Doch schon in der Ewigkeit sehnte sich Gott in Seiner Liebe nach wahrhaftiger, reiner und praktischer Gemeinschaft mit den Menschen und in Seiner Gnade führt Er Menschen bis heute schrittweise und in zunehmender Weise in das Licht der Erkenntnis Seiner selbst; es entspricht dem göttlichen Grundsatz: Zuerst erkennen wir „den Halm, dann die Ähre, dann vollen Weizen in der Ähre" (Mk 4,28) - und ist der Mensch gläubig und ergeben in der Hand

---

[1] 1.Kö 8,12; 2.Chr 6,1; Ps 97,2.
[2] Vgl. Ps 49,5; Mt 13,17; Lk 10,24; 1.Pet 1,10-12.

Gottes, gleicht er einer Ähre: je voller sie ist, desto tiefer neigt sie sich - und bringt Frucht. In unserem Zeitalter der Gnade können grundsätzlich alle Menschen die Herrlichkeit Gottes und Seine Wahrheit in der wunderbaren Person des wahren Menschen Jesus Christus, des Sohnes Gottes, in vielfältiger und auf vielerlei Weise erkennen. In Seinem Wort, der Bibel - der Heiligen Schrift -, offenbart Er sich als der ewige Gott, der „Gott der Zeitalter"[3]. Im 1. Timotheusbrief wird Gott der „König der Zeitalter" genannt, der „unvergängliche, unsichtbare, alleinige Gott, ... der selige und alleinige Machthaber, der König der Könige, der Herr der Herren, der allein Unsterblichkeit hat, der ein unzugängliches Licht bewohnt, den keiner der Menschen gesehen hat noch sehen kann, dem Ehre sei und ewige Macht! Amen" (1,17; 6,15.16). Er offenbart sich selbst vor allen Seinen Geschöpfen, aber *für* die Menschen in einer fortschreitenden Linie, in acht Schritten oder Stufen, die Seine Herrlichkeiten, Seine Eigenschaften, die aus Seinem inneren Wesen als Haltung und Handeln gegenüber anderen hervorgehen (wir sprechen dann von der Natur Gottes), völlig zur Entfaltung bringen,

als „DER SCHÖPFER-GOTT" („Elohim");
die Gottheit im absoluten Sinn in Seinem eigenen
unumschränkten Wesen
(1.Mo 1; Rö 1,19.20);

als „DER ALLMÄCHTIGE" („El-Shaddai");
der Gott, der genug ist, den Patriarchen
(1.Mo 17,1; 28,3; 35,11);

als „DER JEHOVA-GOTT" („Jahwe", »JHWH«);
„der Ewigseiende", „der Unveränderliche", „der Unwandelbare,
in Seiner Beziehung zu den Menschen, und besonders
zu Israel, Seinem Bundesvolk;
(2.Mo 3,14.15; 6,2.3);

---

[3] 1.Mo 21,33; Jes 40,28; vgl. Rö 16,26. „El-Olam": »Der Gott der Weltzeiten, der Seinen Willen nicht auf einmal, sondern in aufeinanderfolgenden Zeitaltern und vermittels verschiedener Erziehungsmethoden ausführt.« (A.Jukes)

als „DER GOTT DES HIMMELS",

zu Beginn der Zeiten der Nationen
(2.Chr 36,5.23; Esra 1,2; Neh 1,4; Dan 2.18.37; 4,14.22.29; 7)

als „IN DEM BILD SEINES SOHNES",

welcher der Abglanz Seiner (Gottes) Herrlichkeit
und der Abdruck Seines (Gottes) Wesens ist,
die Fülle der Gottheit leibhaftig;
(Joh 1,14.18; 2.Kor 4,4.6; Kol 1,15.19; 2,9; Heb 1,3);

als „UNSER VATER",

denen, die an den Namen Seines Sohnes glauben
(Joh 20,17);

als „DER HÖCHSTE" („El-Eljon");

der Gott der Himmel und Erde besitzt; allerhöchster Gott in
Bezug auf das Reich und während des messianischen Reichs
(1.Mo 14,18; 5.Mo 32,8);

als „GOTT, DER ALLES IN ALLEM (IN ALLEN) IST";

der eine Gott, der Mensch Jesus,
im unveränderlichen, im ewigen Zustand
(1.Kor 15,28).

Es widerspricht keineswegs Seiner unwandelbaren Heiligkeit und Gerechtigkeit, wenn Gott sich Verlorenen und Sündern zuwendet. Zu alttestamentlichen Zeiten begegnete Gott Gläubigen oftmals in der Schechina[4]. Das Wort Schechina (heb. "wohnen, ruhen") stammt von der Verbform "schakan" ("wohnen") ab und hat noch den Begriff einer Offenbarung in Herrlichkeit in sich - als Licht, Wolke oder Feuer. In der Septuaginta (LXX) wurde das Wort „wohnen" durch den Ausdruck „Sein Name dort", in dem Sinn von „Ich setze meinen Namen dahin", wiedergegeben. Das war Gnade, reine Gnade. *Er* war und ist es, der Gemeinschaft mit Menschen suchte, und *Er* ist es, der sich danach sehnt. In Seiner Liebe und Seiner überreichen Gnade zeigt *Er* den Heilsweg auf,

---

[4] Das hebräische Wort "Schechina" ist ein Begriff, der von den Rabbis eingeführt und für die "Göttliche Gegenwart" gebraucht wurde.

auf welchem ein Mensch Ihm nahen und mit Ihm Gemeinschaft genießen kann. Sein Walten[5] für Seine Geschöpfe ist immer souverän, vollkommen und ist immer gerecht. Der gläubige Mensch steht zu allen Zeiten unter Seiner guten Führung und unter Seinem ganz besonderen Schutz und Segen. Jeder gottesfürchtig Gläubige ist grundsätzlich auch befähigt, seinem Gott wohlgefällig zu dienen. Es liegt nun in der Verantwortung eines jeden einzelnen Menschen, seinerseits die Bedingungen dieser heiligen und gesegneten Gemeinschaft als ein treuer Teilhaber zu erfüllen, nämlich Gott im Glaubensgehorsam zu ehren.

Abraham (Abram, Nachkomme des Heber, Sohn des Sem), der geistlicherweise der Vater aller Gläubigen ist, entstammte einer götzendienerischen Familie. Sie dienten fremden Göttern; für jeden Anlass oder Umstand hatte man einen. Abram und seine Familie wohnten in Ur in Chaldäa (Mesopotamien), dem späteren Großreich Babyloniens. In diese Gegend, nach Nod, flüchtete einst Kain nach seinem Brudermord. „Nod" heißt: „Ruhelosigkeit, Heimatlosigkeit, Elend, Unstetigkeit, Flucht, Wanderung". Hier entwickelte sich die Zivilisation in Charakter und Bestimmung über den ganzen Erdkreis aus. Wenn auch bis heute keine Spuren dieser Zivilisation gefunden und die geographische Lage von Nod nicht bekannt ist, das System „Welt" nahm in moralischer Hinsicht nach dem Sündenfall schnell seinen Anfang: Eifersucht, Mord, Verhärtung des Herzens, Selbstsucht, Stolz, Karriere und Selbstgefälligkeit bei Kain, und er führte die weltliche Religion, eine allgemeine und vielseitige Gottes- und Glaubensvorstellung nach den Vorstellungen des Menschen, ein. Polygamie (Vielehe) und das Recht und Gutheißen grausamer Vergeltung bis hin zum Töten zum Zweck der Selbstverteidigung (verfasst in Gedichtform, 1.Mo 4,23.24) bei Lamech. Gott schwieg zu alledem, doch gar nichts blieb Ihm verborgen. Er ließ alles Wesentliche und Markante aufschreiben, das Böse und das Gute, al-

---

5   Walten: gebieten, sich sorgend einer Sache annehmen.

les, was dem Menschen wichtig und nützlich ist, damit er sich selbst als ein gefallenes, sündiges Geschöpf erkennt und das Urteil Gottes über ihn, und damit er Gott erkennt in Seiner Gnade und Liebe und Gerechtigkeit. Nach etwa 1500 Jahren beurteilte Er die Menschen, die diesem System anhingen: Die Bosheit des Menschen ist groß geworden und alles Gebilde der Gedanken seines Herzens nur böse den ganzen Tag (6,5).

Später lebten hier die Chaldäer, die niemanden über sich duldeten, sie waren sich selbst das Gesetz (vgl. Hab 1,7). Sie waren Zauberer und Okkultisten, die magische Kräfte und einen großen Sittenverfall entwickelten. Und sie erfanden die horoskopische Irrlehre. Sie beschäftigten sich insbesondere mit Wahrsagerei[6] und Traumdeutung[7], sie betrieben die dämonische Astrologie[8], bei der die Himmelskörper angebetet wurden (Hiob 31,26.27) und Zauberei[9]. Die Hauptstadt dieses Reiches, Babel, heißt übersetzt „Verwirrung, Gottestor, Pforte der Götter" (vgl. auch Jer 50,21 Fn: „doppelte Widerspenstigkeit"). Babel steht in der Bibel immer für ein festes und mächtiges gottloses System, das aber dennoch sehr religiös ist, es ist der Inbegriff der Gottlosigkeit und des Götzendienstes.

Nimrod, ein Nachkomme Hams, eines Sohnes Noahs (der ihn mit einem Fluch belegte) kann auf der Grundlage des Wortes Gottes nicht mit letzter Sicherheit als der Gründer von Babel, der »goldenen Stadt der Chaldäer«, bestätigt werden, doch er lebte dort und errichtete von hier aus sein Reich[10]. Sein Name bedeutet „sich empören", das heißt „widerspenstig sein". Einige hebräische Wissenschaftler verbinden den

---

6 Das Omen lesen: aus Zeichen - meist des Schicksals - Vorbedeutungen herauslesen.
7 Interpretieren von Träumen.
8 Interpretieren von Sternenkonstellationen (-bildern). „Astro" von „aster" (griech.) = Stern, „logos" (griech.) = Lehre, Rede, Wort. Beachte 3.Mo 20,6; 5.Mo 18,10-13; 2.Kö 23,5; Jes 47,13.14; Off 21,8; 22,15.
9 Zusammenarbeit mit Dämonen, um die Zukunft zu kontrollieren oder vorauszusagen.
10 Ungefähr in den Grenzen des heutigen Irak; vgl. Mich 5,5

Namen Nimrod mit dem Wort „marad", was mit „rebellieren" übersetzt ist. Nimrod ging den Weg Kains und Lamechs weiter. Von hier aus fing er an über das Gebiet Sinear zu herrschen. Nimrod jagte und eroberte andere Völker, so wie ein Jäger Wild jagt und fängt (vgl. 1.Chr 1,10). Manche Bibelausleger deuten 1. Mose 10,9: „ein gewaltiger Jäger vor dem HERRN", als »ein großer Rebell gegen den Herrn«. Er missachtete dieserart die Schöpferordnung Gottes, indem er als erster Mensch diktatorisch und tyrannisch regierte und er duldete (oder förderte) ein widergöttliches System[11], den Götzendienst, verbunden mit der Verherrlichung und Vergötterung von Menschen. Dieses Treiben findet seinen Höhepunkt, seinen antichristlichen Höhepunkt, in Offenbarung 17,11-19,10 - „Babylon die Große" - das dann beendet wird. Die Eigentümlichkeit eines „Gewaltigen auf der Erde" finden wir schon vorher in 1. Mose 6,4, wo dasselbe Wort benutzt wird: „Helden, Männer von Ruhm". Und in Psalm 52,3 in Verbindung mit 1. Samuel 21,8; 22,9.18.19.22 erkennen wir in der Person Doeg deren bösartigen Charakter, wie solche Gewaltige mit Falschheit und Hinterlist, Verrat und brutaler Gewalt gegen die Treuen Gottes handeln. Der Name, beziehungsweise der Titel „Doeg" bedeutet: „der Besorgte, Bekümmerte, Furchtsame, Ängstliche", was ja völlig seinen wahren Charakter verschleiert ihn aber als listigen Mann offenbart. In 1. Samuel ist „Doeg" ein Name, in Psalm 52 ein Titel; der Zahlenwert des Wortes ist „8" und er erscheint im AT sechsmal. Das bedeutet in der zahlensymbolischen Sprache der Bibel: Die Doegs dieser Welt *streben* (Zahl 6) geradewegs der *Ewigkeit* (Zahl 8) in der Hölle zu, sie stehen beispielhaft für die Vollendung des Bösen das mit dem ewigen Gericht endet.

---

[11] G.C.Willis schreibt: Ein alter Schreiber sagt von Mizraim [Sohn Hams. Hebr. Name für Ägypten], dass er der Erfinder der schwarzen Kunst, der Astrologie und Magie war, und er war dieselbe Person, die die Griechen Zoroaster [Zarathustra] nannten. (1.Mo 10,6.13; 1.Chr 1,8.11).

Beginnend mit der Gesetzlosigkeit Adams, der Religion und dem Hass Kains und der unempfindlichen, gewissenlosen und rechtfertigenden Grausamkeit Lamechs, zeigt sich die Natur des Menschen vereint in der Person Nimrods und der Unmoral und Verdorbenheit Babels. „Adam" heißt: „von/aus der Erde"; „Kain": „Erworbenes, Gewinn, Besitz"; Lamech: „machtvoll, Krieger, Überwinder, Niederstre-cker, Gewaltiger". - Darum sagt Jesus Christus, der Sohn Gottes: „Wahrlich, wahrlich, ich sage dir: Wenn jemand nicht von neuem geboren wird (das heißt: auf eine neue Art und Weise und aus einer neuen Quelle, nämlich „von oben her"), so kann er das Reich Gottes nicht sehen. ... Was aus dem Fleisch geboren ist, ist Fleisch, und was aus dem Geist geboren ist, ist Geist. ... Ihr müsst von neuem geboren werden" (Joh 3).

In außerbiblischer Literatur liest man gelegentlich, dass Nimrods Frau - es soll sich um die legendäre babylonische Königin Semiramis gehandelt haben - sich und ihrem Sohn Tammuz göttliche Ehren zukommen ließ. Eusebius[12], der Kirchenhistoriker, sagt, dass Ninus (d.i. Nimrod) und Semiramis zur Zeit Tarahs und Abrahams regierten. Sie soll es gewesen sein, die den Titel „Himmelskönigin" angenommen hat (vgl. Jer 44,15-25) und sie regierte und lehrte in einem satanischen Geist. Es heißt, dass vermutlich in ihrem Auftrag und/oder zu ihren Ehren der Turm zu Babel gebaut wurde. Die Zikkurat, der quadratisch und stufenförmig gebaute Turm - wahrscheinlich 100 m hoch -, sollte demnach ein monumentaler und der erste Götzentempel und eine Sternwarte gewesen sein. Sie galt als Verbindungsweg zwischen Erde und Himmel. Durch Semiramis entstand der Mutter-Kind-Kult (Ischtar u. Tammuz), welcher seitdem ununterbrochen in den Weltreligionen zu finden ist (Phönizien: Astarte u. Tammuz; Ägypten: Isis u. Horus; Griechenland: Aphrodite u. Eros; Rom: Venus u. Cupido; Indien: Isis u. Iswara; Asien: Kybele u. Deoius; Tibet; China; Japan; Südamerika, wo

---

[12] * um 263 Palästina, † 339 (Chronik Bd. 1 u. 2). Ungefähr in dieser Zeit lebte auch Hiob.

religiöse Mutter-Kind Figuren gefunden wurden). Und auch der kanaanäische Götzendienst hat hier seinen Ursprung. Der in der Religion der römischen Kirche bestimmte und fest verankerte Mariendienst erkennt in Maria, der Mutter Jesu, nicht allein die „Mutter Gottes" und verehrt sie, sondern schreibt ihr die Eigenschaften der Gottheit selbst zu[13]; sie wird „Tor des Himmels" genannt und als Königin des Himmels dargestellt, sitzend zwischen Cherubim und Seraphim; sie ist in dieser Kirche auch der erste und höchste Gegenstand der Anbetung. Damals war „Pontifex maximus"[14] der formelle Titel des mit einer Doppelkrone gekrönten Hohepriesters des Baalskultes. Seit 378 n.Chr. trägt der jeweilige Papst der römisch-katholischen Kirche eben diesen Titel. Die Tiara, die außerliturgische Papstkrone mit einem dreifachen Kronreif, trägt die Aufschrift: „Vicarius Filii Die", das bedeutet: Stellvertreter des Sohnes Gottes. Aus dem Zahlenwert der römischen Zahlen dieser Bezeichnung lässt sich genau die Zahl 666 berechnen. Die Tiara wurde während des 2. Vatikanischen Konzils von Papst Paul VI verschenkt.

Vom Charakter her ist Semiramis sicherlich vergleichbar mit Isebel, der phönizischen Königstochter aus Sidon, der Frau Ahabs (1.Kö 21,5-15; Off 2,20). Sie führte den in Israel bekannten, aber bis dahin verschleierten kanaanäischen Götzenkult öffentlich ein und der wurde nun allgemein anerkannt - das heißt bis in die Zeit der babylonischen Gefangenschaft Judas. „Tammuz" heißt „der echte Sohn; Sprössling des Lebens" und er wurde als Sonnengott und „die Gottheit des grünen Pflanzenwuchses" verehrt (vgl. Hes 8,14). Nach ihm wurde ein babylonischer Monat benannt und mit Wahrscheinlichkeit auch der 4. Monat des jüdischen Jahres - nach der babylonischen Gefangenschaft der

---

[13] Die Vergottung Marias als „Mediatrix" (Vermittlerin). „Mediatrix" (lat.) ist in der Mariologie der häufig verwendete Ehrentitel für Maria.

[14] Pontifex: „pons" = Brücke, „facio" = machen: das bedeutet „Brückenbauer". Der Titel "Pontifex Maximus" (lat. für „Oberster Priester") bezeichnete ursprünglich den obersten Wächter des altrömischen Götterkults und ging später auf die römischen Kaiser und schließlich auf die Päpste über.

Juden. Die Geschichte vermerkt, dass zu feierlichen Anlässen Kuchen gebacken und mit einem „T" versehen wurde (vgl. Jer 7,18). Das „T" wurde später ein stilisiertes Kreuz. Ebenso hat Semiramis zu Ehren ihres Sohnes das Fest vom „heiligen Ei" und das Fest des „Tannenbaums" erfunden, die heute Symbole des christlichen Oster- bzw. Weihnachtsfestes sind. Ursprünglich waren es heidnische und okkulte Symbole des Lebens aus dem Tod (Ei), beziehungsweise des immerwährenden Lebens (immergrüner Baum); so wie die Sonne jährlich steigt und fällt und täglich auf- und untergeht, so wie die Vegetation sprießt und verwelkt, so ist das Leben des Menschen: er kommt immer wieder ins Dasein, ins Leben zurück. So wirken sich diese Anfänge auch bis in die Christenheit der heutigen Zeit aus; viele Traditionen und Symbole der christlichen Religion haben nicht nur hier ihren heidnischen und götzendienerischen Ursprung, sie sind auch bis heute miteinander verwoben.

In der eben zitierten Bibelstelle (1.Mo 11) heißt es in Vers 4: „Wohlan, bauen wir uns ... einen Turm, dessen Spitze an den Himmel reicht, und machen wir uns einen Namen." Die Menschen in ihrem Hochmut strebten und streben gezielt nach einer höchst möglichen Position und wollen Autorität haben und ausüben. Bei dem einzig vollkommenen Menschen, dem Herrn Jesus Christus, war das dem völlig entgegengesetzt: Er strebte allein danach, zur Ehre Gottes zu leben. Als Mensch machte Er sich selbst zu nichts. „Darum hat Gott ihn auch hoch erhoben und ihm den Namen geschenkt, der über jeden Namen ist, damit in dem Namen Jesu jedes Knie sich beuge" (Phil 2,5-11). Und wenn die Gottlosen für sich den Himmel beanspruchten, lesen wir in Psalm 36: „HERR! An die Himmel reicht deine Güte." Ja, die Gnade Gottes wirkt von oben nach unten - Himmel, Wolken, Berge, Tiefen, Menschen, Vieh - und schafft Rettung, und nur die Gnade wirkt wiederum von unten nach oben: sie schafft die ewige Errettung für die von Herzen aufrichtigen Menschenkinder (V. 8-11; Vgl. Ps 104; Rö 8,20.21).

Aus diesem götzendienerischen Kulturkreis, aus dem Land seines Ursprungs, aus seiner Verwandtschaft und aus seiner Familie - aus diesem Zustand, Zeitlauf - wurde Abram, der Hebräer herausgerufen (Jos 24,2.3). In Seiner absolut freien und souveränen Gnade hat Gott ihn erlöst. Es ist erhaben zu sehen, welche Gott aus diesem von Ihm abgefallenen Menschengeschlecht zu sich ruft, als ein Volk für Seinen Namen: In 1. Mose 10 lesen wir unter so vielen Namen in Vers 21: Sem ist der Vater aller Söhne Hebers, also der Vater der Hebräer. Und in Kapitel 11, ab Vers 10, verfolgt Gott nur noch die Linie dieses Sem. Sem heißt: „Name, guter Ruf, Ruhm, Ansehen". Heber heißt: „der (oder das) Jenseitige; jenseitiges Land, gegenüberliegende Seite"; vielleicht auch: „Spross, Schössling". Hebräer heißt: „der von jenseits; Wanderer". Abram heißt: „Vater der Höhe; hoher, erhabener Vater"; Abraham: „Vater der (oder einer) Menge". Das bedeutet: Menschen, die die Gnade Gottes erkennen und den Namen Gottes achten, werden von Ihm geachtet, errettet und gesegnet sein. Gleich einem jungen, frischen Trieb werden sie neues Leben bleibend haben und zu Wachstum gelangen. Sie haben kein Teil, kein Interesse an dem Zeitlauf dieser Welt, sie sind darüber erhaben. Sie wandern zielstrebig dem Himmlischen zu, wo ihre Namen jetzt schon angeschrieben sind. Dort sind sie nicht alleine, sondern durch die Gnade Gottes und den Glauben gehören sie zu dem Volk Gottes. Ein Pilgervolk mit festem Ziel, durch diese Welt Hindurchziehende, das soll der ausgeprägte Charakter eines jeden Glaubenden und somit auch Wegweiser und Zeugnis, also ein Segen, für alle Menschen sein. Gott trägt Sein Volk in Gnade, Er nährt und pflegt es (5.Mo 1,31; Apg 13,18). Und Er will sich zu Seinem Volk gerne bekennen können: Im 2. Buch Mose wird Er sechsmal „der HERR, der Gott der Hebräer" genannt[15].

In 1. Mose 12,1, finden wir das erste Mal in der Heiligen Schrift, dass Gott einen Menschen beruft. Göttliche Berufung ist immer aus etwas Schlechtem heraus zu etwas viel Besserem hin. Diese Art von „Geh hinaus" - das ist Absonderung vom Bösen - finden wir zwölfmal in der Schrift[16]. Berufen von dem „Gott der Herrlichkeit" dem Verderben zu entfliehen, sollte Abram hin zu dieser Herrlichkeit - zu Gott selbst - in das Land der Verheißung hineingehen. Das war Gnade, göttliche Gnade, souverän und frei, ohne Forderung irgendeiner Gegenleistung. Und gehorsam dem Wort Gottes zog er aus. Abram hatte Glauben, er hatte ein herrliches Ziel und er besaß die nötige Entschiedenheit; er war berufen „durch Herrlichkeit und Tugend" (2.Pet 1,3). Wenn wir gesehen haben, dass Babylon, die Stadt menschlichen Hochmuts und Glanzes, ein Symbol der Rebellion gegen Gott ist, erwartete Abraham jetzt im Glauben etwas Besseres, das ist Himmlisches, „die Stadt, die Grundlagen hat, deren Baumeister und Schöpfer Gott ist" (Heb 11,8-10.16). Ungefähr 160 Jahre nach der Berufung Abrahams war es der Patriarch Jakob, der seiner Familie befahl: „Tut die fremden Götter weg, die in eurer Mitte sind, und reinigt euch, und wechselt eure Kleidung" (1.Mo 35,1-15) und wurde so zu einem wahren Anbeter Gottes (47,31; Heb 11,21). Auch er hatte sich entschieden! Ca. 600 Jahre später ebenso ein Josua, der sagen konnte: „Ich aber und mein Haus, wir wollen dem HERRN dienen!" (Jos 24,15.23). In sehr viel späterer Zeit, nochmals annähernd 600 Jahre später, musste der Nachkommenschaft Abrahams immer noch zugerufen werden: „Wie lange hinket ihr auf beiden Seiten? Wenn der HERR der Gott ist, so wandelt ihm nach!" (1.Kö 18,21).

---

[15] 3,18; 5,3; 7,16; 9,1.13; 10,3.
[16] 1.Mo 12,1; 19,12; 2.Mo 3,8; 33,7; Esra 1; Jer 15,19; Joh 10,3; Apg 26,17; 2.Kor 6,17; 2.Tim 2,20; Heb 13,13; Off 18,4.

Wenn wir uns das ernstlich vorstellen und es uns bewusst ist, dass wir alle in Sünde geboren sind, erkennen wir die gewaltige Liebe Gottes und die überreiche Fülle Seiner Gnade. Es gibt nur einen lebendigen Gott[17] und dieser Eine hat sich uns in unfassbarer Gnade in Seinem Sohn, dem Herrn Jesus Christus offenbart. In Ihm haben wir alles und nicht einen Jota weniger; in Ihm haben wir die Fülle, haben wir Leben im Überfluss. Es mangelt unsererseits oft an Glauben und sehr oft an Ehrfurcht vor dem, „mit dem wir es zu tun haben", das heißt: dem wir Rechenschaft schulden. Auch heute gibt es eine Vielzahl der unterschiedlichsten Arten von fremden Göttern. Die Sünde des Götzendienstes ist so alt wie die Menschheit und keineswegs eine Randerscheinung in unseren Tagen, welche für Kinder Gottes etwa nicht mehr gefährlich werden könnte. Sie stellt sich harmlos, oft niedlich anzusehen und als vermeintlich vorteilhaft dar. Sichtbare Dinge die götzendienerischen Ursprungs sind finden sich zuhauf in der Christenheit: Devotionalien, Talismane, Maskotte, Amulette, Sakramentalien. Chinesische Heilmethoden, Hinduismus (die älteste Weltreligion), Buddhismus (seit dem 6 Jh.v.Chr) sind immer mehr präsent und werden in der Christenheit konsumiert, zum Beispiel: Akupunktur, Meditation und Yoga; echte Demeter-Produkte[18] sind belastet durch die Anthroposophie, usw. Die Liste dieser Dinge ist erschreckend lang und vielfältig - für jeden Menschen ist etwas dabei, für jedes „Ich", für jeden Geistes-Vagabunden. Wer mit diesen Dingen kokettiert hat sich den „Weltbeherrschern der Finsternis, den geistlichen Mächten der Bosheit" geöffnet, sie sind über die fünf Sinne des Menschen in sein Herz eingedrungen! Leider findet sich auf diesem gefährlichen Religions- und Philosophiebasar auch genug für jeden, der sich hinter seinem Herrn her abgewandt hat, für jedes Kind Gottes, das nicht mehr auf dem Weg des Glaubensgehor-

---

[17] 15-mal im AT, 14-mal im NT.
[18] Demeter, griech. Göttin der Fruchtbarkeit und des Getreidebaus.

sams wandelt. Wer diese „fremden Götter" besitzt (auch immateriell) oder diese „fremden Dinge" praktiziert, lebt in Sünde. Und wer davon frei ist, aber in Gemeinschaft mit einem solchen steht, hat Teil an „fremden Sünden". In Anlehnung an 1. Korinther 10 muss zu all diesen Dingen gesagt werden, dass dahinter die Dämonen stehen. Beurteilt der Einzelne das anders? Ist hier etwa Toleranz angesagt? Was ist der Unterschied zwischen dem „goldenen Kalb" und einer Buddha-Figur oder einem Halloween-Kürbiskopf? Es gibt keinen wirklichen Unterschied, denn alles sind Dinge zu unserem Vergnügen, zur Belustigung. Es sind Dinge unseres „Ich". Gottes Wort ist eindeutig und es steht fest - das ist der Maßstab und der Beurteiler. Einer der heimtückischsten Götzen ist das eigene „Ich". Diesem „Ich" sollen wir uns für tot halten, wir sind dem Fleisch gestorben, damit das *„Du"*, der Herr Jesus Christus, in unseren Herzen wohnen kann. Nur ein wachsamer Glaube, Ehrfurcht vor Gott und Wahrhaftigkeit im Herzen werden uns vor solchen Dingen fliehen lassen. Es ist gut, wenn wir immer mal wieder durch unser Haus gehen - sowohl durch unsere Wohnstätte als auch durch unser Inneres[19] -, um solche Dinge, die sich nebenbei eingeschlichen haben, zu entdecken und nachhaltig zu entfernen. Die Furcht Gottes sollte uns ein konsequentes „Hinaus!" realisieren lassen (Jes 30,22). Aller Götzendienst ist für Gott ein Gräuel!; auch Untreue und Irrlehre, Selbstgerechtigkeit, Hochmut, Eigenwille und Stolz, kurz, jede Art von Unrecht, denn Er selbst wird missachtet oder gar geleugnet. „Behüte dein Herz mehr als alles, was zu bewahren ist; denn von ihm aus sind die Ausgänge des Lebens" (Spr 4,23). »Das Wesentliche am Götzendienst ist das Aufrechterhalten von Gedanken über Gott, die Seiner nicht würdig sind« (A.W.Tozer). Den Charakter von Götzen können im bestimmten Einzelfall auch beispielsweise ein Ehevertrag, Versicherungspolicen, Karriere oder Aktien annehmen. Ein Götze ist alles, was unsere Hingabe bindet,

---

[19]   In Anlehnung an 1.Kor 6,19.20.

unseren Willen steuert, was die Zuneigung und den Gehorsam von Gott ablenkt und den wahren und lebendigen Gott von Seinem Ihm rechtmäßig zustehenden Platz verdrängt. Das wollen wir wohl beachten und Ihm in allem die Ehre geben. Der Herr Jesus sagt in Lukas 16,15: „Denn was unter Menschen hoch ist, ist ein Gräuel vor Gott", und der Apostel Johannes ermahnt uns am Ende seines ersten Briefes: „Kinder, hütet euch vor den Götzen!" »Johannes stellt uns die Person des Sohnes Gottes vor, den, welcher der wahrhaftige Gott und das ewige Leben und Licht und Liebe ist. Er allein hat ein Recht auf unsere Huldigung, auf alle unsere Zuneigungen, auf unseren völligen Gehorsam. Das sich doch nichts zwischen unsere Herzen und Ihn stellen möchte! Alles, was sich irgendwie dazwischen schieben will, ist ein Götze«. Ein Götze ist ein Ersatz, und wer einmal die Gnade und Liebe des wahren, des lebendigen Gottes erfahren hat und sich Seiner Gemeinschaft erfreut, wird nie den Ersatz wollen.

Gott schloss mit Seinem Knecht Abram einen grundlegenden, bedingungslosen und ewigen Bund, einen rechtsgültigen Vertrag, der später bekräftigt und erweitert wurde, und Er versichert ihm und seinen Nachkommen weitreichende Segnungen. Hier eingefügt möchte ich erwähnen, dass Gott in Gnade mit Seinem irdischen Volk Israel schrittweise zunächst drei bedingungslose Bündnisse - in Verbindung mit Verheißungen - geschlossen hat, die ewig gültig sind, nämlich

den Abrahamitischen Bund
(1.Mo 12,1-3.7; 13,14-17; 15,1-21[20]; 17,1-14; 22,15-18),

---

[20] Zur Zeit des AT gab es drei Möglichkeiten, einen Bund zu besiegeln: Erstens den Schuhbund (5.Mo 25,5-12; Ru 4,7-12), zweitens den Salzbund (4.Mo 18,19; 2.Chr 13,5) und drittens den Blutbund (1.Mo 15).
Die herkömmliche Art war der Schuhbund, bei dem die Vertragspartner ihre Sandalen austauschten. Ohne Sandalen konnte sich keiner auf dem heißen Wüstensand entscheidend entfernen, und so tauschten sie zu ihrer gegenseitigen Sicherheit die Sandalen aus.
Eine stärkere Bindung geschah durch den Salzbund. Salz ist das lebenserhaltende Element, viel wichtiger als Sandalen. Jeder Reisende trug einen Beutel mit Salz bei sich. Wollten zwei sich vertrag-

den Bund der Landverheißung
(5.Mo 30,1-10; u.a.) und

den Davidischen Bund
(2.Sam 7,12-16; Ps 89; u.a.).

Der vierte und letzte Bund, der Neue Bund (Jer 31,31-34; „Bund des Friedens", Jes 54,10) ist, gleich den drei vorgenannten ein Gnadenbund, der in seiner Erfüllung ebenso völlig unabhängig von Menschen ist. Er wird im Hebräerbrief der „bessere Bund" genannt. Gott wird ihn

---

lich stärker aneinander binden, nahm jeder eine Prise Salz aus dem Beutel des anderen und gab sie in seinen eigenen Beutel. Der Vertrag konnte nur dadurch aufgehoben werden, wenn jeder sein Salz wieder aus dem Beutel des anderen herausholte. Weil das aber unmöglich war, hatte dieser Bund eine hohe Bindekraft. In Israel musste jedes Opfer gesalzen werden: das heilige Räucherwerk (2.Mo 30,35), das Speisopfer reichlich (3.Mo 2,13) und das Schlachtopfer (Hes 43,24). Gott nennt es „das Salz meines Bundes" (3.Mo 2,13). In 4. Mose 18,19 werden alle Opfergaben in dem „Salzbund" mit einbezogen „als eine ewige Gebühr; es ist ein ewiger Salzbund vor dem HERRN für dich und für deine Nachkommen mit dir".

Die höchste Form, eine Übereinkunft zu besiegeln, war der Blutbund. Nachdem Einigung erzielt worden war, schlachtete man ein Tier und zerteilte es längs in zwei Hälften. Diese legte man so auf die Erde, dass beide Vertragspartner zwischen beiden Teilen hindurch gehen konnten. Man reichte sich die Hand und bestätigte nochmals den Vertrag. Der Vertrag hatte bis zum Tode seine Gültigkeit und wenn einer ihn brach, so würde sein Blut vergossen werden wie das Blut des geschlachteten Tieres. Alle absoluten Verheißungen Gottes sind Ja und Amen und sie sind, wenn auch noch als verborgene Geheimnisse, dem Herrn Jesus Christus gegeben und sie weisen seit 1. Mose 3,15 allein auf *Ihn* hin.

Der abrahamitische Bund ist der „Alte Bund", der Erste und die Grundlage aller anderen. Seinem inhaltlichen Charakter nach ist er zunächst eher ein Testament als ein Bündnis. Ein Bund ist eine zweiseitige Übereinkunft, ein Testament eine einseitige Willensverfügung. Alle Verheißungen Gottes gehen von Ihm aus, und der Glaube des Menschen ist keine Gegenleistung, sondern eine Gnadengabe Gottes (Eph 2,8), die von jedem Mensch ergriffen werden kann. Ein Bund wird durch den Tod aufgelöst - das Testament wird hierdurch erst rechtskräftig gemacht. Darum wird der abrahamitische Bund in 1. Mose 15 als ein Blutbund bestätigt. Wir sehen dort das stellvertretende Opfer, das der Testamentsverfügung schon jetzt Rechtskraft verleiht (vgl. Heb 9,15-18). Weil durch das stellvertretende Opfer die zweite Bündnisseite vorgebildet ist, wird richtigerweise von einem Bund gesprochen. Abram ist *nicht* „durch das Opfer" hindurchgegangen. Er schlief tief („tiefer Schlaf", dasselbe heb. Wort wie 1.Mo 2,21). Gott geht allein durch das Opfer. Er ist alleiniger Bürge! Es ist ein bedingungsloser Gnadenbund, den Gott allen Menschen anbietet und der sich zugunsten aller Glaubenden auswirkt. 1.Mo 15,17: "ein rauchender Ofen und eine Feuerflamme": Man kann sagen, dass die ganze Geschichte Israels in diesen 2 Bildern zusammengefasst ist. Das erste zeigt uns die verschiedenen Zeitabschnitte, in denen sie in Leid und Trübsal gebracht waren: Sklaverei in Ägypten; Unterwerfung unter die Könige Kanaans; babylonische Gefangenschaft; Zerstreuung u. Unterwerfung. Das zweite bildet jene Abschnitte, in denen der Herr in Gnade erschien, um ihnen beizustehen: Befreiung durch Mose; Befreiung durch verschiedene Richter; Befreiung durch das Dekret von Cyrus; Befreiung durch Christus bei Seinem Erscheinen in Macht u. Herrlichkeit.Der Diener Gottes muss auch durch solch einen "rauschenden Ofen" gehen: Jakob - 20 Jahre bei Laban; Mose - 40 Jahre durch die Wüste; bevor ein Kind Gottes zu einem Diener Gottes wird, muss es erst "erprobt" werden u. als "tadellos" erfunden sein (1.Tim 3,10).

zukünftig für Israel „stiften"; Er wird ihn vorbehaltlos „errichten" und auch „vollziehen". Seine Grundlage und seine Erfüllung und die der zuvor genannten Bündnisse, ist allein das Sühnungswerk Christi, der *die Sünde* der Welt wegnimmt zur Vergebung *der Sünden*. Erst mit dem Wiederkommen unseres Herrn Jesus in Macht und Herrlichkeit als der Messias Israels zur Aufrichtung Seines 1000-jährigen Reichs, werden diese Bündnisse letztlich ihre wörtliche und vollkommene Erfüllung finden. Dieser „Neue Bund" hat eine moralische Bedeutung für uns, die Gläubigen der Gnadenzeit, denn wir genießen alle Segnungen dieses Bundes, nicht dem Buchstaben gemäß, sondern den darin enthaltenen geistlichen Grundsätzen (Mt 26,28; 2.Kor 3,6).

In den zwölf Söhnen Jakobs erweckte Gott sich ein Bundesvolk, das Ihm ewiglich dienen sollte und an dem Er sich vor ihnen und vor allen Nationen verherrlichen wollte. Das ist auch die symbolische Bedeutung der Zahl 12, in der wir Gottes vollkommenes Walten mit den Seinen sehen, untrennbar verbunden mit der Verantwortung Ihm gegenüber in der Verwaltung Seiner Dinge durch auserwählte Berufene.

Jakob hatte elf Söhne und die göttliche Vollzahl des auserwählten Eigentumsvolkes war noch nicht erreicht. Bei Pniel traf er auf Gott, der ihm in Gestalt eines natürlichen Mannes[21] erschien und der ihm den Namen Israel gab. Danach, im Land der Verheißung, wurde dem Israel sein zwölfter Sohn, Benjamin, geboren. Sofort bemühte sich Satan, säte Zwietracht und wartete auf eine günstige Gelegenheit, um die Ratschlüsse Gottes und Seine Verheißungen zu vereiteln. Als sich die zehn älteren Brüder Josephs mit Joseph allein wähnten, verkauften sie ihn für zwanzig Silbersekel nach Ägypten. Die Zahl 10 bedeutet symbolisch das Vollmaß der Verantwortung des Menschen unter der Beurteilung Gottes. Das Vielfache, 20, betont diesen Gedanken. Für eine Zeit

---

[21]   1.Mo 32,25-32; Theophanie, die Sichtbarwerdung der Gottheit, des Sohnes Gottes.

sehen wir Jakob wieder allein mit seinen elf Söhnen. Nach ihrem Verbrechen gegen ihren Bruder und gegen ihren Vater führte Gott die Umstände so, dass die elf Brüder, der Barmherzigkeit Gottes des Allmächtigen anbefohlen, wegen einer Hungersnot nach Ägypten ziehen mussten. Dort, im Palast, warfen sie sich vor Joseph, den Herrscher[22] Zaphnat-Pahneach[23] nieder. Sie wurden zuerst gereinigt und danach von „dem Allwissenden" zu ihrem Erstaunen, entsprechend ihrer Geburtsfolge, also gemäß ihres Ranges innerhalb der Familie an Seinen Tisch gesetzt, und dann waren sie fröhlich, zusammen mit den Ägyptern (1.Mo 43). Es ist ein Vorbild davon, dass zukünftig, im 1000-jährigen Reich, jeder Stamm aus Israel einen festen Platz in einer bestimmten Ordnung einnehmen wird, bevorzugt vor den Nationen. Danach lebten Jakob und seine elf Söhne für eine Zeit außerhalb ihrer verheißenen Heimat, in Ägypten, im besten Teil des Landes, in Gosen. In diesen Ereignissen sehen wir vorgebildet die Herrschaft Christi im 1000-jährigen Reich und den Segen für den Überrest des Volkes Gottes. Die Zahl 11 deutet im Worte Gottes immer etwas Unvollendetes oder auch etwas Unvollkommenes auf Erden an und steht so auch in Verbindung mit Schwachheit.

Die zukünftigen Wege Gottes mit Israel werden uns im Folgenden vorgestellt. Jakob ist mit seiner großen Familie in sehr fruchtbarem Land unter der Herrschaft und dem Schutz seines Sohnes. Er adoptiert[24] Josephs Söhne Ephraim und Manasse. Josephs Erbrecht[25] überträgt sich auf Ephraim und Manasse (Jos 14,4). Fortan bestehen die Nachkommen Israels aus dreizehn Familien. In den 22 Geschlechtsregistern der zwölf Stämme Israels finden wir in der Bibel in unterschiedli-

---

[22] Stellung und Würde eines Großwesir, höchster Beamter im Staat.
[23] D.h. „Überfluss des Lebens; Erhalter; Erretter der Welt".
[24] Griech. „hyiothesia"; 1.Mo 48,12.16.
[25] Nicht der Segen; 1.Mo 49,22-26; 5.Mo 33,13-17.

cher Anordnung alle 13 Namen[26]. Die Zahlen 12 und 13 sind also in ihrer Bedeutung eng miteinander verbunden, aber klar voneinander zu unterscheiden. Nach dem Tod Josephs sind die nun folgenden 400 Jahre für das Zwölf-Stämme-Volk eine außerordentliche Prüfungszeit, in der sie schmerzlich lernten, dass Ägypten, ein Bild der gottlosen und gottfeindlichen Welt, sie zwar am Leben erhält aber ihnen nichts bietet außer Sklaverei, Qual, Elend, Mangel, Krankheit und Tod. Das wiederum ließ sie an Gott erinnern und sie lernten wieder zu dem Gott zu rufen, den schon ihre Väter Abraham, Isaak und Jakob angebetet hatten.

Die Zahl 13 in Verbindung mit den Söhnen Israels fällt in die Regierungszeit Josephs über Ägypten. Das hat eine symbolische Bedeutung. Die Zahl 13 trägt göttlichen Charakter: In ihrer Sinndeutung steht sie für eine Neuordnung einer bis dahin bestehenden Verwaltung der Dinge Gottes. Der Zahl 12, die in dieser Darstellung von Vollkommenheit spricht, wird die Zahl 1 hinzugefügt. „1" steht für den einigen Gott, für Herrscher oder auch für Haupt. Eine von Gott verordnete gegenwärtige Verwaltung wird unter eine völlig neue Ordnung gestellt werden, die ewigen Charakter hat und die keiner Mittlerstellung mehr bedarf, da Gott, der Sohn, Christus (Messias), selbst König sein wird, und zugleich Hoherpriester ist. Die Zahl 13 verweist auf eine zukünftige Verwalterschaft, nämlich auf die des Reiches Christi, welche daran anschließend auf der neuen Erde in Ewigkeit ihre Fortsetzung findet. Das ist „das ewige Reich unseres Herrn und Heilandes Jesus Christus" (2.Pet 1,11). Der Prophet Hesekiel sah in einer Vision (Kap. 40ff) das Land Israel und die Landaufteilung im 1000-jährigen Reich (Kap. 48). In Landstreifen von Ost nach West wird jedem Stamm, angefangen im Norden, ein Gebiet zugeteilt, insgesamt zwölf Gebiete, zuerst sieben (V. 1-7) und

---

[26] H.Rossier; Die Ordnung der Stämme Israels: 1.Mo 29-30; 35,23; 46,8-25; 49; 2.Mo 1,1-5; 4.Mo 1,5-16; 20-56; 2; 7; 10,11-28; 13,5-17; 26; 34,18-29; 5.Mo 27; 33; Jos 15-21; 1.Chr 2,1-2; 2,3-8.34; 12,23-27; 27,16-22; Off 7,4-8; Hes 48.

#	Stelle	Bedeutung	1	2	3	4	5	6	7	8	9	10	11	12	13	14
1	1.Mo 29-30	Natürliche Ordnung nach Geburt.	Ruben	Simeon	Levi	Juda	Dan	Naphtali	Gad	Aser	Issaschar	Sebulon	Joseph	Benjamin		
2	1.Mo35,23	Ordnung der in Kanaan wohnenden.	Ruben	Simeon	Levi	Juda	Issaschar	Sebulon	Joseph	Benjamin	Dan	Naphtali	Gad	Aser		
3	1.Mo 46,8-25	Ordnung beim Einzug in Ägypten	Ruben	Simeon	Levi	Juda	Issaschar	Sebulon	Gad	Aser	Joseph	Benjamin	Dan	Naphtali		
4	1.Mo 49	Segen Jakobs, vorbildliche u. prophetische Ordnung	Ruben	Simeon	Levi	Juda	Sebulon	Issaschar	Dan	Gad	Aser	Naphtali	Joseph	Benjamin		
5	2.Mo 1,1-5	Ordnung während Aufenthalt in Ägypten	Ruben	Simeon	Levi	Juda	Issaschar	Sebulon	Benjamin	Dan	Naphtali	Gad	Aser			
6	4.Mo 1,5-16	Stämme, dargestellt durch ihre Fürsten, die bei Zählung helfen	Ruben	Simeon	Juda	Issaschar	Sebulon	Ephraim	Manasse	Benjamin	Dan	Aser	Gad	Naphtali		
7	4.Mo 1, 20-56	Ordnung der Zählung für den Kampf	Ruben	Simeon	Gad	Juda	Issaschar	Sebulon	Ephraim	Manasse	Benjamin	Dan	Aser	Naphtali		
8	4.Mo 2	Lagerordnung	Juda	Issaschar	Sebulon	Ruben	Simeon	Gad	Ephraim	Manasse	Benjamin	Dan	Aser	Naphtali		
9	4.Mo 7	Ordnung der Fürsten der Stämme z.Z. der Errichtung des Altars	Juda	Issaschar	Sebulon	Ruben	Simeon	Gad	Ephraim	Manasse	Benjamin	Dan	Aser	Naphtali		
10	4.Mo 10,11-28	Marschordnung	Juda	Issaschar	Sebulon	Ruben	Simeon	Gad	Ephraim	Manasse	Benjamin	Dan	Aser	Naphtali		
11	4.Mo 13,5-17	Ordnung der Häupter der Stämme, um das Land auszukundschaften	Ruben	Simeon	Juda	Issaschar	Ephraim	Benjamin	Sebulon	Manasse	Dan	Aser	Naphtali	Gad		
12	4.Mo 26	Zählung nach der Plage	Ruben	Simeon	Gad	Juda	Issaschar	Sebulon	Manasse	Ephraim	Benjamin	Dan	Aser	Naphtali		
13	4.Mo 34,18-29	Ordnung der Fürsten der Stämme für die Teilung des Landes	Juda	Simeon	Benjamin	Dan	½ Manasse	Ephraim	Sebulon	Issaschar	Aser	Naphtali				
14	5.Mo 27	Stämme auf den Bergen. Gerisim und Ebal	Simeon	Levi	Juda	Issaschar	Joseph	Benjamin	Ruben	Gad	Aser	Sebulon	Dan	Naphtali		
15	5.Mo 33	Prophet. Ordnung der Stämme nach dem Segen Moses	Ruben	Juda	Levi	Benjamin	Joseph	Sebulon	Issaschar	Gad	Dan	Naphtali	Aser			
16	Jos 15-21	Geistl. Ordnung, Eintritt in den Besitz des Landes	Juda	Ephraim	½ Manasse	Benjamin	Simeon	Sebulon	Issaschar	Aser	Naphtali	Dan				
17	1.Chr 2,1-2	Ohne Ordnung. Alle sind geistlicherweise Gegenstände der Pläne Gottes in Gnade	Ruben	Simeon	Levi	Juda	Issaschar	Sebulon	Dan	Joseph	Benjamin	Naphtali	Gad	Aser		
18	1.Chr 2,3-8.34	Genealogische Ordnung i.V.m. dem Königtum	Juda	Simeon	Ruben	Gad	½ Manasse	Levi	Issaschar	Benjamin	Naphtali	Manasse	Ephraim	Aser		
19	1.Chr 12,23-27	Ordnung, nach der sich die Stämme dem König David unterwerfen	Juda	Simeon	Levi	Benjamin	Ephraim	½ Manasse	Issaschar	Sebulon	Naphtali	Dan	Aser	Ruben	Gad	½ Manasse
20	1.Chr 27,16-22	Ordnung der Stämme nach ihren Fürsten	Ruben	Simeon	Levi	Juda	Issaschar	Sebulon	Naphtali	Ephraim	½ Manasse	½ Manasse	Benjamin	Dan		
21	Off 7,4-8	Ordnung der gemäß der Gnade versiegelten Stämme	Juda	Ruben	Gad	Aser	Naphtali	Manasse	Simeon	Levi	Issaschar	Sebulon	Joseph	Benjamin	Gad	
22	Hes 48	Ordnung im tausendjährigen Reich	Dan	Aser	Naphtali	Manasse	Ephraim	Ruben	Juda	Levi	Benjamin	Simeon	Issaschar	Sebulon	Gad	

34

dann fünf (V. 23-29). Dazwischen befand sich ein dreizehnter Land-streifen, der Anteil der Fürsten (Kap. 45). Innerhalb dieses, unmittelbar am Tempel, hatten die Leviten ihren Wohnort, „ein Gehobenes vom Hebopfer des Landes" für den Herrn. Joseph ist ein Vorbild auf den Herrn Jesus in seinem Amt als Herrscher über seine Brüder, über Ägypten und die Welt; er ist der Typus auf den Messias, auf den „König der Könige und Herrn der Herren", durch welchen das 1000-jährige Reich errichtet und regiert werden wird.

Levi

Die Erfüllung der Verheißungen Gottes, die Er Seinem Knecht Ab-raham gegeben hatte, beginnt sich binnen weniger Monate zu entfal-ten. Gott, der Herr, erwählte für sich das geringste unter allen Völkern, ein zählbares Häuflein zum Eigentum, es ist *Sein* Israel. Nach der gro-ßen Errettung aus der Sklaverei Ägyptens sonderte Er sich den Stamm Levi besonders ab. Es zeugt von Gottes Gnade, dass Er sich den Stamm Levi zum Eigentum auserwählt hatte. Als Jakob seine Söhne an sein Sterbebett rief, trug der Segensspruch für Levi den Charakter ei-nes Fluches, wegen seines Jähzorns, seiner geplanten Hinterlist und seiner mutwilligen Gewalttat. Er verfluchte seine böse Tat, nicht ihn selbst. Er sah ihn verteilt und zerstreut in Israel (1.Mo 34; 49,5-7). Das scheint im Widerspruch zu stehen mit dem Namen Levi, der die Bedeu-tung von „Anhänglichkeit, Anschließung" hat. Tatsächlich zeigte sich diese Anhänglichkeit Jahrhunderte später in bester Art und Weise, nämlich nach der Sünde des Götzendienstes, des goldenen Kalbes, als Mose rief: „Her zu mir, wer für den HERRN ist! ... Legt ein jeder sein Schwert an seine Hüfte, geht hin und her, von Tor zu Tor im Lager, und erschlagt ein jeder seinen Bruder und jeder seinen Freund und jeder seinen Nachbarn" (2.Mo 32,25-29). Es fanden sich leider nur die aus dem Stamm Levi. Sie versammelten sich zu Mose, um auf sein Wort hin die Ehre Gottes um jeden Preis wieder herzustellen. Levi ist ein Beispiel der bedingungslosen Treue[27] gegenüber Gott, ihrem Herrn, und seine Nachkommen wurden sehr gesegnet. Ihr ausgezeichneter Dienst wurde ein dreifacher:

1. Leviten trugen die „Lade des Bundes des HERRN" und alle Dinge der „Wohnung Gottes" - das oblag ausschließlich den drei Familien der Söhne Aarons: Kehat, Gerson und Merari.
2. Sie waren vor den Herrn gestellt Ihm zu dienen; sie erhielten den Priesterdienst und hielten somit die Beziehung des Volkes zu Gott aufrecht. Das schloss die Musterung für den Kriegsdienst aus.
3. Sie sind als Hilfe für den Hohepriester und die Priester gegeben; und sie sollten in Seinem Namen segnen. Sie dienten zur Ehre Gottes und zur Auferbauung des Volkes: Sie machten das Volk mit den Gedanken Gottes vertraut und sie unterwiesen das Volk in Recht und Gesetz.

Darum (1.-3.) erhielten sie kein Besitztum und verlieren das Erbrecht; sie gehören dem Herrn, das war ihr Erbteil als Seine Erstlinge - auch in zukünftiger Zeit - und sie sind praktisch in völliger Abhängigkeit. Wenn es einmal in der Ewigkeit auf der Erde keine Völker und Nationen mehr geben wird, sondern nur noch ein Volk erlöster Menschen, wird es immer einen Levitendienst geben. Levi ist also von den Söhnen Jakobs zu unterscheiden.

Nach Ende der Wüstenreise, in dem verheißenen Land Kanaan, finden wir, dass die Vorhersage Jakobs hinsichtlich der Zerstreuung Levis ihre Erfüllung fand. Die zwölf Stämme Israel mussten den Leviten achtundvierzig Städte, verteilt im ganzen Land, als Wohnstädte geben. Viele hundert Jahre später wandelte die Gnade und die Treue Gottes den Fluch gegen Levi in einen Segen für ihn und das Volk um. Unge-

---

[27] Vgl. 1.Kor 6,17: „Wer aber dem Herrn anhängt, ist *ein* Geist mit ihm." Die Treue Levis steht diametral der Liebe Jonathans gegenüber (1.Sam 18,1; 23,18; 2.Sam 1,4).

fähr 1000 Jahre später erinnert sich Gott der Treue Levis, die Seinen Namen ehrte (Mal 2,2a.4-6). Und wie wir gesehen haben, wird die „disziplinarische Maßnahme" der Zerstreuung gegen Levi einmal ganz aufgehoben sein. „Ich werde begnadigen, wen ich begnadige, und ich werde mich erbarmen, wessen ich mich erbarme" (Rö 9,15).

Wir erkennen, dass Gott Seinen Ratschluss, Seine Regierungswege mit Seinem Volk, den Er von Grundlegung der Welt an gefasst hat, weiter verfolgt, und alle Anstrengungen Satans können Ihn nicht in Verlegenheit bringen oder gar verhindern, und dass *Er* alles zu *Seiner* Verherrlichung wendet. Die Vollzahl des irdischen Gottesvolkes ist hergestellt; die zwölf Stämme Israels sind bestimmt und identifiziert. Der Herr offenbart sich Seinem Volk (2.Mo 12,29ff). „Er tat Mose seine Wege kund, den Kindern Israel seine Taten" (Ps 103,7; 4.Mo 12,6-8). Aber Sein vor Grundlegung der Welt an gefasster ewiger Heilsratschluss blieb ihnen allen ein Geheimnis.

Aaron

In Seiner Gnade setzte Gott, der Herr, mit Aaron, dem Levit aus der Familie der Kehathiter, das Priestertum ein. Damit ist die Grundlage für die Verwaltung der Dinge Gottes und die hiermit verbundene Verantwortung in die Hände von Menschen gelegt, „die Israeliten sind, deren

die Sohnschaft ist und

die Herrlichkeit und

die Bündnisse und

die Gesetzgebung und

der Dienst (der priesterliche Gottesdienst) und

die Verheißungen; deren

die Väter sind und aus denen, dem Fleisch nach,

der Christus ist, der über allem ist, Gott, gepriesen in Ewigkeit. Amen" (Rö 9,4.5), nach Auswahl der Gnade Gottes. Beachten wir, dass Israel acht Vorrechte gehörten und der Geist Gottes Christus hier an die achte Stelle stellt. Die Zahl 8 spricht von einem neuen Anfang in Gnaden, nachdem das vorige der Vollendung zugeführt worden war. Es ist die Herrlichkeit Gottes, Seine Gerechtigkeit, die uns hier groß vor die Herzen gestellt wird, Sein ewiges Licht. Es zeigt uns Seine Herrlichkeit in Heiligkeit, Seine Macht in Gerechtigkeit und Seine Weisheit von Ewigkeit. Wahrlich, Er ist ein Gott, der sich schrittweise und in zunehmender Weise schauen lässt und der von sich selbst sagt: „Ich habe von Anfang an nicht im Verborgenen geredet; von der Zeit an, als es wurde, bin ich da" (Jes 48,16; 45,19; Joh 18,20). Der Prophet Amos bezeugt: „Denn der Herr, HERR, tut nichts, es sei denn, dass er sein Geheimnis seinen Knechten, den Propheten, offenbart habe" (3,7; vgl. Heb 1,1).

Viel mehr als Israel dürfen wir, Sein himmlisches Volk, das Wesen Gottes erkennen: *wer* Gott ist: „Gott ist Geist"; und *was* Gott ist: „Gott ist Licht" und „Gott ist Liebe". Und in der Herrlichkeit Seiner Natur durch und in Jesus Christus, unserem Herrn sehen wir, w*ie* Gott ist: „barmherzig und gnädig, langsam zum Zorn und groß an Güte", voll „herzlicher Barmherzigkeit", unser „Vater", „der „Gott der Liebe und des Friedens", der „Gott aller Gnade", „ein verzehrendes Feuer". Um so viel hervorragender unsere Stellung vor Gott ist, als Seine vielgeliebten Kinder in Christus, ist auch unsere Verantwortung vor Ihm größer, besonders betreffs der Wahrung Seiner Heiligkeit und in der Darstellung Seiner Natur - als Nachahmer und Nachfolgende Jesu, unseres Herrn - , in dieser Ihm feindlichen Welt, die Christus nicht annahm, sondern Ihn verworfen und die Gnadengabe Gottes, den „Sohn Seiner Liebe" gekreuzigt hat.

Im Alter von 83 Jahren wurde Aaron von Gott in das Amt des Hohepriesters eingeführt. Aaron überschritt das „vollkommene Alter" von siebzig Lebensjahren (Ps 90,10) um dreizehn Jahre. Wir lernten die sinnbildliche Bedeutung der Zahl 13 (die Zahl 12 plus 1) kennen, nämlich, dass sie auf eine zukünftige Verwalterschaft hindeutet, auf der Grundlage des levitischen Dienstes. Aaron, als Hohepriester seines Volkes war Mittler zwischen Gott und Seinem Volk, auf der mosaischen Grundlage von Gesetzen, Satzungen, Vorschriften, Geboten und Rechten. Hier wird symbolisch dargestellt, dass dieses Priestertum, wenn auch von Gott in Vollkommenheit gegeben, ein zeitlich begrenztes ist, dem ein neues, zukünftiges folgen wird, was aber dann konkret von dem aaronitischen zu unterscheiden ist. In dem levitischen Priestertum übte das Hohepriesteramt einer aus dem Geschlecht Aarons aus. Es unterlag dem Prinzip der Sukzession, das heißt, die Nachfolge ging vom Vater auf den Sohn über. Im 1000-jährigen Reich wird der Herr Jesus sichtbar dieses Amt unübertragbar innehaben, als König und „Priester auf immerdar". Für die Opferdienste war jenes Priestertum verantwortlich, im 1000-jährigen Reich dienen alle Israeliten als Priester und als Leviten (Jes 61,6; 66,20.21), doch den Dienst im Heiligtum versehen nur die Söhne Zadoks, des Priesters, Nachkommen Eleasars, des Sohnes Aarons (Hes 40,46). Unter Aaron hatten die Opfer sühnenden, im 1000-jährigen Reich haben sie Gedächtnischarakter. Die Opfer des mosaischen Bundes hatten eine vorausschauende, eine typologische Bedeutung und wiesen auf das Opfer des Herrn Jesus hin. Die zukünftigen Opfer haben eine rückblickende Bedeutung, sie erinnern an Sein Werk; darum werden dann auch die Opfergaben der Nationen Gott wohlgefällig sein, wenn sie auf Seinem Altar in dem Haus Seiner Pracht dargebracht werden (Jes 60,1-7). In der Hauptsache ist Aaron also ein Vorbild auf den Christus im 1000-jährigen Reich.

Ein weiterer Gedanke ist dieser: Die Zahl 14 setzt sich aus 2 x 7 zusammen (die symbol. Bedeutung von "7" betont). Darin dürfen wir zum einen die göttliche Vollkommenheit auf der Erde erkennen und zum anderen, dass nach der Drangsalszeit der jüdische Überrest und die Menschen aus den Nationen im 1000-jährigen Reich durch die Gnade Gottes zur Buße und Bekehrung geleitet wurden und durch den Glauben an den Messias von Gott grundsätzlich als Vollkommene angesehen werden. Von der Zahl 13 zur Zahl 14 fehlt noch eins: es fehlt *nicht* an der Vollkommenheit Gottes, aber es fehlt an der Vollkommenheit *aller* Menschen, auch im 1000-jährigen Reich. Wenn auch Satan in diesen tausend Jahren gebunden und in göttlicher Verwahrung ist und somit sein böses Treiben nicht mehr ausüben kann, so wohnt doch noch die Sünde in allen Menschen, und die wird nach und nach - auch in dieser so reich gesegneten Friedenszeit - mehr und mehr offenbar werden[28]. Dass die Sünde noch immer in den Menschen wohnt hat zur Folge, dass die Gottesdienste auf der Erde weniger werden: Die dreizehn *jungen* Stiere in 4. Mose 29,12-38 deuten auf eine nicht ganz erreichte erhabene Vollkommenheit im Dienst hin. Die Kraft, das wertvollste Opfer dem Herrn darzubringen, wird nicht erreicht und nimmt ab. Einzelne werden sich gegen Christus und Seine Heiligen wenden, und am Ende dieser herrlichen Zeit, wenn Satan für eine kurze Zeit wieder freigelassen wird, zeigt es sich, dass es immer noch viele Menschen sind - an Zahl und Gewalt dem Gog und Magog und seinem Gericht aus Hesekiel 38 und 39 verglichen -, die sich mit Satan verbinden, um gegen den „König der Könige und Herr der Herren", gegen den Christus Gottes, Krieg zu führen (Off 20,3.7-10). Wir erkennen also in der Zahl 13, zusammengesetzt aus 6 plus 7, auch, dass sich das böse Streben der Menschen (die Doegs) - die negative Seite der Zahl 6 -

---

[28] Ps 101,3-5.7.8; Jes 66,24; Zeph 3,5; Sach 14,17-19. In Jes 65,25 finden wir, dass einzig der besondere Fluch über die Schlange noch nicht aufgehoben ist. Sie kriecht auf dem Bauch und frisst Staub, vgl. 1.Mo 3,14.

gegen den „Treuen und Wahrhaftigen", gegen das „Wort Gottes" (19,11.13) selbst richtet. Die ungläubigen Menschen jener zukünftigen Zeit wollen, wie in jedem Zeitalter, ihre eigene Vollkommenheit anstreben, rücksichtslos - ohne Gott.

Das zeigt uns symbolisch schon zu Beginn das Ende. Der weise Salomo sagte: „Es gibt gar nichts Neues unter der Sonne." Und: „Besser das Ende einer Sache als ihr Anfang" (Pred 1,9-11; 7,8). Das Volk Israel wird seiner Verantwortung gegenüber seinem Gott zu keiner Zeit und in keiner Weise entsprechen. Das ganze heilige Gesetz und das heilige, gerechte und gute Gebot das Er ihnen gab, wollten sie erfüllen (2.Mo 19,8; 24,3.7; Jos 24,16-24). Doch immer wieder wurde es von ihnen vorsätzlich und böswillig gebrochen. Alle Seine Segnungen traten sie mit Füßen, sie missbrauchten sie zur Anhäufung ihrer Gräuel gegen Gott. Doch Gott ist ein Gott der Treue: „Wenn wir untreu sind - er bleibt treu, denn er kann sich selbst nicht verleugnen" (2.Tim 2,13). Die Gnadengaben und die Berufung Gottes sind unbereubar, und es wird aus Zion der Erretter kommen, der ihre Gottlosigkeiten abwenden wird (Rö 11,26.27). Vierzehnmal nennt Gott sich „Derselbe": dreizehnmal im AT und einmal im NT, und immer nennt Er sich so gegenüber Israel; in Hebräer 1,12 richtet sich das Wort an Judenchristen. „Derselbe" heißt wörtlich: „Ich, ich bin *Er*", das heißt: *„Ich* bin, der da ist!" Es ist der Titel[29] Seines unwandelbaren Wesens. Er ist der unveränderlich in sich selbst Bestehende. J.N.Darby beschreibt es so: Er ist »derjenige, der Leben in sich selbst hat und sich nicht verändert.«

Wir haben die Offenbarung der Ratschlüsse Gottes, das endgültige Ziel Seiner Wege mit Seinem Volk Israel gesehen: in Joseph, dass der Messias über Sein Volk und als mächtiger Herrscher über die Welt re-

---

[29] Es ist nicht Sein Name. In Jes 43,25 und in Heb 13,8 können wir nicht von einem Titel sprechen. Ein Titel gehört zu einem Amt, ist also offiziell und drückt aus, *was* jemand ist; ein Name ist persönlich und drückt aus, *wer* jemand ist.

gieren wird; dann in den dreizehn Söhnen während der Knechtschaft in Ägypten, dass der Herr Sein irdisches Volk aus der Drangsal erretten und sie in eine freiheitliche, heilige Dienstgemeinschaft zu Ihm hin bringen wird; und jetzt in den 83 Lebensjahren Aarons, dass das levitische Priestertum nach der Ordnung (Art des Dienstes) Aarons dem Priestertum Christi nach der Ordnung (Rang, Stellung) Melchisedeks im 1000-jährigen Reich Platz räumen muss.

Hierüber prophezeite auch der Prophet Jeremia: „So spricht der Herr: Siehe, ich will die Gefangenschaft der Zelte Jakobs wenden und mich über seine Wohnungen erbarmen. ... Und seine Söhne werden sein wie früher, und seine Gemeinde wird vor mir feststehen; ... Und sein Machthaber (wörtl. Herrlicher) wird aus ihm (aus Juda) sein und sein Herrscher aus seiner Mitte (aus Israel) hervorgehen; und ich will ihn herzutreten lassen, dass er (der Hohepriester) mir nahe; denn wer ist es wohl, der sein Herz verpfändete, um mir zu nahen (der Christus!)?, spricht der HERR. Und ihr werdet mein Volk, und *ich* werde euer Gott sein" (30,18-22).

Aaron ist in Seinem Amt als der Hohepriester von Gott auserwählt, eingesetzt, eingekleidet und durch die heilige Salbung mit Öl geheiligt worden. Er ist dem Volk Israel gegeben, damit das sündige, ungläubige und hartherzige Volk nicht von der Heiligkeit und Gerechtigkeit Gottes hinweggerafft würde. Mittels Aarons und seiner Söhne, der Priester, konnten sie sich reinigen, Buße tun und mit annehmbaren Opfern vor ihren Herrn treten und zusammen praktische Gemeinschaft mit Gott haben. Das ist der Charakter des eingeführten Priestertums, nämlich, dass das sündige Volk - und der einzelne - mit einem Sündenbekenntnis in Reue und Buße dem heiligen und gerechten Gott nur mit einem Opfer nahen konnte, wenngleich in dieser Haushaltung[30] mit Furcht und

---

[30] „Haushaltung" oder auch „Verwaltung" meint einen bestimmten Zeitabschnitt, in dem Gott entsprechend bestimmter Grundsätze in Beziehung zu dem Menschen steht.

Zittern. Der Prophet Jeremia schreibt: „Bekehre mich, damit ich mich bekehre, denn du bist der HERR, mein Gott." (31,18b). Der Herr Jesus sagt zu dem gleichen Volk: „Niemand kann zu mir kommen, wenn der Vater, der mich gesandt hat, ihn nicht zieht[31]", und: „Niemand kann zu mir kommen, wenn es ihm nicht von dem Vater gegeben ist" (Joh 6,44.65). Die Liebe Gottes zu den Menschen offenbarte schon beizeiten einen Weg unfassbarer Gnade, auf dem Seine Heiligkeit gewahrt und jeder Mensch in eine wunderbare Beziehung zu Ihm gebracht werden kann.

Bevor ich die Gedanken im Hinblick auf die herausragende Bedeutung der Zahl 13 beende, möchte ich doch eines nicht unerwähnt lassen: Es ist nicht verwunderlich, dass Satan sich gerade dieser Zahl angenommen hat, die die absolute göttliche Herrschaft und Verwaltung aller Dinge Gottes im 1000-jährigen Reich und in der Ewigkeit symbolisiert. Satan hat aus ihr ein Symbol des Unglücks gemacht, er hat sie - leider bei vielen Menschen mit Erfolg - zu einer „Unglückszahl" degradiert und sie so etabliert. Er weiß seit dem Sündenfall, dass er von Gott verflucht ist und einmal zermalmt, zertreten wird. Er weiß, dass der Sohn Gottes, der Herr Jesus Christus, auf Golgatha in Seinem Werk einen ewigen Sieg errungen hat und er schon gerichtet ist und dass sein Ende seitdem kraftvoll, aber schrittweise allmählich der Vollendung zustrebt. Er weiß, dass er ein besiegter Feind ist und seine Macht gebrochen ist und dass die Hölle für ihn und seine Engel bereitet ist. Er weiß, dass er aus dem Himmel hinausgeworfen werden wird. Er weiß, dass *ein* Engel Gottes gegen ihn ausreicht, um ihn für die festgesetzte Zeit von ge-nau 1000 Jahren in den Abgrund zu werfen und zuschließt, um her-nach einfach in den Feuer- und Schwefelsee geworfen zu wer-

---

[31] Das griech. Wort für ziehen ist dasselbe wie das Wort züchtigen in Heb12,6. Es bedeutet nur: jemanden in die richtige Richtung ziehen; die Art und Weise wie, mit welchen Mitteln, wird gar nicht tangiert.

den, wo er gepeinigt wird Tag und Nacht, von Ewigkeit zu Ewigkeit. Satan weiß viel, sehr viel - nur eins kennt er nicht: Gnade und Liebe.

Jesus Christus, unser Herr

Wie wir gesehen haben trägt Aaron symbolisch das sündige Volk Israel, dargestellt in den zwei Onyxsteinen, vor Gott, denn nur Gott kann das sündige Volk in Gnade tragen. Heute hat das Vorbild ausgedient, die Gnade ist erschienen, Neues ist geworden.

Das Priestertum, für das Aaron im Vorbild steht, kann in Vollkommenheit nur von einem sündlosen und reinen Menschen ausgeübt werden. Weil durch einen Menschen Gott öffentlich entehrt wurde, kann nur ein Mensch Ihm Seine Ehre öffentlich wiederherstellen. Weil durch einen Menschen die Sünde - die Tatsünde - in das Menschengeschlecht kam - und somit das Prinzip der Sünde in die ganze Schöpfung -, kann nur durch einen Menschen die Sünde vollkommen und auf ewig hinweg getan werden. Weil ein Mensch die „sehr gute" Schöpfung dem Verderben preis gegeben hat, kann nur ein Mensch diese Schöpfung völlig neu machen. Die Augen Gottes durchliefen die ganze Erde, Er suchte vergeblich. Er prüfte jeden einzelnen Bewohner, doch Er fand nicht einen einzigen. Es reute[32] den Herrn, "dass er den Menschen gemacht hatte auf der Erde, und es schmerzte ihn in sein Herz hinein" (1.Mo 6,6). Angesichts dieser absoluten und dramatischen Bilanz ruft Gott aus dem Himmel: „Wen soll ich senden, und wer wird für uns gehen?" (Jes 6,8). Die Liebe Gottes suchte einen Retter, einen vollkommenen, einen sündlosen Menschen der „einen Neubruch pflügt" in Seiner Schöpfung. Gott hatte den Menschen für sich gemacht, ihm die Er-

---

[32] Gaben, Gnadengaben und Berufung sind für Gott unbereubar. Wenn es sich aber um ein Handeln Gottes handelt, kann es Gott u.U. „reuen", d.h., Er wird in dieser Hinsicht Seinen Sinn ändern und vollzieht einen Wechsel in Seinen Regierungswegen, Er will ab sofort anders handeln als angekündigt, ohne dass dabei Seine Heiligkeit und Liebe zu verletzt wird.

de als Wohnort gegeben und Er hat den Menschen zum theokratischen Herrscher[33] über alles gesetzt. Er wollte dem Mensch Seine Liebe erweisen und Gemeinschaft mit Ihm haben, und der Mensch sollte Ihm Gehorsam und Anbetung bringen und er würde reich gesegnet sein. Doch alles ist zerstört worden. Wen konnte Gott senden, wer konnte den Acker dieser Welt neu anlegen, und dem neuen Samen Wachstum schenken, dass er gute Frucht trägt? Sollte der dreieine Gott in Seinem Ratschluss irgendetwas übersehen haben? Sollte Er, der Ewige und Allwissende keinen Heilsplan haben? Unmöglich!, denn vollkommen ist sein Tun und alle seine Wege sind recht. *Er* ist treu und wahrhaftig, der „Amen"! Und wenn auch die Sünde überströmend geworden ist, Seine Gnade ist und Seine Erbarmungen sind noch überreichlicher. Wunderbar ist es, heilbringend, die Stimme des Propheten Jesaja zu hören, der über weite Strecken ein Typus auf den Herrn Jesus ist, und Sein gewaltiges Wort, das durch die Himmel schallte: „Hier bin ich, sende mich." Dieser ist es, welcher an anderer Stelle spricht: „Siehe, ich komme; ... dein Wohlgefallen zu tun, mein Gott, ist meine Lust" (Ps 40,8). Es ist derselbe, der Sich immer wieder mit großer Macht in Heiligkeit und Liebe durch die Gnade als der „Ich bin" offenbart hat. Dieser „Ich bin" stellt sich als der einzige und vollkommene Mittler zwischen Menschen und Gott. Unmöglich, dass irgendein Geschöpf solch einen heiligen Mittlerdienst auszuüben vermag. Unmöglich, dass die ganze mosaische Gesetzgebung mit all ihren Opfern hierzu in der Lage gewesen wäre, sind es doch „Schatten der zukünftigen Dinge". Es gibt nur *einen* Menschen, der solch heiligen Ansprüchen entsprach, der Mensch Jesus Christus, der Sohn Gottes. Doch der Mensch Jesus Christus konnte trotz der hoch erhabenen Wahrheit Seiner Gottes-Sohnschaft dieses hohepriesterliche Amt nicht ausüben, denn Er kam dem Fleisch nach aus Juda und nicht, wie von Gott bestimmt, aus Levi (Heb 7,14). Er konnte und

---

[33] Theokratie = Oberherrschaft Gottes.

Er durfte es nicht ausüben, denn hätte der Herr Jesus irgendeinen priesterlichen Dienst zeitlebens auf der Erde praktiziert, wäre Er unbedingt gegen Gott ungehorsam gewesen; es war für Ihn zunächst unmöglich. Doch als dann Seine Stunde gekommen war, stellte Er sich, zur Sünde gemacht und ein Fluch für uns geworden, in der sechsten bis zur neunten Stunde dem schrecklichen, aber gerechten Gericht Gottes über die Sünde - die Sünde wurde verurteilt. Er, Christus, hat sich selbst ohne Flecken Gott geopfert (9,14). Nur *Er* konnte in sich selbst das Opfer sein und sich so vor Gott bringen, und Er hat sich grundsätzlich für *alle* Menschen hingegeben - die Sünden, die Tatsünden, können vergeben werden. *Er* hat für uns Sein Leben hingegeben. Er hat Sein Leben für uns eingesetzt. Er hat den Preis bezahlt: „Denn der Lohn der Sünde ist der Tod, die Gnadengabe Gottes aber ewiges Leben in Christus Jesus, unserem Herrn" (Rö 6,23). *ER - FÜR UNS!* Es war die sechste Stunde, in der sich das abgrundtiefe Böse der verblendeten und hasserfüllten Menschen offenbarte, und es war die neunte Stunde, in welcher sich das große Geheimnis des Ratschlusses Gottes offenbarte. In Seinem auf Golgatha vollbrachten Werk der Erlösung erkennt der Glaube die Fülle Gottes und alle Herrlichkeiten Seines Sohnes Jesus, „der mich geliebt und sich selbst für mich hingegeben hat" und der sich selbst für Seine Versammlung willig und aus Liebe mit Freude gegeben hat (Gal 2,20; Eph 5,2). Die Offenbarung Gottes als gerechter Richter in dem Gericht über die Sünde gegen Seinen geliebten Sohn vollzog sich in einer Finsternis; es fand sozusagen ein Prozess hinter verschlossenen Türen statt und jede Art von Öffentlichkeit war ausgeschlossen. Nach Seiner Auferstehung und Himmelfahrt ist nun ein wahrhaftiger Mensch in die himmlische Herrlichkeit Seines Vaterhauses Gottes eingegangen; ein Mensch, der gerichtet und verurteilt und bestraft wurde und dessen absolute Vollkommenheit vor Gott, dem gerechten Richter, erwiesen ist! Denn der Tod konnte Ihn nicht halten, Er ist auferweckt und auferstanden, der Erstgeborene aus den Toten.

Gott aber sei Dank, der den Sieg gibt. Unser Herr und Heiland steht jetzt als ein Sühnmittel für die Seinen vor Gott am Thron der Gnade, um sich für sie allezeit hohepriesterlich zu verwenden. Jetzt konnte unser Herr und Heiland Seinem Gott und Vater Seine Wundmale zeigen. Und im Hinblick auf Sein Werk, in welchem Er Sein ganzes Blut vergossen hat, den Beweis führen, dass „er sich selbst geopfert hat" (Heb 7,27). Nachdem Gott, der Vater, Ihn, Seinen Sohn, den vollkommenen Menschen, für das Amt des Hohepriesters[34] berufen hatte, konnte Er Ihn jetzt als solchen „begrüßen" und Seinen Eid-schwur einlösen, mit dem Er geschworen hatte: „*Du* bist Priester in Ewigkeit nach der Ordnung Melchisedeks!" (7,17). Aufgrund dieses Werkes Christi konnte Sein Gott Ihn mit Freudenöl zum ewigen König und Priester salben. Er konnte Ihn mit der königlichen Krone[35] krönen und Ihm das Zepter Seiner Regierungsgewalt reichen Die ruchlosen Menschen hatten dem „Heiland der Welt"[36] zuvor eine Dornenkrone[37] auf das Haupt gesetzt und gaben Ihm einen „Rohrstab" (einen Stock aus Schilfrohr) in die Hand.

Das Priestertum Aarons ist Vorausschau auf den wunderbaren Dienst des Herrn Jesus Christus im Himmel für uns. Und mehr noch: Weil Gott vormals schon in den priesterlichen Opferdiensten das Werk Seines Sohnes vor Augen hatte, weil Er beständig an die Vollkommenheit Seines Lebens (Speisopfer, 3.Mo 2) und weil Er beständig an die Vollkommenheit Seines Todes (Brandopfer, 3.Mo 1) erinnert wurde, wohnte Er in Gnaden inmitten Seines irdischen Volkes Israel und wird im 1000-jährigen Reich und der anschließenden Ewigkeit wiederum bei Israel in Kanaan, dem verheißenen Land, reich an irdischen Segnungen, wohnen. Das gleiche vollkommene Werk ist es auch, aufgrund

---

[34] Christus wird Hohepriester genannt um Ihn und Seinen Dienst von dem allgemeinen priesterlichen Dienst von Menschen zu unterscheiden. Er wird Priester genannt - im Sinn von "der ewige Priester" - , wenn Seine Einzigartigkeit, Sein Rang und Seine Stellung im Focus stehen.
[35] Griech. „diadema" = Regierungskrone.
[36] Joh 4,42; 1.Joh 1,14; vgl. 1.Mo 41,45 „Zaphnat-Pahneach" = „Erretter der Welt".
[37] Griech. „stephanos" = Siegeskranz.

dessen Er lebendige Gemeinschaft mit Seinem himmlischen Volk, den Gläubigen seit Pfingsten, ausübt und in Ewigkeit ausüben wird. Das Land Kanaan ist für uns, die Gläubigen heute, ein Bild der himmlischen Örter, dessen geistliche Segnungen wir heute schon genießen können. Wir lesen in 4. Mose 14,7, und wollen es auf uns anwenden, dass, wenn wir geistlicherweise dieses himmlische Land durchziehen, um es „auszukundschaften", feststellen, dass dieses „Land sehr, sehr gut" ist. Und dieses sehr, sehr gute Land ist für uns heute, hier und jetzt das Wort Gottes, die Bibel, die es gilt zu erforschen.

Kleider

Kleider haben im Wort Gottes, aber auch in unserem täglichen Leben, eine nicht geringe Wichtigkeit. Sie haben eine gewisse Aussagekraft. Oft haben sie eine tiefe geistliche Bedeutung, wie zum Beispiel im Johannes-Evangelium das nahtlose Untergewand des Herrn (19,23). Aber auch nicht selten vermitteln sie uns ein ganz praktisches Verhaltensbild. Zum einen sind sie ein sichtbares Zeichen unserer Wertschätzung gegenüber dem, der uns zu sich gerufen oder sogar eingeladen hat und dem besonderen Anlass entsprechend. So durfte zum Beispiel kein Priester mit Alltagskleidung seinen Dienst im Heiligtum verrichten, sondern nur in der von Gott genau festgelegten Kleidung, andernfalls, so lesen wir regelmäßig: „damit er nicht sterbe." Auch der Mann im Matthäus-Evangelium (22,11-13), der ohne Hochzeitskleid zur Feier gekommen war, wurde hinausgeworfen. Eine nachlässige Kleidung schien ihm ausreichend. Er dachte vielleicht, bei einem „lieben Gott" käme er damit durch; er hatte keinerlei Empfindung für Seine Heiligkeit und hohe Würde. Wie viele Kinder Gottes lassen in dieser Weise ein tiefes Bewusstsein der Feierlichkeit vermissen, wenn sie als Versammlung vor Gott erscheinen und bezeugen, dass der Herr Jesus in ihrer Mitte ist. Er *ist* in Seiner Versammlung anwesend - und der Heilige Geist ist auch unter uns, in der Versammlung (1.Kor 3,16; 12,11) -, und es tut nichts zur Sache, dass unsere Augen „gehalten" sind und Er uns unsichtbar ist. Jemand hat hierzu einmal gesagt: »Es ist, wie wenn der Herr sagte: Ich lege Wert darauf, dass meine Magd (oder mein Knecht) ein Äußeres habe, das meinem Wort entspricht, und kein anderes.« Zum anderen kann eine geziemende Kleidung auch ein wirksames Zeugnis vor Ungläubigen sein[38]. Letztlich lassen Kleider symbolisch auch das erkennen, was einer Person zur Verwaltung anvertraut ist. An ihnen erkennt man die Herkunft und den Reichtum desjenigen, der sie trägt beziehungsweise desjenigen, in dessen Diensten er steht. Unabhängig hiervon geben sie auch Ausdruck von der persönlichen Stellung eines Menschen und sie sind auch ein sichtbares Zeichen seines Charakters und seiner Gesinnung; sie sind der Wiederschein der Einsicht und des Zustands des Herzens: Sei es zum Beispiel, dass es eine Schürze aus vielen Feigenblättern ist oder das Fell eines Opferlammes (1.Mo 3,7.21), dass es ein langes Ärmelkleid oder ein unflätiges Kleid ist (1.Mo 37,3; Jes 64,5; Mk 12,38), dass es Kleider zur Herrlichkeit (Ehre, Zierde), zum Schmuck oder schmutzige Kleider sind (2.Mo 28,2.40; Sach 3,1-10), dass man gar keine Kleider angezogen hat oder das beste Gewand bekommt (Lk 8,27; 15,22), wie es ein Liederdichter beschreibt: »Du hast uns herrlich angezogen mit deinem Schmuck und Ehrenkleid«, und ein anderer: »Mit Kleidern ew'gen Heiles hast du uns angetan«, feine Leinwand, glänzend und rein. Lasst uns aber stets wachsam sein und geistlich in der Unterscheidung und in unserer Beurteilung, denn wie schnell können wir uns irren und Unrecht tun. Auch können wir getäuscht werden und durcheinander kommen[39]. In Josua 7,21 verbarg Achan seine wahre Gesinnung damit, dass er den schönen Mantel aus Sinear im Inneren seines Zeltes in der Erde vergraben

---

[38] Vgl. 1.Pet 3,1-5.
[39] 2.Kor 11,14.15; vgl. 5.Mo 13,1-5.

hatte. Und später wurden Josua und seine Männer getäuscht. Darum lasst uns „den Mund des Herrn befragen" (9,5.13.14). Mit dem Anziehen falscher Kleider wollte zum Beispiel der gottlose Ahab, König von Israel, Rechtschaffenheit vortäuschen (1.Kö 22,30). Der Apostel Paulus erkannte Ananias nicht als den Hohepriester; er täuschte sich, und das brachte ihn in Verlegenheit und er musste sich entschuldigen (Apg 23,2-5). Auch Jakobus warnt und ermahnt uns, dass wir niemanden aufgrund seiner prächtigen Kleidung bevorzugen sollen (2,1-7). Als Kinder unseres guten Gottes und Vaters tragen wir das herrlichste aller Kleider: Wir haben den Christus angezogen. Wir haben den alten Menschen ausgezogen und den neuen angezogen und sind angenehm (oder würdig) gemacht in dem Geliebten. Der Apostel Paulus schreibt an Titus, dass unser Verhalten zur Zierde unseres Heiland-Gottes sein soll. Doch leider sieht man an Kindern Gottes oft Zeug von verschiedenartigem Stoff, Wolle[40] und Leinen[41] zusammen. In 3. Mose 19,19 und 5. Mose 22,11 wird ein Leben, das von gemischten Grundsätzen beherrscht wird, verurteilt. Im Philipperbrief schreibt Paulus: „Tut alles ohne Murren und zweifelnde Überlegungen, damit ihr untadelig und lauter seid, unbescholtene Kinder Gottes inmitten eines verdrehten Geschlechts, unter dem ihr scheint wie Lichter in der Welt, darstellend das Wort des Lebens" (2,14-16a). »Das griechische Wort für „lauter" ist „akéraios" und wird manchmal mit „einfältig, tadellos, unverdorben, rein" übersetzt. Es beschreibt jemanden, dessen Beweggründe „unvermischt", unverfälscht sind. Die wohl beste Illustration dessen, was Paulus meint ist der Mann, der nicht ein Kleid tragen sollte, das aus Wolle und Leinen gewebt war« (G.C.Willis).

Die priesterliche und die heilige, hohepriesterliche Kleidung waren Schmuck und Herrlichkeit. Aaron wurde gekrönt mit dem Diadem aus

---

[40] Bild der Selbstgefälligkeit und der Bequemlichkeit des Menschen.
[41] Symbolisiert die Reinheit der Gläubigen vor Gott.

reinem Gold mit der Aufschrift: „Heiligkeit dem HERRN". Das reine Gold steht allein für die Gottes-Sohnschaft des Herrn Jesus. Dieser Heiligkeit war jeder und alles, Hohepriester, Priester, Leviten und Dienste, die Gesamtheit des Volkes und der Fremdling, der mit dem Volk lebte, unterworfen. Es ist das über alles erhabene, ewig gültige Siegel: „Ich bin der HERR, das ist mein Name; und meine Ehre gebe ich keinem anderen" (Jes 42,8). „In denen, die mir nahen, will ich geheiligt, und vor dem ganzen Volk will ich verherrlicht werden" (3.Mo 10,3). Und wiederum: „Deinem Hause geziemt Heiligkeit, HERR, auf immerdar" (Ps 93,5). In allen kunstvoll verarbeiteten Goldfäden und Stoffen in den verschiedenen Farben können wir die über alles erhabene Würde des Herrn Jesus Christus erkennen, Seine Einzigartigkeit, Seine Herkunft und Seine Berufung:

In dem Gold werden die Herrlichkeiten des *einen* vollkommenen Menschen dargestellt. Die fein dünn gehämmerten Goldbleche, die zu feinen Fäden zerschnittenen wurden, weisen hin auf das „Wesen des Allmächtigen", auf die Breite und Länge, Höhe und Tiefe der Liebe Gottes und auf Seine Gerechtigkeit bis ins kleinste Detail, die sich in der Person des Sohnes in der Welt so wunderbar offenbarte.

Weiß ist die Farbe der Gerechtigkeit und der Reinheit. Das Hebräische „bozez" bedeutet „weißschimmernd, glänzend, leuchtend". Von der Wurzel „buz" kommt das griechische „byssinos", „Byssus" [42] her, womit die feinste weiße Baumwolle der Ägypter bezeichnet wird, die gesponnen und zu kostbarem Tuch für Kleider verarbeitet wurde (1.Mo 41,42; Off 19,8.14). „Byssus" charakterisiert den vollkommenen Men-

---

[42] Diese Aufzählungsreihenfolge der vier Farben (Byssus, blauer und roter Purpur und Karmesin) finden wir zweimal in der Schrift: in der Cherubimdecke - ein Bild des geöffneten Himmels, der himmlischen Herrlichkeit - und in dem Gürtel der Priester, der Söhne Aarons - ein Bild des Dienens und des Wandels. Das gibt uns einen Hinweis darauf: Das Höchste identifiziert sich mit dem Niedrigsten (2.Mo 26,1; 39,29).

schen in Seiner fleckenlosen Reinheit, Seiner Makellosigkeit und Seiner Sündlosigkeit (Lukas-Evangelium).

Der blaue, beziehungsweise violette Purpur[41] wurde aus dem Drüsenschleim von Purpurschnecken, einer Meeresschnecke (lat.: „Murex brandaris") mit bizarr geformtem Gehäuse, gewonnen. Ungezählt viele Tiere mussten hierfür „geopfert" werden. Blau ist die Farbe des Himmels. Blauer Purpur zeugt von Ihm, als dem Sohn des Menschen, der aus dem Himmel herabgestiegen ist und gleichzeitig als Gott, der Sohn im Schoß des Vaters ist, das heißt in der Liebe Seines Abba, Vater ruhend, das ist das Vaterhaus (Johannes-Evangelium).

Die „Murex trunculus" lieferte den roten Purpur[41]. Das Sekret dieser Schnecke wird getrocknet und pulverisiert, im Mörser zerstoßen. Rot ist die königliche Farbe. Roter Purpur symbolisiert Seine rechtmäßige universelle königliche Herrschaft - als König der Juden und auch der Nationen (Matthäus-Evangelium). In der Bibel fällt auf, dass roter Purpur überwiegend außerhalb Israels getragen wurde.

Kermes, Karmin, oder auch Karmesin[41], Karmoisin ist ein roter Farbstoff (Cochenille mit dem färbenden Bestandteil Carim; nicht so dunkel wie der rote Purpur) der aus den Weibchen einer bestimmten Schildläusegattung, der Kermesschildlaus, auch Färberschildlaus (lat. „Kermes vermilio" und „Kermes ilicis") oder Scharlachwurm genannt, gewonnen wird. Er wird für das Einfärben von Stoffen (Wolle, Seide) und Leder benutzt. Die Kermesschildlaus lebt vorzugsweise auf ihrer wichtigsten Wirtspflanze, der Kermeseiche[43], die in Südeuropa und im Orient vorkommen. Karmesin hat die Farbe des arteriellen Blutes (hellrotes, sauerstoffreiches, vom Herzen wegfließendes Blut). Karmesinfarbene, scharlachrote[44] Soldatenmäntel (Mt 27,28) trugen die römischen Kriegsknechte. Unter dem Beifall der Juden und der Volks-

---

[43] Od.a. Scharlacheiche.

menge, zum Hohn und Spott, legten sie dem „König der Juden"[45] diesen alten Knechtsmantel um. Sie brachten damit unter anderem zum
Ausdruck, dass auch Er, wie das ganze Land, ihrer Meinung und ihrem
Willen nach der römischen Herrschaft unterworfen war. In Kapitel 15
des Markus-Evangeliums steht „Purpurmantel". Das widerspricht sich
nicht, »denn die ganze Sache war ein ironisches Drama, und überdies
so angelegt, dass die gemeine Verspottung durch die geheuchelte Eh-
renbezeichnung um so deutlicher hervortreten sollte. ... Der Purpur sollte erbärmliche, angemaßte Hoheit ausdrücken, was man mit dem alten
Soldatenmantel auch er reichte« (C.Bruins). Tatsächlich war Jesus
Christus als gehorsamer Knecht (griech. „doulos", d.h. „Diener") Gottes
und in Knechtsgestalt auf die Erde gekommen, aber um der Liebe Gottes willen aus Gnade Retter zu sein für Sein Volk, die Juden, als auch
für alle Menschen. Und obwohl von einem abhängigen Knecht kein Geschlechtsregister erforderlich ist, finden wir diese Seine Stellung in vier
Geschlechtsregistern in der Person Obeds (heb. „Diener, Anbeter")
vorgestellt, also immer dort, wo gleichzeitig Sein Königsanspruch be-
wiesen wird und auch da, wo Er als der Sohn des Menschen in Seinem
öffentlichen Dienst eingeführt wird[46]. Auch wurde Er gerade so schon
von dem Propheten Jesaja als der kommende Messias Israels angekündigt: „Siehe, mein Knecht, den ich stütze, mein Auserwählter (König), an dem meine Seele Wohlgefallen hat" (Jes 42,1). Die Juden hatten Ihn als ihren Messias und König abgelehnt und zum Tod verurteilen
lassen. Karmesin ist das Bild des Knechtes Gottes in Seinen Leiden
und in Seinem Tod, das Bild des sich opfernden vollkommenen Dieners
Gottes zum Heil Seines Volkes (Markus-Evangelium).

Welche kostbare Seite wir an unserem hocherhobenen Herrn auch
erkennen dürfen, wie viel Herrlichkeiten es auch sind, die uns fühlen

---

[44] Scharlachrot, od.a. Granatrot, nach der Blüte des Granatapfelbaums (lat. Punica granatum).
[45] Nur in Mk 15,9 ist „König der Juden" in diesem Zusammenhang der Titel Jesu; s.a. Joh 18,39.

und uns anbetend ausrufen lassen: „Mein Becher fließt über", wie sehr wir auch aus Seiner Fülle Gnade um Gnade empfangen haben, wir werden Ewigkeiten lang immer neue Herrlichkeiten an Ihm entdecken und staunend Ihn anbeten. Wenn Seine Jünger den Herrn Jesus sahen, konnten sie diese Herrlichkeiten an Ihm nur begrenzt erkennen. „Wer ist denn dieser?" fragten sie fassungslos und doch waren sie überwältigt und erkannten: „*Du* bist der Christus, der Sohn des lebendigen Gottes." „Du hast Worte ewigen Lebens; und *wir* haben geglaubt und erkannt, dass *du* der Heilige Gottes bist." Allein Gott vermag alle Herrlichkeiten Seines Sohnes völlig zu erkennen. Siebenmal lässt der Heilige Geist im NT die Bewunderung des Vaters bezeugen: „Dieser ist mein geliebter Sohn." An *Ihm* hat Er Wohlgefallen gefunden. Diese uns verborgenen Herrlichkeiten gehen weit über Johannes 17,24 hinaus und sind bildlich dargestellt in dem „geheimen" Räucherwerk (2.Mo 30,34-38) für den goldenen Altar im Heiligtum, der in Hebräer 9,4 dem Allerheiligsten zugerechnet wird.

Dieser ist es, der Seinem Vater öffentlich Seine Ehre wieder hergestellt hat und der die Schmach unserer Sünden gegen Gott, Seinen Vater, auf Sich genommen hat. Dieser ist es, der in Seinem Leben und in Seinem Tod den Vater in vollkommener Weise verherrlicht hat vor den Augen der Menschen, vor Engeln und vor dem Teufel samt dessen Dämonen. Dieser herrliche Mensch, Gott der Sohn, ist wieder eingegangen in den Himmel und trägt die Seinen unermüdlich in Gnaden und in Liebe und in einer wunderbaren Gemeinschaft. Sein Wille war es, Seinem Vater Kinder zu erkaufen, und Sein Wille ist es, diesen heute und in Ewigkeit zu dienen, aber Er bleibt ihr Herr.

IHN wollen wir betrachten und von *Ihm* wollen wir lernen; der um so vieles besser ist als Sein Vorbild Aaron. Dieser große Hohepriester, der durch die Himmel gegangen ist, Jesus; der Sohn Gottes, steht vor un-

---

[46] Ruth 4,13-22; 1.Chr 2,12; Mt 1,5; Lk 3,32.

seren Blicken. Unser Herr ist in allem versucht worden wie alle Menschen, doch *Er* war der sündlose Mensch, Er hatte keine sündige Natur. Er war, wie es im Griechischen im Hebräerbrief heißt: „choris hamartia", „getrennt von der Sünde" (4,15). Das bestätigt die Heilige Schrift auch:

„Der Sünde nicht kannte" (2.Kor 5,21);
„Der keine Sünde tat"   (1.Pet 2,22);
„Sünde ist nicht in ihm" (1.Joh 3,5).

Er ist „heilig, unschuldig, unbefleckt, abgesondert von den Sündern und höher als die Himmel geworden" (Heb 7,26). Dieser ist es, der würdig ist, sowohl die Schultersteine als auch das Brustschild vor dem Angesicht Gottes zu tragen; und Er ist es, der alles bereitet hat, die Seinen in reiner, heiliger Gemeinschaft mit Gott an Seinem „goldenen Tisch" zu tragen.

2. Die Schultersteine des Gedächtnisses

2. Mose 28,7.9-14; 39,6.7.

Das Wort Gottes benutzt oft den Begriff des Tragens, und wenn es mit Mühe und Last verbunden ist, wird das Tragen auf den Schultern als praktisches Bild benutzt. Das müssen nicht immer rein physische Kräfte und tatsächliche materielle Lasten sein, häufig geht es auch um Verantwortlichkeit sowie um Hilfe dem Schwachen gegenüber. Nicht, dass dieses Tragen auf den Schultern allein eine negative Seite aufzeigt, nein, die Gnade und die herzliche Barmherzigkeit unseres Heiland-Gottes nimmt alle Seine Gläubigen mit Freude auf und trägt sie durch die Zeit bis in die Ewigkeit hinein. Und recht häufig finden wir in der Bibel auch, dass dem Ausdruck "tragen" der Gedanke des Nährens und des Pflegens hinterlegt ist.

Der Onyx

Bei der Betrachtung des Onyx wollen wir uns zuerst ins Bewusstsein rufen: »Wissenschaft wird von Menschen gemacht, die nie die Grenze ihrer Vernunft überwinden können! ... Gott, der selbst die Vernunft ermöglicht und ihr die Grenzen setzt, steht dagegen grundsätzlich über ihr. (W.Borlinghaus, DCTB)«. Und die Erkenntnis der Wissenschaft ist immer zeitlich; sie ist nur solange aktuell und "wahr" bis sie widerlegt wird.

Erinnern wir uns, dass der Onyx der erstgenannte Edelstein im Wort Gottes ist und in diesem Sinn auch der älteste. Etwa 2600 Jahre später schrieb Mose die Genesis[47] und er lebte um 1500 v.Chr. In den verschiedenen Übersetzungen der Bibel haben sich scheinbar gewisse

---

[47] Die Autorenschaft von Mose ist anzunehmen, aber in der Schrift nicht bezeugt.

Schwierigkeiten ergeben, auf die ich hier aufmerksam machen möchte. Was den Stein von damals als solchen betrifft ist mir bewusst, dass Raum für eine Unsicherheit bleibt. In der aktuellen Ausgabe der Elberfelder Bibel (2003 CSV Hückeswagen) finden wir dann auch in der Fußnote zu 1. Mose 2,12 die Notiz: Die Bedeutung der hebräischen Edelsteinbezeichnungen ist nicht gesichert. In anderen alten und neuen Übersetzungen finden wir unterschiedliche Namen und Zuordnungen des Onyx: Beryllos oder Beryll (LXX); Schoham oder Scholham (heb., das Wort wurde in der LXX auf 5 verschiedene Weisen übersetzt) und Sardonyx (holl. Statenvertaling 1937); die „Elberfelder Übersetzung" (R. Brockhaus Verlag) setzt den Onyx in 1. Mose 2,12 (Fn) und Hesekiel 28,13 (Fn) dem Beryll gleich und unterscheidet ihn von dem Sardonix / Sardonyx (Off 21,20). Onyx ist deutlich von dem Mineral Beryll (Aquamarin und Smaragd) und seinen Varietäten zu unterscheiden. Das hebräische „Jahalom" wurde früher mit „Diamant" übersetzt, heute aber auf den „Onyx" gedeutet.

Minerale sind chemische Verbindungen aus zwei oder mehr Elementen. Minerale mit Silicium und Sauerstoff werden als

Silikate klassifiziert. Zu den Silikatmineralen gehört das

Quarz. Die Gruppe der mikrokristallinen Quarze wird auch mit

Chalcedon bezeichnet. (Chalcedon ist gleichzeitig aber auch eine spezielle bläulich-weißgraue Varietät.) Die kompakte, mikrokristalline Halbedelsteinvarietät bilden die

Achate. Achat ist ein gestreifter, konzentrisch-schaliger Chalcedon. Die schwarz-weiß gestreifte Varietät ist der

Onyx. Er kommt in der Natur sehr selten vor. Eine weitere Varietät ist der weiß-braun gebänderte

Sardonyx. Die durchscheinende, hell- bis dunkelbraune, rotbraune Chalcedonvarietät Sarder ist nach Sardes, der antiken Hauptstadt der Lyder in Kleinasien benannt. Abwechselnde Bänder aus Sarder und weißem Chalcedon werden als Sard-Onyx bezeichnet.

(nach DorlingKindersley)
(nach W.Schumann)

Der Name „Onyx" leitet sich von dem Griechischen „onux" ab. „Onux" bedeutet „Nagel; Klaue; Huf". Diese Wortbedeutung entspricht dem hebräischen „shechelet" (2.Mo 30,34: „Räuchermuschel"). Vielleicht um eine Verwechslung mit dem Stein „Onyx" zu vermeiden wählte man in der LXX für die Räuchermuschel die Wortform „Onycha".

Es fällt auf, dass die Schöpfungsgeschichte, 1. Mose 1, an keiner Stelle weder das „(er)schaffen" noch das „machen" von Gold oder Edelsteinen erwähnt, obwohl sie doch durch die ganze Bibel hindurch von außerordentlicher Bedeutung sind. Wie wir nachher erfahren werden, waren diese Dinge vielleicht schon in der nicht näher definierten Zeit von 1. Mose 1,1 vorhanden. Es gibt eine Theorie gläubiger Menschen, die zwischen 1. Mose 1, Vers 1 und Vers 2 Millionen Jahre legen. Beide Verse könnten sich aber auch auf den ersten Schöpfungstag beziehen, und zwar auf die „Stunden" vor dem ersten „Und Gott sprach".

Den „Stein Onyx" finden wir erstmals in 1. Mose 2,12. Er liegt, offensichtlich frei - im Land Hawila[48], dessen Grenze der Pison[49] ist, der zuerst genannte der vier Flüsse außerhalb von Eden. Nach dem Gold und dem Bedolach wird er als drittes erwähnt. Diese Tatsache allein bedarf einer kurzen Betrachtung, denn vor den Glaubensaugen entwickelt sich die Macht, die Weisheit und die Herrlichkeit unseres Schöpfer-Gottes: Gott pflanzte einen Garten in Eden[50], das Paradies[51] auf Er-

---

[48] Hawila: „Sandland, Goldsandland".
[49] Pison: „Der frei Hinströmende, Fessellose, reichlich Fließende, Überfließende, in vielen Katarakten (Stromschnellen) daher strömend".
[50] Eden: „Wonne, Lieblichkeit".
[51] Paradies: „Umwallung, Baumgarten, Park". Das Wort hat seinen Ursprung im Persischen und bedeutet „Garten der Wonne".

den. Sehr oft finden wir in Gottes Wort einen Garten, sowohl tatsächlich als auch in bildlicher Anwendung, als einen besonders beschützten Ort des Segens für den Menschen und der Freude für Gott. Aus Eden heraus fließt *ein* Strom (2,10). Der große Strom Gottes ist ein Bild, das von dem Urquell alles Seienden zeugt. Schon hier, am Anfang der Zeit, entsteht ein eindrucksvolles Bild von dem Strom der überströmenden Gnade Gottes, der sich in vier große Segensströme ergießt, welche die ganze Welt befruchten. Später konnte der König David bezeugen: „Du hast dich der Erde angenommen und ihr Überfluss gewährt, du bereicherst sie sehr: Gottes Bach ist voll Wasser" (Ps 65,10; vgl. Jes 48,18). Nach dem Sündenfall versiegte der Pison (und der Gihon)[52]. Doch in Seiner Gnade lässt Gott Seinen Strom im Verborgenen weiter fließen und zu bestimmten Zeiten lässt Er ihn auch herrlich sichtbar werden: Die Gnade Gottes fließt segensreich aus dem geschlagenen Felsen, „der Fels aber war der Christus"[53]. Derselbe Strom wird uns dann wieder in einzigartiger Weise in Johannes 7,37.38 vorgestellt, und in Apostelgeschichte 2 beginnt er in neuer Weise wunderbar zu fließen. Dieser Strom Gottes wird im 1000-jährigen Reich fließen[54], von dem in Psalm 36,9 vorhergesagt wird: „mit dem Strom deiner Wonnen[55] wirst du sie (die Menschenkinder, V. 8) tränken. Und dieser Strom mündet in die Ewigkeit (Off 22,1-5). Die heilbringende Gnade Gottes ist in der Person des Herrn Jesus allen Menschen erschienen und Er ist segen- und fruchtbringend für Seine ganze Schöpfung. Gold weist einmal auf die Gerechtigkeit Gottes hin; es stellt uns aber auch symbolisch die Herrlichkeiten des vollkommenen Menschen, unseres Herrn Jesus Christus, vor. Er verließ die himmlische Herrlichkeit und trat ein in die Atmosphäre der Sünde. Paulus schreibt im Brief an die Römer (Kap. 8,3), dass

---

[52] Es sollen im mittleren Osten und in Palästina sehr tiefe, unterirdische Wasserströmungen geben.
[53] 2.Mo 17,6; Ps 78,15.16.20a; 105,41; 114,8; Neh 9,15; 1.Kor 10,4.
[54] Ps 46,5; Joel 4,18; Hes 47,1-12; Sach 14,8.
[55] „Wonnen": dasselbe Wort wie „Eden" in 1.Mo 2,8, nur in der Mz.

Christus Jesus "in Gleichgestalt des Fleisches der Sünde" in diese Welt kam. Und dieser herrliche, sündlose und vollkommene Mensch nahm die Sünde der Welt auf sich, und Er trug meine Sünden und meine Schuld in das Gericht Gottes, wo an Ihm, dem Reinen und Heiligen, dem Fleckenlosen, meine Sünden ein für allemal gerichtet, verurteilt und hinweg getan wurden. Gold wurde im Schmelztiegel im Feuer geläutert; es kam in das Feuer, nicht, weil es Gold war, sondern wegen der Verunreinigungen die das Erdreich nun einmal mit sich bringt. Durch diesen Vorgang wurde der höchste Wert erzielt und sichtbar; es kam gediegenes, reines Feingold heraus, ein Bild der Herrlichkeit des Auferstandenen, des Sohnes Gottes und des jetzt hoch erhobenen, im Himmel verherrlichten Menschen.

„Bedolach" (griech. Bdellion) ist sehr wahrscheinlich das Harz (pflanzliches Sekret) oder der Latex (pflanzlicher Milchsaft) eines von etwa 100 Arten von Balsambäumen (Commiphora, früher Balsamodendron). Die Pflanze stammt aus Südwest-Arabien und Somalia (auch Indien wird als Herkunftsland angegeben). Die hebräischen Wörter „basam", „bosem" und „besem" kommen sehr häufig in der Bibel vor, meistens in Verbindung mit Heilung. Mit demselben biblischen Namen wird der Balsam oder Balsambaum bezeichnet. Bei dem israelischen Balsam handelt es sich um einen Strauch oder kleinen Baum der in heißen Wüsten oder Halbwüsten wächst. Unter den tropischen Bedingungen des Jordangrabens, besonders in dem Gebiet um Jericho und En-Gedi, wurde er zu überragenden Varietäten gezüchtet. Dieser „basam" trägt den lateinischen Namen „Commiphora gileadensis" (and. C. opobalsamum, die Balsam-Myrrhe), vielleicht in Anlehnung an Jeremia 8,22 und 46,11, obwohl die Pflanze nie in Gilead wuchs. Der israelische Balsam ist ein harziges, wohlriechendes Exsudat (lat.: „Ausschwitzung"; natürliche Ausscheidung einer Pflanze), er kann aber auch durch Anritzen des Stammes und der Zweige künstlich gewonnen werden. Seine ursprüngliche Farbe ist strahlendes Grün, das später braun wird und nach seiner Verdichtung auf die Erde fällt, wo es dann aufgesammelt wird (M.Zohary).

Nach einer Beschreibung des Man in 2. Mose 16,14.31, zu Beginn der Wüstenreise des Volkes Israel, wird es in 4. Mose 11,7, gegen Ende der Wüstenreise, anders und eher spärlich beschrieben. Aber es wird jetzt mit dem Bedolach verglichen. Die Beschreibung in 2. Mose 16, „weiß (bezieht sich auf: „wie Koriandersamen"), und sein Geschmack wie Kuchen mit Honig", fehlt in 4. Mose 11. Anstelle dessen steht: „es hatte das Aussehen wie Bedolach". Wegen der ganz konkreten Sünde des Volkes musste die Farbe Weiß, ein Symbol für Reinheit und Gerechtigkeit, weichen und durch Bedolach, ein Symbol für Barmherzigkeit und Heilung ersetzt werden. Das ist Gnade, unfassbare Gnade. Neunmal[56] lesen wir in der Bibel, dass Gott barmherzig und langsam zum Zorn ist. Wir werden so eindrucksvoll an die Worte Jeremias erinnert: „Es sind die Gütigkeiten des Herrn, dass wir nicht aufgerieben sind; denn seine Erbarmungen sind nicht zu Ende" (Klgl 3,22). Das Man ist ein eindeutiges Bild auf den Herrn Jesus, mit dem Er sich selbst als das „wahrhaftige Brot aus dem Himmel" vorstellt (Joh 6,31ff). Er ist das (ewige) Leben und Er erhält das Leben, Er ist das Lebensmanna. Im Kontext der Verse 9.13.26 erkennen wir die direkte Beziehung zu den fünf Gerstenbroten und den zwölf gefüllten Körben: „Fünf", die Verantwortung der Menschen vor Gott und ihre Abhängigkeit von Ihm; Gerste[57], die auf das Auferstehungsleben hinweist; „Zwölf", wie Gott sich souverän einer Sache annimmt und diese Dinge der Verantwortung und Verwaltung des Menschen überträgt.

---

[56] 2.Mo 34,6; 4.Mo 14,18; Neh 9,17; Ps 86,15; 103,8; 145,8; Joel 2,13; Jona 4,2; Nah 1,3. „9" zerlegt sich in 3 x 3: weist hin auf die großen Geheimnisse Gottes.

[57] Gerste war die billigste Sorte Brot, halb so teuer wie Weizen (2.Kö 7,1.18), das bedeutet, dass jedermann sie für sich erwerben konnte. Gerste weist deshalb auf das Auferstehungsleben hin, weil sie das erste Getreide ist, das geerntet wird. Unsere auferstandener Herr, Christus, ist „der Erstling der Entschlafenen" (1.Kor 15,20).

Aus Jeremia 8,22; 46,11 und 51,8 wissen wir, dass Balsam als Heilmittel sehr geschätzt war. Und nach historisch-medizinischer Überlieferung wird er auch als Heilmittel zur Behandlung von Wunden und als Gegengift nach Schlangenbissen verwendet.

Balsam ist ein schönes Bild der helfenden Liebe durch die Gnade Gottes, die sich als eine herrliche Frucht der Barmherzigkeit des Herrn Jesus darstellt. Das Wort Barmherzigkeit setzt sich aus den Worten „herzlich" und „Erbarmen" zusammen. Es bezeichnet damit den Ursprungsort und einen Wesenszug, der nicht im Verstand wohnt und sich auch nicht verstandsgemäß begründen lässt, wenngleich das Erbarmen in seiner praktischen Ausübung ohne Verstand eher schädlich ist. Die herzliche Barmherzigkeit ist das tiefe innerliche Gefühl des Mitleids, ja, des Mitleidens, das nicht danach fragt, ob der Verlorene, der Verirrte oder der Kranke mit seinem inneren oder / und äußeren Leid, seinem Jammer und seiner Not ihrer würdig ist oder nicht. Sie sieht nur sein Elend und seine Hilfsbedürftigkeit, und das bewegt sie zu handeln. Jemand hat gesagt: »Wer Barmherzigkeit übt, ist ein Heim der Liebe«. Auch in der französischen Sprache erkennen wir sehr schön die Bedeutung von Barmherzigkeit: Das Wort „misèricorde" setzt sich zusammen aus „misère" (Elend) und „coeur" (Herz). Das zeigt uns in überaus tröstlicher Weise, dass Gott Sein Herz in unser jeweiliges Elend hineinbringt, in die persönlichen Umstände des einzelnen, wegen unserer Schwachheiten, das sind die individuellen Handicaps, die sich aus unserem natürlichen Sein ergeben. Barmherzigkeit wird dem persönlichen Bedürfnis des einzelnen in Schwachheit und Prüfung gerecht. Sprechen wir über die Versammlung, ihre Vorrechte und die erhabene Herrlichkeit, zu der sie in und mit Christus berufen ist, dann tritt jedes Bedürfnis hinter der Herrlichkeit der Gnade Gottes zurück. So finden wir sie auch nicht in den Grüßen der sogenannten Versammlungsbriefe. Unser vielgeliebter Herr und Heiland ist uns „Balsam" geworden:

Er hat uns von dem Todesbiss der „feurigen Schlange" (4.Mo 21,6-9; Joh 3,14) errettet und geheilt und durch Ihn und in Ihm sind wir unserem Gott und Vater ein „Wohlgeruch Christi" geworden. Es ist bemerkenswert, kostbar und tröstlich, dass wir im Wort Gottes da, wo durch die Sünde des Menschen alles rettungslos verloren gegangen ist, immer wieder - unerschöpflich - die Barmherzigkeit Gottes in Tätigkeit, ja, als einen Ausdruck Seiner Herrlichkeit sehen.

Onyx bildet sich, wenn kieselsäurereiches Wasser durch tiefe Risse und Spalten in andere Gesteine eindringt. Beachten wir, dass nach 1. Mose 2,12 der „Stein Onyx" offenbar frei auf dem Boden, auf Gold-Sand lag und nicht verborgen in anderem Gestein. In Gottes Wort können wir erkennen, dass Kiesel ein Bild von einem festen Willen ist, der sich auch durchsetzt, insbesondere zugunsten Seines Volkes[58]. Diese Willensausübung ohne irgendeine Bedingung ist bei Gott und im Vorbild bei dem Herrn Jesus und bei David, schon bevor er König wurde, sehr deutlich dargestellt. Das ist Gnade! Ganz offensichtlich war es von Anfang an Gottes feste Absicht gewesen, Gemeinschaft mit Seinen Menschenkindern nicht nur herzustellen, sondern auch zu erhalten. Damit sich aber grundsätzlich die Gnade Gottes entfalten kann, muss das Herz des Menschen „Risse" bekommen; Es muss, wie David an anderer Stelle zu sagen weiß, „zerbrochen und zerschlagen" sein[59] weil das Herz arglistig (od. trügerisch) ist, mehr als alles, und verdorben (eig. bösartig), und eines jeden Inneres und Herz ist tief (Jer 17,9; Ps 64,7). Der Herr muss es öffnen können (vgl. Apg 16,14). Nur so gelangt der Mensch in den Genuss der Fülle und der Herrlichkeit dieser Gnade. Um in diesem Bild zu bleiben: Der Mensch braucht nur noch den Onyx aufsammeln.

---

[58] Z.B. 5.Mo 8,15; 32,13; Ps 114,8; Jes 50,7; 1.Sam 17,40.
[59] Ps 34,19; 51,19; 147,3; Jes 57,15; 61,1-3. Das meint *nicht* einen niedergeschlagenen od. bedrückten Seelenzustand, sondern das Anerkennen der eigenen Nichtigkeit und Sündhaftigkeit.

Es war das Wasser, das in das rissige Gestein eindrang. Es war kein stehendes, brackiges, es war fließendes Wasser. Es war aus den „oberen Quellen", *lebendiges* Wasser, das der Herr den Glaubenden geben will[60]. Durch die Worte des Herrn Jesus in Johannes 7,38.39 wissen wir, dass diese „Ströme lebendigen Wassers" ein Bild des Heiligen Geistes ist.

Der Härtegrad des Onyx ist eher gering[61]. Das Herz des Menschen muss auch weich sein, aber nicht zu weich; „Menschengefälligkeit" oder sich durch „süße Worte und schöne Reden verführen lassen", führen geradewegs ins Unglück. Es darf aber auch nicht zu hart sein, „verhärtet durch den Betrug der Sünde", denn noch heißt es mahnend durch den Geist Gottes und Sein Wort: „Heute, wenn ihr seine Stimme hört, verhärtet eure Herzen nicht". Gott möchte auf ihr gleichsam wie auf einer fleischernen Tafel schreiben können und das Herz soll durch die Gnade befestigt werden.

Onyx ist ein sogenannter „Lagenstein". Aus seiner Bänderung kann ein Farbkontrast geschnitten werden. Er ist ein beliebtes Material für Kameen, Intaglios und Einlegearbeiten: In einer Kamee wird der Stein um das Motiv herum abgetragen, so dass sich dieses als Relief auf einen andersfarbigen Hintergrund erhebt. Bei einem Intaglio wird das Motiv vertieft herausgearbeitet, so dass es als Stempel oder Siegel verwendet werden kann. Eine Einlegearbeit verbindet ein andersartiges Teil mit einem hierfür passend gemachten Stück. Gut gearbeitet, bilden sie jetzt eine Einheit, sie ergänzen sich und harmonieren miteinander; der Wert steigt. Das genau will die Gnade Gottes bewirken. Sie will, dass wir zur Erkenntnis der Wahrheit kommen, unsere Sünden bekennen und Buße tun; die Gnade will uns etwas wegnehmen, sie will uns alle Sünden und alle Schuld für immer wegnehmen. Die Gnade will,

---

[60]   Jos 15,19; Joh 4,10ff; vgl. 3.Mo 14,5.
[61]   Härtegrad nach Mohs 6½ - 7 (10 = Diamant), nach Rosival 120 (140.000 = Diamant).

dass etwas besonderes hervorgehoben wird; Sie will das deutlich erkennbar dargestellt wird, dass Gott den Menschen liebt und Er uns „in Seinem Bild" geschaffen und uns Seinen Odem des Lebens gegeben hat. Die Gnade will uns etwas Neues, etwas andersartiges geben. Sie will jetzt auch den Geist Gottes in uns setzen, in uns wohnen lassen für ewig, damit wir jetzt - in dieser Seiner Kraft - ganz und gar als Kinder Gottes erkannt werden und dem Bild des Sohnes Gottes, des Herrn Jesus Christus, entsprechen. Wir haben den „Christus angezogen" und sind von Gott dazu bestimmt, „dem Bild seines Sohnes gleichförmig zu sein" (Gal 3,27; Rö 8,29).

Die besondere Schichtstruktur (schwarze und weiße Lagen) von Onyx bildet, farbig dargestellt, den größtmöglichen Kontrast, die größtmögliche Gegensätzlichkeit, den größtmöglichen Widerspruch, die größtmögliche Distanz, scheinbar unüberwindbar - wenn da nicht die Gnade, die Barmherzigkeit und die Weisheit Gottes wäre. Schwarz - Weiß, diese Farben stehen sich diametral gegenüber. Man sagt: Gegensätze stellen oft die Wahrheit in besonders helles Licht. Vor dem dunklen Hintergrund des Menschen in Sünde erkennen wir die Kraft der Gnade Gottes hell und rein, die uns mit Gott in eine über die Maßen wertvolle untrennbare Beziehung bringen will, die uns mit dem Herrn Jesus vereinen will. Beispiele:

Nachdem Gott das Volk Israel aus der Sklaverei Ägyptens errettet hat und sie in das verheißene Land Kanaan bringen wollte, versicherten sie, dass sie alles tun wollen, was der HERR geboten hatte und Ihm allein wollen sie dienen. Doch dann erwiesen sie sich als widerspenstig und hartherzig. Es dauerte wegen ihres Unglaubens zwar insgesamt vierzig Jahre, aber der Herr brachte Sein Volk dennoch zum Ziel, nach Jerusalem, wo Er unter ihnen in Ruhe und Frieden wohnen wollte.

In Sacharia 3 sehen wir den Hohepriester Josua zur Zeit Esras mit schmutzigen Kleidern bekleidet, doch dann wird seine Ungerechtigkeit von ihm weggenommen. Er wurde mit Feierkleidern und mit einem reinen Kopfbund bekleidet. Und dann hörte er Worte der Gnade, die ihm schriftlich versicherten, eingegraben auf einen Stein (bildhaft für Christus), dass die Ungerechtigkeiten des Volkes an einem Tag weggenommen werden (vgl. 10,4).

In Hohelied 1,5.6 sagt die Braut (der treue jüdische Überrest, der aus der Drangsal kommt): „Ich bin schwarz ... Seht mich nicht an, weil ich schwärzlich bin," worauf der Bräutigam antwortet (4,7): „Ganz schön bist du, meine Freundin, und kein Makel ist an dir" (vgl. Off 7,9.13.14). Durch die Gnade erfährt sie danach die ganze Liebe des Messias ewiglich.

Den Gläubigen in Thessalonisch konnte das Zeugnis ausgestellt werden, dass sie sich von den Götzenbildern weg zu Gott bekehrt hatten, um dem lebendigen und wahren Gott zu dienen. Anderen wird gesagt: „Einst wart ihr Finsternis, jetzt aber seid ihr Licht in dem Herrn". „Sinnt auf das, was droben ist, ... nicht auf das, was auf der Erde ist" (Eph 5,8; Kol 3,2).

Der Sard-Onyx, der als eine weitere Chalcedonvarietät neben dem Onyx steht, hat abwechselnd weiße (das ist weißgrauer Chalzedon) und durchscheinende hell bis dunkel rötlich-braune Lagen (das ist Sarder[62]). Er wird nur in Offenbarung 21,20 genannt, als fünfte Grundlage der Mauer der Heiligen Stadt aus dem Himmel. In Offenbarung 21 befinden wir uns zeitlich hinter der Gnadenzeit: Von Vers 9 bis 22,5 in der Zeit des 1000-jährigen Reiches. Dieser Wechsel vom Anfang der Erdenzeit (Onyx) zu ihrem Ende (Sardonyx) ist auffällig. Die Abhängigkeit von Gott und verantwortliches Handeln vor Ihm ist nicht aufgehoben (Zahl 5) - für keines Seiner Geschöpfe, weder im Himmel noch auf der Erde. Die Versammlung, das himmlische Jerusalem, hat einen direkten

---

[62] Sarder = heb. „Odem". Sardes, abgeleitet von dem heb. „Sarid", d.h. „ein Übriggebliebener, Entkommener; vgl. Off 3,4.5.

Bezug zu Menschen (Odem) auf der Erde (Farbe Braun), auf der Gerechtigkeit (Weiß) noch herrschen muss (rötliches Braun, vgl. V. 27). Auffällig ist auch der Bezug zu der Stadt Sardes in Offenbarung 3,1-6. Sie symbolisiert den protestantischen Teil der Christenheit, den Teil also, der sich nach der Reformation von dem Papsttum (Thyatira) abgewandt hat und sich heute dem Katholischen wieder nähert.

Die wichtigste Voraussetzung für einen Edelstein ist Schönheit. Die Schönheit muss dauerhaft sein und bei Bearbeitungsvorgängen, wie zum Beispiel beim Polieren, erhalten bleiben. Auch das muss die Gnade oftmals an uns vollziehen: Gott, der Vater, liebt Seine Kinder und muss uns deswegen leider immer wieder „auf Hochglanz" bringen. Er muss uns zurück auf den geraden Weg ziehen, hinter dem Herrn Jesus her. Er muss uns leider so manches Mal erziehen.

Edelsteine werden gewöhnlich in zwei Kategorien eingeteilt. Als die eigentlichen, die wirklichen Edelsteine, gelten Diamanten, die beiden Korundvarietäten Saphir und Rubin, sowie die tiefgrüne Beryllvarietät Smaragd. Halbedelsteine nennt man die weniger wertvollen und nicht sehr harten. Onyx ist der Begriffsbestimmung nach eigentlich ein Halbedelstein. Mancher Mineraloge und Juwelier benutzt diesen Begriff „wirklich" und „halbedel" nur ungern bis gar nicht, denn das sind Adjektive, die sich bei Edelsteinen nicht vernünftig definieren lassen. Unser Gott und Vater empfindet ähnlich, doch vor einem anderen, weitaus höherem Hintergrund: Gottes Wort nennt Onyx immer einen Edelstein. Ja, Gott sieht Seinen Sohn, Jesus Christus, in uns, Ihn, den Reichtum der Herrlichkeit.

In Hesekiel 28,13 nennt Gott den Zustand der Erde *vor* dem Sündenfall Seinen Garten[63]. Nach Seinem Willen hat Er die Erde unbedingt

---

[63] In Kap. 31 ist mit dem Garten Gottes ebenfalls die Erde - das assyrische Weltreich - gemeint; in Jes 51,3, Hes 36,35 u. Joel 2,3 = Israel; „Garten des HERRN" in 1.Mo 13,10 = Kanaan.

„auf ewig gegründet" (Ps 78,69) und Er hat sie nicht als eine Öde geschaffen, sondern um bewohnt zu werden[64]. „Und Gott sah alles, was er gemacht hatte, und siehe, es war sehr gut". „Alles hat er schön gemacht zu seiner Zeit" (1.Mo 1,31; Pred 3,11). Gott möchte so gerne, dass Seine Menschenkinder eine Vorstellung, einen für sie erträglichen aber dennoch tiefen Eindruck Seiner eigenen Herrlichkeit bekommen[65] und um das zu veranschaulichen bediente Er sich der Edelsteine und des Goldes, womit Er die Erde schmückte. Als die Engel diese Herrlichkeit sahen, jauchzten sie und die Morgensterne jubilierten (Hiob 38,4-7). Als nächstes bediente sich Gott eines lebendigen Wesens, eines Cherubs[66] mit Namen „Glanzstern"[67]. Cherubim waren vierflügelige lebendige Wesen, die als Wächter auf und als Zeuge für die Erde dort erscheinen, wo Gott persönlich gegenwärtig ist und sich in Seiner Herrlichkeit offenbart und wo es galt, die Heiligkeit Gottes (Regierung) zu bewahren (Gericht). Es sind Träger der Erscheinung Gottes: Auf Cherubim schwebt oder, gleich einem lebendigen Wagen, fährt Gott einher, um Gericht zu halten[68]. Gott nimmt von der Erde Gold und neun unterschiedliche Edelsteine und mit diesem prachtvollen Schatz „bekleidete" Er den Cherub „Glanzstern". Er salbte ihn zum Fürsten und setzte ihn als Hüter (als schirmenden Cherub) über die Erde ein (vgl. Mt 4,9; Lk 4,6). Vielleicht war es der Auftrag dieses Engelfürsten, die von Gott geschaffene Erde zu einem vollkommenen Platz der Anbetung Gottes durch Menschenkinder vorzubereiten. In Johannes 12,31; 14,30 und 16,11 nennt der Herr Jesus diesen „Glanzstern" den „Fürst der Welt". Im Epheserbrief (2,2) nennt ihn der Apostel Paulus „den Fürsten der

---

[64] Jes 45,18Fn. „Öde": wörtl. „wüst und leer", heb. „tohu wa bohu".
[65] Vgl. Hes 1,26; Dan 10,6; Off 4,3; 21,19.
[66] Die Bedeutung des Namens „Cherub" ist nicht gesichert: „Ergreifender, Festgehaltener, vertrauter Diener, Leibdiener, mächtig, groß".
[67] „Glanzstern, Lichtträger, Lichtbringer, Glänzender, Morgenstern" im Lateinischen „Luzifer"; der Name ist zurückzuführen auf den Planeten Venus, der auch „Morgenstern" genannt wird.
[68] 1.Chr 28,18; Hes 1; 10; Ps 18,11; 80,2.

Gewalt der Luft" (vgl. 6,12) und im 2. Korintherbrief (4,4) den „Gott dieser Welt, dieses Zeitlaufs". Nach dessen Empörung als Satan (d.h. „Widersacher") gegen Gott, strebt er bösartig nach mehr: Er will mehr als nur Gott gleich sein, er will sich über Gott erheben, er will Gott selbst sein, er will Anbetung für sich selbst[69]. Er ist also »nicht in solchem Charakter geschaffen worden, sondern es war die dieser Persönlichkeit von Gott eingeräumten Willensfreiheit, die ihn aus der Abhängigkeit von Gott in eine Gegensätzlichkeit zu Gott treten ließ« (W.Theißen). Gott widerstand Satan und Satan hasste Gott. Gott schuf den Menschen als das Haupt der irdischen Schöpfung; die Menschen wurden zum Herrschen geschaffen (1.Mo 2,19.20a). Eine solche Stellung nimmt kein anderes Geschöpf ein. Alle nächsthohen Geschöpfe, die Engel, sind Diener, sind dienstbare Geister. Und Er „hauchte in seine Nase den Odem des Lebens; und der Mensch wurde eine lebendige Seele" (2,7). Das war einzigartig, kein anderes Geschöpf hatte den Odem Gottes je empfangen. Diese bevorzugten Geschöpfe hasste Satan nun ebenso. Und der Herr Jesus, der Gott *und* Mensch ist, wird mit einem unaussprechlichen Hass von Satan gehasst.

Soweit mir bekannt ist, gibt es nun zwei Auslegungen: die eine - meiner Meinung nach die zutreffende - sagt: Weil Gott der Selbsterhöhung, der Selbstvergötterung Satans widerstand, zerstörte er als Teufel voller Wut die Erde, die als Wohnort, als Heimat für die Menschen geschaffen worden war und von der aus allein Gott die Ehre gegeben werden sollte. Satans vorsätzliche Anstrengungen und Entschlossenheit ist es seitdem, Gott zu verunehren und die Menschen zu verderben. Der Teufel und untreu gewordene, abgefallene Engel, die Dämonen, lieben das Chaos[70]. »Es ist nur begreiflich, wenn die heidnischen

---

[69] Jes 14,12-14; 2.Thes 2,4; Off 13,4a.
[70] „Chaos", d.h. gähnender Schlund, turbulent, ungeordnet, Durcheinander, Wirrwarr. Diese Auslegung stützt sich unter anderem auf Hiob 1;2; Mt 12,43-45 u Mk 5,2-5.

Griechen „Chaos" zum Erzeuger von „Erebos", (Finsternis, Unterwelt) und „Nyx" (Nacht) machten« (W.Kelly). Die zweite Meinung besteht darin, dass Gott über die Erde ein Strafgericht brachte[71], weil Satan sich von hier aus gegen Gott empörte. Diese Auslegung klammert meiner Meinung nach aus, dass es sich jeweils um Gerichte gegen sündige Menschen handelte, und Materie wird nicht bestraft, sie wird einmal gereinigt. Nach der Verwüstung der Erde durch ihn als Teufel[72] (d.h. „Durcheinanderbringer; Verleumder; Ankläger") wird sie in 1. Mose 1,2 als wüst und leer beschrieben. Vielleicht können wir über die Kernaussage von Jesaja 14,16.17 in dem hier anstehenden Sinn auch hinausgehen und anwenden, wo es in Bezug auf den Teufel heißt: „Ist das der Mann, der die Erde erbeben ließ, ... der den Erdkreis[73] der Wüste gleichmachte". Seitdem liegen die Edelsteine im Schoß der erneuerten Erde verborgen, nur noch der Onyx lag sichtbar am Ufer des Stromes. Der Onyx wird in Hesekiel 28 als fünfter Edelstein genannt. Die Zahl 5 spricht von der allgemeinen Verantwortlichkeit, aber auch von der grundsätzlichen Abhängigkeit des Menschen von Gott, seinem Schöpfer (vgl. 1.Kor 3,10b; Joh 15,5b). In seiner letzten, der neunten Rede, beschreibt Hiob in Kapitel 28 die Vortrefflichkeit der Weisheit und richtet zweimal (V. 12.20) dieselbe Frage an seine drei Freunde: „Die Weisheit, wo wird sie gefunden, und wo ist die Stätte des Verstandes? Kein Mensch kennt ihren Wert, und im Land der Lebendigen wird sie nicht gefunden. ... Sie wird nicht aufgewogen ... mit kostbarem Onyx". Der Geist Gottes lässt ihn daraufhin erkennen: „Gott versteht ihren Weg,

---

[71] Ähnl. wie 1.Mo 7; Jes 34,11; Jer 4,23.

[72] Griech. „dia-bolos". „Dia" = Vorsatz, mit den Bedeutungen „(hin)durch-, auseinander(gehend), zwischen-". »„Bolos" = von „ballo" = „ich werfe" (das dtsch. Wort „Ball" stammt hiervon ab). „Dia-ballo" = „hinüberwerfen"; „anklagen" und „verleumden, schmähen, fälschlich od. mit boshafter Absicht anklagen" (vgl. 2.Sam 16,5-13; Lk 16,1). „Dia-bolos" = „der (mit Steinen) Werfende" oder „der Ankläger" (vgl. Off 12,10). Das Wort kommt im NT häufig vor und wird - mit 3 Ausnahmen (1.Tim 3,11; 2.Tim 3,3; Ti 2,3) - immer mit „Teufel" übersetzt« (G.C.Willis).

[73] „Erdkreis" bez. eigentl. die bewohnte Erde, doch kann auch die zum bewohnen erschaffene Erde gemeint sein; vgl. Hiob 34,13; Ps 90,2; Spr 8,26.

und *er* kennt ihre Stätte. Denn *er* schaut bis zu den Enden der Erde; ... Und zum Menschen sprach er: Siehe, die Furcht des Herrn ist Weisheit, und vom Bösen weichen ist Verstand." In den Kapiteln 32-37 antwortet Elihu[74] dem Hiob. Er ist ein starker Typus auf Gott, den Heiligen Geist, und Er sagt: „Meine Worte sollen die Geradheit meines Herzens sein, und was meine Lippen wissen, sollen sie rein heraus sagen. Der Geist Gottes hat mich gemacht. ... Höre *du* mir zu; schweig, und ich werde dich Weisheit lehren" (33,3.4.33). Der Herr Jesus sagt von dem Heiligen Geist, dass Er uns alles lehren und uns in die ganze Wahrheit leiten wird. Die letzten Worte des Propheten Hosea helfen uns ergänzend zu verstehen, was die Weisheit Gottes ist. Er spricht dort: „Wer weise ist, der wird dies verstehen; wer verständig ist, der wird es erkennen. Denn die Wege des HERRN sind gerade, und die Gerechten werden darauf wandeln; die Abtrünnigen aber werden darauf fallen." Aus den angeführten Stellen (und es gibt derer noch mehr) erkennen wir, dass Weisheit von der Fähigkeit spricht, zwischen der Heiligkeit Gottes einerseits und dem Bösen andererseits klar unterscheiden zu können. Weisheit ist also unendlich mehr als nur die Tätigkeit des natürlichen Gewissens. Weisheit von Gott stellt sich zuerst in konsequenter Heiligung, das bedeutet Absonderung für Gott, beziehungsweise zu Gott hin dar, wie wir es schon bei Abram in 1. Mose 12,1 gesehen haben. Jakobus schreibt in seinem Brief: „Weisheit von oben aber ist als erstes rein, dann friedsam, milde, folgsam, voll Barmherzigkeit und guter Früchte, nicht streitsüchtig, ungeheuchelt. Die Frucht der Gerechtigkeit aber wird denen gesät, die Frieden stiften" (3,17.18).

Dreimal steht dieser besondere Stein in direktem Zusammenhang mit der Schöpfung: historisch zuerst in Hesekiel 28 als ein Edelstein in

---

[74] „Elihu" bedeutet: „(mein) Gott ist *Er*" (Jah, Jahwe), „Gott selbst".
Neben Elihu sind noch der Knecht Abrahams (vermutl. ist es Elieser von Damaskus; 1.Mo 15,2) in 1.Mo 24, der Saitenspieler in 2.Kö 3,15 und der Mann der den Wasserkrug trägt in Mk 14,13 (Lk 22,10) ein personifizierter Typus auf die göttliche Person und auf eine Tätigkeit des Heiligen Geistes.

der von Gott bildhaften Beschreibung der unverwüsteten Erde; dann zweitens - indem Gott wieder Ordnung in Seine Schöpfung bringt, denn Er „ist nicht ein Gott der Unordnung, sondern des Friedens" -, in 1. Mose 2 außerhalb von Eden und vor dem Sündenfall; und dann wieder drittens nach dem Sündenfall in Hiob 28. Ein weiteres Mal, in 1. Chronika 29,1-3, finden wir den Onyx bei den Edelsteinen und allen Schätzen, die David für das „Haus des Heiligtums", den „Palast" des Herrn, gesammelt hat. Er hatte sie für den ersten Tempel, „das Haus meines Gottes" bereitgestellt, der unter seinem Sohn Salomo erbaut werden sollte. Salomo war der dritte und letzte König des ungeteilten Reiches von Israel und Juda, und er verschwägerte sich mit dem Pharao, dem König von Ägypten. Sein Name bedeutet „der Friedliche" und er wurde von Gott gesegnet mit aller Weisheit und sehr großer Einsicht. In Jerusalem, der Stadt des großen Königs, wohnte Gott im Allerheiligsten Seines herrlichen Tempels, und Salomo hielt (zunächst) den von Gott eingesetzten Priesterdienst aufrecht. Seine Herrschaft ist eine Vorausschau auf die Herrlichkeit des 1000-jährigen Friedensreichs des Herrn Jesus über die ganze Erde, in welchem auch das Priestertum wieder eingeführt wird.

Mit dem Onyxstein haben wir eine direkte Verbindung gefunden, vom Anfang der Schöpfung ausgehend bis in das 1000-jährige Reich. In dieser Linie wird der Onyx von Gold, Balsam und der Weisheit begleitet. Wir stellen fest, dass dieser Stein über die Jahrtausende mit den Gnadenratschlüssen Gottes und den Herrlichkeiten des Herrn Jesus in Zusammenhang steht.

Die vollkommene, sehr gute Schöpfung Gottes wurde von Satan zuerst zu einer wüsten und leeren Öde durcheinander gewirbelt, und dann, unbestimmte Zeit später, hat er das Prinzip der Sünde in die Schöpfung gebracht und ausnahmslos jeden Menschen durch List zum sündigen verleitet, ihn völlig verdorben und von Gott getrennt. Die Erde als der „Garten Gottes" ist nicht mehr. Eden, die „Wonne", die „Lieblichkeit", ist nicht mehr. Der Garten in Eden ist nicht mehr, das Paradies ist auf der Erde für lange Zeit nicht mehr zu haben, es ist vorübergehend ein verborgener zeitlicher Ruheort der Glückseligkeit im geschaffenen Himmel. Der erste Fluss, der Pison, ist nicht mehr. Das Land Hawila ist nicht mehr. Weisheit wurde auf der Erde keine gefunden, nur in Gott selbst und im Vorbild auf den Herrn Jesus. Und der in Unschuld geschaffene Mensch ist jetzt als Sünder von Gott getrennt. - Doch es nicht hoffnungslos! Durch die Gnade Gottes gibt es Hoffnung für alle Menschen, Hoffnung für die Schöpfung und Hoffnung für Israel und für Juda.

Gerne möchte ich noch auf die beachtenswerte exakte Reihenfolge hinweisen, die wir in 1. Mose 2 finden, und sie mit dem Titusbrief vergleichen. Ich möchte sagen: Die „Sprache der Symbole" wird uns dort als eine lebendige Wahrheit der Gnade und Weisheit Gottes dargestellt.

1.Mose 2,12	Titus 1,4; 3,15
Der Pison „umfließt	„... nach unserem gemeinschaftlichen Glauben: Gnade und Frieden von Gott, dem Vater, und Christus Jesus, unserem Heiland!" „Die Gnade sei mit euch allen!"
	Kapitel 2,11-14
das ganze Land[75], wo das Gold ist; das Gold dieses Landes ist gut;	„Die Gnade Gottes ist erschienen,
dort gibt es das Bedolach und den Stein Onyx."	heilbringend für alle Menschen, und unterweist uns, damit wir, die Gottlosigkeit und die weltlichen Begierden

---

[75] „Das ganze Land" = „Hawila".

verleugnend, besonnen und gerecht und gottselig leben in dem jetzigen Zeitlauf, indem wir erwarten die glückselige Hoffnung und Erscheinung der Herrlichkeit unseres großen Gottes und Heilandes Jesus Christus, der sich selbst für uns gegeben hat, damit er uns von aller Gesetzlosigkeit loskaufte und sich selbst ein Eigentumsvolk reinigte, das eifrig sei in guten Werken."

Gepriesen sei Gott, Lob und Dank und Anbetung unserem Heiland-Gott, der nicht Lügen kann, der uns aus Gnade errettet hat nach Seiner Barmherzigkeit und uns die Hoffnung des ewigen Lebens verheißen hat vor ewigen Zeiten durch den Glauben; zu Seinen Zeiten aber hat Er Sein Wort offenbart.

Die Nahen und die Fernen

Das irdische Volk Gottes, „die Nahen", ist als ein „geringes Häuflein" und aus der Stellung von Sklaven aus der Knechtschaft Ägyptens heraus errettet und zu dem Herrn gerufen worden, als Sein Eigentumsvolk auf ewig. Das garantieren die vier Bündnisse, die Gott unwiderruflich Seinem Volk gegeben hat. Der Herr Jesus hat uns, „die Fernen", als wir Seine Feinde waren, aus der Macht Satans heraus errettet und Er hat uns die Rechte von Himmelsbürgern erkauft. Er ist es, durch den wir in die Beziehung zu Gott als Kinder gebracht wurden, und mehr, wir wurden in Ihm von unserem himmlischen Vater in die Stellung von Söhnen erhoben. Und noch mehr, wir wurden Erben Gottes und Miterben Christi. Er ist es, der uns ehemals Verlorene und Sünder zu einer heiligen königlichen Priesterschaft Seinem Gott und Vater gemacht hat. *Das ist göttliche Gnade!* „Wo aber die Sünde überströmend geworden ist, ist die Gnade noch überreichlicher geworden, damit, wie die Sünde geherrscht hat in der Kraft des Todes, so auch die Gnade herrsche durch Gerechtigkeit zu ewigem Leben durch Jesus Christus, unseren Herrn" (Rö 5,20.21). Gott, der Vater, sieht uns die vielen, als einen lebendigen einheitlichen, einen geistlichen Leib so würdig, so vollkommen in Seinem Sohn, dass Er Ihn zum Haupt Seiner Versammlung, die Sein Leib ist, gegeben hat; sie ist die Fülle dessen, der alles in allem erfüllt. Wir werden als Seine Heiligen mit Ihm die Welt und Engel richten und als Seine Miterben und Braut werden wir mit Ihm herrschen[76]. »Und der anschließende ewige Zustand wird nochmals neue Herrlichkeiten und zusätzliche Würden mit sich bringen« (W.Scott). Welch ein Wechsel unter der Gnade Gottes, die uns von dem Zeitlauf dieser bösen Welt und ihrem Fürsten freigemacht und uns hineingetragen hat „in das Reich des Sohnes Seiner Liebe."

»Sklaven einst, in Satans Ketten,
hassenswürdig, voller Schuld,
stehn wir als geliebte Kinder
jetzt in Deiner Vaterhuld.

In das ew`ge Reich des Sohnes
Deiner Liebe nun versetzt,
sind wir in dem Auferstandnen
Deines Herzens Wonne jetzt.«

(James Georg Deck, 1807-1884;
dt.Üb. Rudolf Brockhaus, 1856-1932)

Auf seinen beiden Schultern trug Aaron je einen Onyx-Stein. Jeder Stein war mit einem goldenen Reif gefasst, und jeder der beiden Steine trug sechs Namen der zwölf Stämme Israels. Es ist wichtig zu erkennen, dass nur hier und bei den Schaubroten die Zahl 12 in 2 x 6 zerlegt wird. Die Zahl 2 ist die Zahl der Gegenüberstellung, der Verschieden-

---

[76] Off 1,6 stellt uns die Gläubigen der Gnadenzeit vor: ein priesterliches Königtum; Kap. 5,10 zeigt uns den Bereich ihrer Regierung: die Erde; Kap. 20,5 betont die besondere Zeit: das 1000-jährige Reich.

heit, der Gemeinschaft und der Bestätigung als Zeugnis. Die Zahl 6 steht in ihrer sinnbildlichen Deutung für die Unzulänglichkeit und Schwachheit eines einzelnen Gläubigen der noch nicht die Vollkommenheit in seinem Fleisch der Sünde erreicht hat. Daraus leitet sich ab, dass die Darstellung der Versammlung in ihrer jeweiligen Haushaltung auch noch unvollkommen ist[77]. Und wenn unser Gott dennoch Lob, Dank und Anbetung annimmt, dann ist es wunderbare Gnade. Obwohl in unserem Herrn vollkommen gemacht, müssen wir immer wieder unsere Schwachheit und unsere Sündhaftigkeit im Fleisch erkennen und haben allen Grund, uns zu demütigen und unser Versagen zu bekennen. Die Schwachheit, dem Teufel zu widerstehen und / oder vor dem Bösen zu fliehen, hat ebenso ihr Gegenbild in der Zahl 6. Die Zahl 12 ist eine Vollzahl; sie steht für die Verwaltung der Dinge Gottes in Verantwortung durch Seine jeweils gegenwärtige Versammlung. Die Herrlichkeit unseres anbetungswürdigen Herrn, symbolisch das Gold, umschließt je einen Stein, „denn von ihm und durch ihn und für ihn sind alle Dinge; ihm sei die Herrlichkeit in Ewigkeit! Amen" (Rö 11,36). Nur in Ihm, der Herr und Haupt ist, sind Seine Erlösten vollkommen gemacht, und nur in Ihm sieht Gott Seine Heiligen so. Dieser ist es, durch den und in dem die Versammlung Gottes und jeder Gläubige persönlich befähigt ist, Gott wahrhaftig anzubeten und Ihm allein zu dienen.

Von Gott berufen und erfüllt mit Seinem Geist, vermochten Bezaleel und Oholiab (2.Mo 31,1-11) den einen Stein genau gleich dem anderen zu fertigen. Die Steine als solche unterschieden sich lediglich in den eingravierten Namen. Die übereinander liegenden Farbschichten der Steine ließen die Schrift deutlich erkennbar hervortreten. Alles entsprach göttlicher Sorgfalt und göttlicher Ordnung. Die Reihenfolge aller eingravierten Namen ergab sich aus der Geburtsfolge (2.Mo 28,10):

---

[77] Ganz allgemein drückt die Zahl 6 ein Hinstreben zur Vollkommenheit bzw. zur Vollendung aus, sowohl positiv als auch negativ.

jeder ist gekannt und an seinen Platz gestellt, jeder in seiner gegenwärtigen Haushaltung als auch in einer zukünftigen. Der Stein mit den Namen der sechs älteren Söhne Jakobs ist ein Hinweis auf die Gläubigen des alten Bundes (die „vollendeten Gerechten" in Bezug auf ihren gegenwärtigen Zustand, Heb 12,23b). Es sind diejenigen aus Israel, die in ihrer Haushaltung ihren Wandel im Glauben und ihren Kampf im Glauben vollendet haben. Sie erwartet die Herrlichkeit und Ruhe im Angesicht ihres Messias. Jesaja weissagte, dass es Gott nicht allein um Gemeinschaft mit Seinem irdischen Volk geht. Er wollte durch Christus auch Gemeinschaft mit Menschen aus den Nationen haben: „Es ist zu gering, dass du mein Knecht seist, um die Stämme Jakobs aufzurichten und die Bewahrten von Israel zurückzubringen. Ich habe dich auch zum Licht der Nationen gesetzt, um meine Rettung zu sein bis an das Ende der Erde" (49,6; Apg 13,46.47). Und das bestätigt der Herr Jesus Christus in Johannes 10: „Und ich habe andere Schafe, die nicht aus diesem Hof sind; auch diese muss ich bringen, und sie werden meine Stimme hören, und es wird *eine* Herde, *ein* Hirte sein" (V. 16). Der Stein mit den Namen der sechs Jüngeren gibt uns einen Hinweis auf die Gläubigen, die später gerufen wurden, die „anderen Schafe", die Versammlung Jesu Christi. Es sind all diejenigen, die Gott, der Vater, vor Grundlegung der Welt in Ihm, Seinem Sohn, auserwählt hat, „dass wir heilig und tadellos seien vor ihm in Liebe; und uns zuvor bestimmt hat zur Sohnschaft durch Jesus Christus für sich selbst, nach dem Wohlgefallen seines Willens, zum Preise der Herrlichkeit seiner Gnade, womit er uns begnadigt hat in dem Geliebten" (Eph 1,4-6). Das war von Ewigkeit her verborgen in Gott, der alle Dinge durch das Wort Seines Mundes gemacht hat; damit jetzt den Fürstentümern und den Gewalten in den himmlischen Örtern die mannigfaltige Weisheit Gottes, nach dem ewigen Vorsatz, den Er gefasst hat in Christus Jesus, unserem Herrn, kundgetan werde (3,9-11).

Die zwei Steine waren mit dem Ephod, einschließlich des Brustschilds mittels zweier goldener Ringe und mittels zweier schnurähnlicher Ketten in Flechtwerk aus reinem Gold fest verbunden[78], sie hielten das ganze Gewand zusammen. Die Zahl 2 ist hier Ausdruck eines ausreichenden Zeugnisses, einer Gemeinschaft. Mit den goldenen Ringen wird symbolisch die unendliche, die ewige Beziehung des Herrn Jesus als der „Sohn des Menschen" mit Seinen Gläubigen dargestellt. Gott, der Sohn, der verherrlichte Mensch im Himmel - vorbildlich für das reine Gold - hat diese Beziehung zu Ihm zustande gebracht und Er erhält sie auch. Die Ketten, ein Bild der Festigkeit und Stärke, lagen auf der Brust, dem Sitz des Herzens, welches der Ausgang aller Gedanken, des Willens und der Gefühle ist.

Ein Stein auf der einen Schulter liegt neben dem Stein auf der anderen Schulter (horizontale Ausrichtung), dazwischen das Haupt des Hohepriesters. In 5. Mose 33,12 finden wir etwas, was uns vielleicht hilft, dieses Bild zu verstehen. Dort heißt es in einem Segensspruch: „Der Liebling des HERRN! In Sicherheit wird er bei ihm wohnen; er beschirmt ihn den ganzen Tag, und zwischen seinen Schultern wohnt er." In vertikaler Ausrichtung, unterhalb des Hauptes, schlägt das Herz, in dem der Verstand seinen Ausgangspunkt hat, der die Dinge zur Entscheidung bringt. Die Substantive in o.g. Bibelvers sind „Liebling und Sicherheit" und die Adjektive „wohnen und beschirmen". Und das den ganzen Tag, d.h. in der Symbolsprache des AT, eine vollständige Zeitperiode. Diese Gnade, die Gott seinen „Lieblingen" (das sind begnadigte Sünder) zukommen lässt, möchte ich hier jetzt anwenden. Nach dem Willen Gottes sind durch Christus Jesus, durch Sein Werk auf dem Kreuz (horizontale und vertikale Ausrichtung), die beiden von einander zu unter-

---

[78] a) Solche Ketten, ihrem Charakter nach mit diesen vergleichbar, finden wir sonst nur noch in dem Tempel Salomos (1.Kö 6,21; 2.Chr 3,16).
b) Eine goldene Kette ist bekanntlich auch ein Zeichen von Beförderung, von hoher Gunst und Würde, wie z.B. bei Joseph und Daniel.

scheidenden Zeugnisse - Judentum und Christentum - verbunden. Zum Preise der Herrlichkeit Seiner Gnade wird Er einmal alles unter *einem* Haupt zusammengebringen. Und zwar in einer Liebesgemeinschaft die von Ihm ausgeht, hin zu den Seinen, und die dann wiederum bei den Seinen allein ausgerichtet ist zu Ihm hin, mit dem Ziel, Ihm Anbetung zu bringen.

Wir sehen die vollkommene und ewig gültige Grundlage göttlicher Auserwählung und wir sehen das wunderbare Resultat Seines Werkes: Es ist das einmalige Werk unseres Herrn Jesus Christus, die Vergebung der Vergehungen zur Versöhnung und zum Frieden mit Gott und es ist eine überreichliche Gnade, die für beide Zeugnisse Vollgültigkeit hat. Und allein mit Blick auf das vollbrachte Werk am Kreuz auf Golgatha konnte Gottes Gerechtigkeit die davor geschehenen Sünden Seines irdischen Volkes „hingehen lassen", „zudecken", aber noch nicht vergeben, noch erinnerte Er sich stets daran[79]. Als die Gnade Gottes in diese Schöpfung eintrat und dann Sünde, Tod und Teufel besiegt waren, waren alle Ansprüche Gottes gemäß Seiner Heiligkeit und Seiner Gerechtigkeit vollkommen erfüllt. Es ist die Gnade Gottes, welche Christus die beiden, Seine irdische Versammlung Israel und Seine himmlische Versammlung, in alle Ewigkeit tragen lässt. In Ihm, dem Haupt, werden die Seinen und sind die Seinen, Seine Lieblinge, in beschützter Sicherheit und werden bei Ihm wohnen.

Abschließend möchte ich feststellen, dass im Wort Gottes der Onyx (das hebr. Wort "shoham" in der LXX) insgesamt elfmal erwähnt wird[80]. Das weist darauf hin, dass die Gnade noch wirkt, dass die Gnadenzeit noch nicht vollendet ist, dass die Gnade uns bis zur Vollendung, bis zur

---

[79] Rö 3,25; Heb 10,3.4; Ps 32,1.2.
[80] 1.Mo 2,12; 2.Mo 25,7; 28,9.20; 35,9.27; 39,6.13; 1.Chr 29,2; Hiob 28,16; Hes 28,13. Und er ist der 11. Stein in dem Brustschild.

Vollkommenheit geleiten wird. Und die Gnade wird dann vollendet sein, wenn Gerechtigkeit und Frieden auf der Erde wohnen werden.

Wenn wir heute - alle Menschen die Sein Eigentum sind - auch noch im Leib der Schwachheit sind, so nimmt unser großer Gott doch unseren Dienst für Ihn in Gnaden an. Und nicht allein unseren. Auf derselben Grundlage der Gnade hat Gott auch die Anbetung der alttestamentlich Gläubigen und den Dienst Seines irdischen Volkes angenommen und auf dieser Grundlage wird Er später wieder den Dienst Seines irdischen Volkes annehmen. Nun erkennen wir ein klein wenig mehr die Kostbarkeit des Onyx und die mit ihm in Beziehung gebrachte Weisheit, von der einst Hiob sprach und von welcher Paulus schreibt: „Vereinigt in Liebe zu allem Reichtum der vollen Gewissheit des Verständnisses, zur Erkenntnis des Geheimnisses Gottes, in dem verborgen sind alle Schätze der Weisheit und der Erkenntnis." Und es bleibt nur noch festzustellen, dass dieser Halbedelstein wahrlich ein Edelstein, ein kostbarer Schmuckstein ist. Mit ihm ist die große Wahrheit der Verwaltung des Geheimnisses der Gnade Gottes verbunden: „Denn *er* ist unser Friede, der aus beiden *eins* gemacht und abgebrochen hat die Zwischenwand der Umzäunung, ... damit er die zwei, Frieden stiftend, in sich selbst zu *einem* neuen Menschen schüfe und die beiden in *einem* Leib mit Gott versöhnte durch das Kreuz, nachdem er durch dieses die Feindschaft getötet hatte. Und er kam und verkündigte Frieden, euch, den Fernen (Seine Versammlung) und Frieden den Nahen (Sein Volk Israel)" (Eph 2,14-17).

So vollkommen hergestellt wurden diese zwei wunderbaren Gedächtnissteine auf den Schultern des Hohepriesters vor das Angesicht Gottes getragen. Welch ein Beweis der heilbringenden Gnade Gottes in der Person unseres Herrn Jesus Christus. Als Mensch in Niedrigkeit ging der Herr Jesus durch den Sand dieser Wüste und trug die Seinen in Gnade; als verherrlichter Mensch trägt Er nun vom Himmel her alle

Gläubigen im Heiligtum in Gnaden: Er trägt allumfassend Sorge für uns in tätiger Hilfe: Er führt uns auf den geraden Weg und auf den ebenen, Er gibt Kraft und Mut und Antrieb, Er gibt Freude und Frieden und Hoffnung. Er verwendet sich für uns vor Gott, Er vertritt uns bei dem Vater und Er sendet uns Seine Engel um uns zu dienen. Dieserart ist das Tragen und wir fühlen uns befreit, frei und leicht. Diese Gnade wirkt bis an die Pforte der Ewigkeit. Und sie ist der „goldene Rahmen", „die Einfassung" der Versammlung Gottes. Die Gnade Gottes trägt die einen in die Herrlichkeit und Ruhe auf einer neuen Erde, und uns führt sie in Christus Jesus, unserem Herrn, als Söhne Gottes und Braut Seines Sohnes in die Wohnungen des Vaterhauses ein. Das ist das schlussendliche Ziel des Ratschlusses Gottes.

Wir sehen in den beiden Schultersteinen des Gedächtnisses also eine herrliche Wahrheit: Es ist der Gott aller Gnade, der uns berufen hat nach seinem eigenen Vorsatz, und Seine Gnade ist uns vor ewigen Zeiten in Christus Jesus gegeben. Und sie musste offenbar werden - wegen der Sünde -, und sie ist offenbart worden durch die Erscheinung unseres Heilandes Jesus Christus. Durch Ihn und in Ihm haben wir die Gnade des Lebens als geliebte Kinder Gottes empfangen und Barmherzigkeit, und sie wird mit uns sein. Der Herr Jesus trägt die Seinen, die noch in der Welt sind, gleichsam auf Seinen Schultern, zu ihrer Unterstützung und Erhaltung auf diesem wunderbaren Fundament.

DIESE GNADE IST UNSER HEIL!
DIESE GNADE IST UNSER TEIL!
UND DIESE GNADE TRÄGT DIE SEINEN!

3. Das Brustschild des Gerichts

2. Mose 28,15-30; 39,8-21

Gott ist heilig und Gott ist Liebe
Die Liebe Jesu

Das Brustschild des Gerichts wird auch das des Rechts genannt. Es besteht im Wesentlichen aus drei Teilen: der Stofftasche, den Urim und Tummim und zwölf verschiedenen Edelsteinen. Die Brusttasche hatte mittels zweier Ketten und zweier goldener Ringe eine direkte Verbindung zu den beiden Schultersteinen des Gedächtnisses. Ringe und Ketten hatten wir vorher schon betrachtet. Die Bedeutung der Schultersteine in ihrem vorbildlichen Charakter steht unbedingt in direktem Bezug zu der Brusttasche. Die grundsätzliche Belehrung, die wir in der Betrachtung der Schultersteine erkannt haben, wird uns hier im Bild der Brusttasche fokussiert, mehr mit dem Blick auf den Einzelnen vorgestellt.

Recht und Gericht wachen über die Anerkennung der Heiligkeit Gottes und bewahren sie. Wo von ihnen gesprochen wird, geht damit notwendigerweise das Wissen über Unrecht und die daraus resultierende persönliche Verantwortung einher. Es fällt auf, dass uns in unserem Vorbild der Brusttasche trotz Verantwortung, Recht und Gericht keine Angeklagten, kein Kläger und kein Richter unmittelbar, also auf den ersten Blick erkennbar, vorgestellt werden. Demzufolge steht hier auch nicht die Fülle der Gnade Gottes im Vordergrund - aber sie ist da, sie muss da sein, will die Liebe uns erreichen.

Unter dem reinen Gesetz, das Gott Seinem Volk gegeben hatte, triumphierte das Gericht über die Ungerechtigkeit. Unter der Prophetie triumphiert die Gnade und Barmherzigkeit, wenn das Gericht vollzogen ist. Aber unter dem Evangelium erhebt sich die Gnade über das Gericht, weil sich durch das vollkommene Werk des Herrn Jesus auf dem Kreuz von Golgatha Güte und Wahrheit begegnet sind und Gerechtigkeit und Frieden sich geküsst haben (Ps 85,11). Hier und jetzt wurde die ganze große Liebe Gottes offenbar, eine Liebe, die sich durch Christus zu jedem Sünder herab neigt und das ewige Teil eines jeden Glaubenden geworden ist.

Wie wir gesehen haben, trägt uns die Gnade zu der Pforte der Ewigkeit, und sie begegnet uns rückblickend in ihrer göttlichen, das heißt, in ihrer unerschöpflichen, unfassbaren und unaussprechlichen Größe letztmalig vor dem „Richterstuhl Gottes" in dem Himmel, der an anderer Stelle, unter einer erweiterten, allgemeineren Sichtweise „der Richterstuhl des Christus" genannt wird. Aber im Vaterhaus, dort wo nichts als Licht und Liebe wohnt, treten alle Dinge der Zeit, der Vergangenheit zurück. Hier fehlt jede Voraussetzung um der Gnade Raum zu halten. Das Einbringen der Gnade wurde notwendig mit dem Sündenfall wegen der hierdurch verdorbenen Schöpfung und der Gottfeindschaft des Menschen. Es war ein Vorsatz Gottes, den Er vor ewigen Zeiten gefasst hatte und der in Seinem Ratschluss verborgen war, aber offenbart wurde „durch die Erscheinung unseres Heilandes Jesus Christus". Die Gerechtigkeit Gottes als Ausdruck Seiner Heiligkeit hätte Seine junge Schöpfung sonst sofort wieder vernichten müssen. Das meint: angenommen, der Sündenfall wäre am achten Tag passiert - respektive am ersten Tag eines neuen Zeitalters -, hätte es, zahlensymbolisch ausgedrückt, keinen Neuanfang in Gnaden, sondern Gericht für diese Schöpfung gegeben. Wir fragen uns also, was größer und was mächtiger sein kann als diese wunderbare errettende Gnade. Das kann nur die ewig treibende Kraft, die Liebe sein. Liebe kann nicht untätig sein! Die in die Zeit hinein geschenkte Gnade Gottes ist für jeden einfältigen Gläubigen täglich, stündlich, erkennbar und sie versichert ihm die ewige

Vaterliebe Gottes. Gnade ist zeitlich, endlich; sie vergeht - für den einen früher, für andere später. Doch „die Liebe vergeht niemals," sie ist das Größte, sie ist ein Wesenszug Gottes, sie wirkt von Ewigkeit zu Ewigkeit.

Die Liebe des Herrn Jesus ist erhaben über Recht und Gericht und über Schuld und Verantwortung. Gerechtigkeit (Heiligkeit) und Liebe müssen absolut nebeneinander und miteinander harmonieren, und die Gnade ist ihr Bindeglied als die Kette aus reinem Gold. Einen schönen Beweis dieses Dreiklangs finden wir auch in dem Brief des Jakobus (1,17): „Jede gute Gabe und jedes vollkommene Geschenk (Liebe) kommt von oben herab (Gnade), von dem Vater der Lichter, bei dem keine Veränderung ist noch der Schatten eines Wechsels (Heiligkeit)." Dreimal wird das Brustschild des Rechts / des Gerichts unter diesem Namen erwähnt, und wir sehen die göttliche Offenbarung Seiner Gerechtigkeit, Seiner ewigen Liebe und all Seiner Herrlichkeiten in Gnade.

Der Reichtum der Herrlichkeit Gottes und die Gedanken und Gefühle der Liebe des Herrn Jesus werden uns vorbildlich mit dem Brustschild und seiner zwölf Edelsteine offenbart: „Denn wo dein Schatz ist, da wird auch dein Herz sein" (Mt 6,21). Es wurde für jedermann sichtbar auf der Brust des Hohepriesters getragen. Die Brust ist der Sitz des Inneren, der Gedanken und der Gefühle, und das Herz ist der Mittelpunkt und die Quelle aller charakterbildenden Einflüsse. David sagt, als ein Vorbild auf den Herrn Jesus: „Dein Wohlgefallen zu tun, mein Gott, ist meine Lust; und dein Gesetz ist im Inneren meines Herzens" (Ps 40,9 Fn: meiner Eingeweide). In Römer 5,5 schreibt der Apostel Paulus, dass Gott Seine Liebe in unsere Herzen ausgegossen hat - mittels der Gabe des Heiligen Geist -, und so finden wir auch im NT recht häufig die enge Beziehung zwischen Liebe, Herz und Gefühlen:

"innerlich bewegt"
(Mt 9,36; 14,14; 15,32; 18,27; 20,34;
Mk 1,41; 6,34; 8,2; Lk 7,13; 15,20)

„herzliche Barmherzigkeit"
(Lk 1,78; im Urtext: Eingeweide-Barmherzigkeit);

„innerlich bewegt; ... Barmherzigkeit"
(Lk 10,33.37)

"Innerlich bewegt"
(Lk 15,20)

„innerliche Gefühle"
(2.Kor 7,15 Fn: sein Inneres);

„sehnen mit dem Herzen Christi"
(Phil 1,8 Fn: mit inneren Gefühlen; mit Eingeweiden);

„Trost der Liebe, ... wenn irgend innerliche Gefühle und Erbarmungen, ... dieselbe Liebe habend"
(Phil 2,1.2);

„herzliches Erbarmen, ... zieht die Liebe an"
(Kol 3,12.14; wörtl.: Eingeweide des Erbarmens);

„ihn, das ist *mein* Herz ... erquicke mein Herz in Christus."
(Phlm 7.12.20 Fn: eigentl.: die Eingeweide; die innerlichen Gefühle);

„und verschließt sein Herz vor ihm"
(1.Joh 3,17; eigentl. Eingeweide, d.h. sein Inneres).

(s.a. Joh 11,33.38: "tief seufzend", Fn. "wurde heftig bewegt")

Die Brusttasche war eine Meisterleistung, in welcher sich Fähigkeiten unterschiedlicher Handwerkskünste vollkommen ergänzten; man kann sagen, dass es sich um einen überaus befähigten Meister handelte, der alles wohl zusammen gewirkt hat. Es war der Herr, der Jahwe Israels, der Seinem Knecht Mose exakte Anweisung gegeben hat und Mose „machte das Brustschild ... so wie der HERR dem Mose geboten hatte". Dieser prompte Gehorsam wird allein in 2. Mose 40 achtmal gewürdigt. In Bezaleel, sein Name bedeutet „im Schatten (d.h. im Schutz)

Gottes", und in Oholiab, „Zelt (oder Familie) des Vaters", sehen wir dann die ausführenden Personen dieses Werkes. Beide Männer zusammen sind ein Typus auf den wahren Werkmeister, den Herrn Jesus Christus: „Wer im Schutz des Höchsten sitzt, wird bleiben im Schatten des Allmächtigen" (Ps 91,1ff). Von dem Herrn wird in Lukas 1,35 gesagt: „Der Heilige Geist wird auf dich kommen, und Kraft des Höchsten wird dich überschatten; darum wird auch das Heilige, das geboren werden wird, Sohn Gottes genannt werden." Und der Herr Jesus sagt in Kapitel 2,49 (Fn): „Wusstet ihr nicht, dass ich in den Dingen meines Vaters sein muss?"[81]

Dieser Bezaleel („êl", „El" = „der Starke, Mächtige"; auch „der Erste; der vorne ist"), der Werkmeister, wird im AT achtmal[82] genannt. Der Zahlenwert der hebräischen Buchstaben seines Namens beträgt 153. Die Zahl 153 kann in das Produkt aus 12 x 12 [83] = 144 plus 3 x 3 = 9 zerlegt werden. Wenn wir das tun, können wir viel-leicht in der Zahl 144 (und in ihrem vielfachen 144.000) einen Hinweis auf die Geborgenheit und den Schutz des Volkes Israel in ihrem priesterlichen Dienst unter der Friedensherrschaft Christi erkennen. Die Zahl 9 weist dann hin auf die Frucht des Geistes, dass das Volk in der Erkenntnis Gottes in Seinen Satzungen wandelt und Seine Rechte bewahrt und tut (vgl. Hes 36,24-28.32a). Bezaleel wird auch mit „Sohn des göttlichen Schattens" übersetzt. Im Johannes-Evangelium (1,29) wird der Sohn Gottes im Hinblick auf Sein Werk als das Opferlamm eingeführt, und in Vers 36 als das Lamm Gottes in Seiner Würde. In Kapitel 21,1-14 sehen wir das 1000-jährige Reich vorgebildet und erkennen in dem „Lamm Gottes" den auferstandenen Christus (Off 5,6), der mit göttlicher Macht befiehlt

---

[81] Nach der autorisierten engl. Üb.: „Wisst ihr nicht, dass ich in meines Vaters Geschäft - Aufgabe, Pflicht, Arbeit, Sache - sein muss?"

[82] „8" ist die Zahl eines Neuanfangs, nachdem das vorige vollendet worden ist. Im AT deutet sie grundsätzlich auf das 1000-jährige Reich hin, das in die Ewigkeit mündet.

[83] »Zwölfmal zwölf spricht vom höchsten Grad administrativer Perfektion« (T.B.Baines).

und alle Dinge lenkt, wir erkennen den „starken Werkmeister", der alle Dinge auch zu einem würdigen Ende bringt. In Vers 11 zieht Simon Petrus auf Geheiß Seines Herrn 153 große Fische aus dem See an das Land, und das Netz zerriss nicht. Die Historik sagt, dass es zur Zeit des Herrn Jesus 153 Nationen auf der Erde gegeben hat. Im zusammenfassenden Konsens dürfen wir eine Vorwegnahme zukünftiger Ereignisse verstehen, es illustriert, dass zur Zeit des Reiches Christi alle Nationen unter dem Schutz Gottes stehen, sie werden Söhne in Seinem göttlichen Schatten sein. Diese Sichtweise wird bestätigt in Offenbarung 5. Von dem „Lamm" heißt es: „Und ich sah inmitten des Thrones ... ein Lamm stehen wie geschlachtet." Dieses „Lamm" hat die Würde und die Macht in Gerechtigkeit zu regieren. In dem neuen Lied, dem „Lied des Sieges", singen die Erlös-ten nicht mehr wie früher von „uns" (1,5.6), sondern: *„Du* bist würdig, ... *du* bist geschlachtet worden, ... *du* hast für Gott erkauft, ... durch *dein* Blut ... aus jedem Stamm und jeder Sprache und jedem Volk und jeder Nation, ... *du* hast sie gemacht" (Vers 9). Und in Kapitel 15,3.4 singen die heiligen Überwinder vorausschauend „das Lied Moses, des Knechtes Gottes, und das Lied des Lammes und sagen: Groß und wunderbar sind *deine* Werke, Herr, Gott, Allmächtiger, gerecht und wahrhaftig *deine* Wege, o König der Nationen! ... Denn *du* allein bist heilig; denn alle Nationen werden kommen und vor *dir* anbeten, denn *deine* gerechten Taten sind offenbar geworden." Das Wort des Herrn Jesus in Johannes 3,16.17 wird dann seine vollkommene Erfüllung gefunden haben: „Denn so hat Gott die Welt geliebt, dass er seinen eingeborenen Sohn gab, damit jeder, der an ihn glaubt, nicht verloren gehe, sondern ewiges Leben habe. Denn Gott hat seinen Sohn ... in die Welt gesandt ... damit die Welt durch ihn errettet werde."

Oholiab („ab" = Vater) war der zweite Werkmeister, der enge Mitarbeiter Bezaleels. Sein Name wird fünfmal genannt. „5" bedeutet: auch, dass der Mensch mit all seinen fünf Sinnen vor Gott verantwortlich ist. Der Zahlenwert der hebräischen Buchstaben seines Namens beträgt 49, das ist 7 x 7. Die Zahl 49 in Verbindung mit dem Volk Israel führt uns über 3. Mose 16,20ff und 4. Mose 29,7ff hinaus. Sie führt uns in das 3. Buch Mose, Kap. 25,8-13. Nachdem sieben mal sieben Sabbatjahre vollendet waren, war für Israel der Abschluss einer ganz bestimmten Entwicklung erreicht worden. Das fünfzigste Jahr, das Jubel- oder Halljahr, beginnend mit dem Versöhnungstag (dem sog. großen Versöhnungstag), war nach der Anordnung Gottes ein Jahr göttlicher Ruhe, die sich auf das Volk übertrug. Aus dem früheren „einmal im Jahr" ist nun in der Vollendung der Zeitalter das „ein für alle Mal" geworden: Christus, der große Hohepriester der zukünftigen Güter, hat durch sich selbst eine vollkommene, eine ewig gültige Versöhnung erwirkt. In der Bedeutung des Namens Oholiab erkennen wir also in besonderer Weise, dass für Israel eine Zeit kommen wird, in der sie sich wie Kinder im Zelt des Vaters wohlfühlen und freuen werden; Sie werden „schöne Worte"[84] singen. Wir erkennen auch hier die innige Liebe Gottes zu Seinem irdischen Volk, die sich im 1000-jährigen Reich völlig offenbart und wirkt.

Die Brusttasche (Zahl 1) wurde mit Goldfäden und Fäden aus rotem und blauem Purpur, Fäden aus Karmesin und mit gezwirntem Byssus gewebt. Sie war quadratförmig: vier Seiten mit je einer Spanne Länge; eine Spanne entspricht drei Handbreit, das sind zwölf Finger: „1" bedeutet Einheit und steht für den einigen Gott in Seiner absoluten und unumschränkten Vollkommenheit und Macht; „3" zeigt uns Gott in Seiner Offenbarung als dreieiner Gott; „4" stellt uns die geschaffene Welt vor, und in der „12" erkennen wir symbolisch das Walten Gottes, verbunden der Verwaltung über Seine Dinge, die Er Menschen anvertraut

---

[84] Vgl. 1.Mo 49,21; Jes 25; 26; 35,10; 51,11; 61,1-3. Der Targum, die alte aram. Üb. liest: Worte des Lobes und der Danksagung.

hat. Die Grundlage für das Brustschild ist demnach Gott selbst als der Eine, der sich in der Person des Herrn Jesus offenbart hat. Wir sehen den Herrn Jesus und Seine Herrlichkeit und wir sehen Ihn als vollkommenen Menschen auf der Erde, wie Er uns in den vier Evangelien vorgestellt wird. Wir sehen Menschen vor Gott in verantwortlicher Stellung als Verwalter über die Dinge Seines Zeltes, beziehungsweise Seines Hauses, Seiner Versammlung. Generell ist jeder Mensch vor seinem Schöpfer-Gott persönlich verantwortlich, aber nur den Menschen, die Gott Seine Eigenen nennt, vertraut Er Seine heiligen Dinge an, um diese zu bedienen und zu verwalten. Es handelt sich also um solche aus Seinem irdischen Volk Israel, und um diejenigen, die Er Seine Kinder in Christus Jesus nennt.

Von dieser besonderen Tasche lesen wir, dass sie „eine Kunstweberarbeit ist, das Werk eines Künstlers und des Kunstwebers und des Buntwirkers, die allerlei Werk machen, um Künstliches zu ersinnen". Eben wegen dieser dezidierten Hervorhebung des inspirierten Bibelwortes über den geübten und geschickten Arbeiter wollen wir hierbei einen Augenblick verweilen und versuchen, ein wenig mehr die Liebe des Christus zu erfassen: Zuerst lesen wir von Mose, dass Gott (Elohim) den Menschen in Seinem Bild *gemacht* hatte (1.Mo 1,26. Vgl. 1.Tim 2,13: „*gebildet*"). Und im weiteren ist die Bibel von diesem Werk Gottes durchzogen, die das „Machen" Gottes beschreiben. Einige Beispiele: Hiob 10,11: Du hast „*mich durchflochten*" und 31,15: „Hat nicht er, der mich im Mutterleib *bereitete*, auch ihn *bereitet*, und hat uns nicht einer im Schoß *gebildet*?" Zu Jeremia sagt Gott: Ich habe dich im Mutterleib *gebildet* (Jer 1,5). Dann schrieb David: „Du *wobst* mich im Leib meiner Mutter. Ich preise dich dafür, dass ich auf eine erstaunliche, ausgezeichnete Weise *gemacht* bin. Wunderbar sind deine Werke ... ich wurde *gewirkt wie ein Stickwerk*" (Ps 139,13-15). Und in Epheser

2,10 schreibt Paulus über die, die „von neuem geboren" sind: „Denn wir sind sein (Gottes) *Werk* (Fn „*Gebilde*"), *geschaffen* in Christus Jesus".

Abschließen möchte ich diesen Gedanken mit Salomo: Salomo ist in seinem ersten Lebensabschnitt ein Typus auf Jesus Christus und wir erkennen ein wenig Grundsätzliches von der Herrlichkeit und Schönheit des großen Königs und Seines Reiches, des 1000-jährigen (Welt-) Reiches. Er spricht in seinen Sprüchen (Kap. 8) von der personifizierten Weisheit (V. 1.12) als Werkmeister der Schöpfung und von deren Festigkeit (V. 29). In den Versen 30.31 (Fn) lesen wir danach: „da war ich Werkmeister an seiner Seite und war Tag für Tag lauter Wonne, ...; und meine Wonne war bei den Menschenkindern". Gott lässt uns nicht nur zurückschauen in die Ewigkeit vor Grundlegung der Welt, Er stellt uns auch den „Werkmeister", den „Künstler" an Seiner Seite vor, Seinen „Liebling" (V. 30; „Schoßkind", nicht rev.Üb., vgl. Joh 1,18), den Sohn Seiner Liebe. Und Er gibt uns gleichzeitig vielleicht einen flüchtigen Blick in die Zukunft frei, indem Er kurz auf Christus, den Gesalbten nach Seinem Ratschluss, hinweist (V. 23 Fn; vgl. Ps 2,6; 45,8). Aber nicht nur das, Gott öffnet uns diesen Blick an anderer Stelle weiter: Im königlichen Geschlechtsregister Jesu Christi finden wir den König Amon (15. König von Juda) an zwölfter Stelle in der zweiten von drei Namen-Gruppen. Dass Amon überhaupt und dann an zwölfter Stelle auftaucht, was in der Zahlensymbolik der Schrift immer ein Hinweis auf etwas vollkommenes im Dienst ist, ist tatsächlich erwähnenswert, wenn man über diesen Mann liest (2.Kö 21,19-26; 2.Chr 33,21-25). Nur durch Sprüche 8 bekommen wir (vielleicht) einen Hinweis, warum der Geist Gottes Amon in das Geschlechtsregister des Christus aufgenommen hat: „Amon" bedeutet „Werkmeister, Künstler; Festigkeit"; »andere übersetzen „amon" durch Busensohn (vgl. Joh 1,18) und „Sohn der Liebe" (Kol 1,16)«. (A.Meister). Der Name bedeutet im weiteren „treu, zuverlässig" und hängt auch mit dem ursprünglich hebräischen und uns gut bekannten Wort „Amen" zusammen[85]. Gott lässt uns wahrhaftig einen Blick in Sein liebendes Vaterherz tun. - „Lauter Wonne": Das ist der früheste Ausdruck Seiner ewigen Liebe, verbunden mit Seiner Freude, und sie ist inniglich fest verbunden mit Seinem Sohn und auch mit den Menschenkindern. Das war der feste Grundsatz im Herzen Gottes, dass alle Menschen von Ihm so geliebt werden sollen, wie Er Seinen Sohn liebt! Gerade hierzu, als Gegenstand und Empfänger Seiner Liebe, hat Gott den Menschen gebildet und ihn als theokratisches Haupt, das heißt unter Seiner Oberherrschaft, über Seine Schöpfung gesetzt, damit dieser sich unter Seinem Schutz und Segen stets Seiner Liebe erfreut und sie erwidert. Die Schöpfung ist also der erste, sichtbare Liebesbeweis Gottes! Er hat sie als erste Liebeshandlung für Seine Menschenkinder bereitet (vgl. Ps 115,16). Auch im Matthäus-Evangelium (6,26-29) finden wir hierzu passend einen Hinweis auf diese Liebe Gottes: für die Vögel des Himmels und die Lilien des Feldes sorgt Gott in Seiner Weisheit, Güte und Fürsorge (vgl. Ps 145,15.16), doch die Liebe Gottes als eines himmlischen Vaters gegenüber Seinen Kindern überstrahlt bei weitem diese Liebe. Das heißt aber unbedingt auch, dass der Mensch sich dieser Liebe würdig erweisen muss, wenn er sie genießen will. Und das liegt in seiner Verantwortung, nämlich Seinen Schöpfer-Gott über sich auch anzuerkennen, in demütiger Abhängigkeit und im Glaubensgehorsam vor Ihm zu wandeln. Nur so kommt er dann durch die Gnade in den Genuss der Liebe Gottes: Ruhe im Herzen, Freude und Friede, und er wächst in der Erkenntnis dieser Liebe. Hier liegt der Anfang dessen, was der Apostel Paulus geschrieben hat: „Was kein Auge gesehen und kein Ohr gehört hat und in keines Menschen Herz gekommen ist, was Gott bereitet denen, die ihn lieben; uns aber hat Gott es offenbart durch seinen Geist, denn der Geist erforscht alles,

---

[85]　Ps 33,4; vgl. Jes 65,16; 2.Kor 1,20; Off 3,14

auch die Tiefen Gottes[86]". Es ist der Geist der Sohnschaft der uns in die Wahrheit und Herrlichkeiten Gottes einführen möchte. Doch wie unfassbar, wie folgenschwer: Der Mensch verachtete diese Liebe, er hörte nicht auf das Wort Gottes. Darum musste jetzt die „Menschenliebe" Gottes erscheinen, Gott wollte sie sichtbar werden lassen. Er wollte einen sichtbaren Beweis Seiner Liebe geben, Er wollte Seiner Liebe einen lebendigen und tätigen und wirksamen Ausdruck geben. Gott sandte Seinen Sohn, Seinen einzigen, den Er lieb hatte, Jesus, Seinen Christus. Als der Herr Jesus durch Geburt wahrhaftiger Mensch wurde, lobten die Engel Gott und sprachen: „Herrlichkeit Gott in der Höhe und Friede auf der Er-de, an den Menschen ein Wohlgefallen" (Lk 2,14), das heißt: Die Geburt Christi bezeugte Gottes Wohlgefallen an den Menschen - nicht an irgend ein anderes Geschöpf (wie viel mehr spricht dann erst Sein Sühnungstod davon). Mit all seinen fünf Sinnen soll der Mensch diese Liebe Gottes wahrnehmen: sie konnte mit den Augen gesehen, betrachtet und erkannt werden; sie konnte mit den Händen betastet werden; sie konnte mit den Ohren gehört werden; sie konnte innerlich gespürt werden; und endlich können, zu Seinem Gedächtnis, die Zeichen Seiner Liebe geschmeckt werden - von dem Tag der Pfingsten an, bis Er kommt. Wahre Liebe ist immer und vor allem eine tätige Liebe (1.Joh 3,18)! Als dann auf Tag und Stunde die zuvor bestimmte rechte Zeit gekommen war, ist die „Menschenliebe unseres Heiland-Gottes" bewiesenermaßen erschienen. Sie offenbarte sich in der Erscheinung Seines geliebten Sohnes, an dem Er Wohlgefallen gefunden hat; sie offenbarte sich mit der Geburt Jesus. Dieser Einzigartige ging bis zum äußersten, um der gewaltigen Liebe Gottes Ausdruck zu geben. Ja, so sehr hat Gott die Welt geliebt.

---

[86] Hiob 11,7:   Die Tiefe Gottes als der Schöpfer.
      1.Kor 2,10:   Die Tiefe Gottes in Seiner Weisheit.
      Eph 3,18.19:   Die Tiefe Gottes in Seiner Liebe.
      Vgl. Hiob 11,8.9: Höhe - Tiefe - Länge - Breite
      mit   Eph 3,18:   Breite - Länge - Tiefe - Höhe.

Urim und Tummim

Die Urim und Tummim[87] lagen verborgen in der Brusttasche des Rechts und des Gerichts. Sie werden nur im AT erwähnt, und zwar fünfmal[88]. Vielleicht sind sie in Verbindung zu bringen mit der Aussage in Psalm 97,2: „Der Herr regiert. ... Gewölk und Dunkel sind um ihn her; Gerechtigkeit und Gericht (Recht) sind die Grundfeste seines Thrones." Es waren vermutlich zwei oder mehrere kleine Orakelgegenstände (Steine od. Steinchen), durch die wahrscheinlich bis in die Zeit des Königs David, also über einen Zeitraum von etwa 500 Jahren, der Wille Gottes erfragt werden konnte. Nach der babylonischen Gefangenschaft waren sie offensichtlich nicht mehr vorhanden (Esra 2,63; Neh 7,65).

Die Steine,	⇒	Lichter	und	Vollkommenheiten,
bedeuten	⇒	Heiligkeit	und	Gerechtigkeit,

und sollen vor schuldhafter Unwissenheit (Sünde) bewahren.

Israel war auf verschiedene Weise immer in die Lage versetzt, mit dem Willen Gottes vertraut zu sein. Sie hatten den „Ich bin", den „Fels" ihres Heils in Heiligkeit gesehen und in Gnade und Liebe Seine Machtfülle erlebt. Sie hatten das geschriebene Wort Gottes vollkommen in Seinen Rechten, Geboten, Satzungen und Gesetzen zu ihrer Gerechtigkeit[89]. Im 5. Buch Mose lesen wir von fünf[90] verschiedenen Anspra-

---

[87] „Lichter und Vollkommenheiten", „Licht und Recht"; viell. auch „Fluch und Heil". Urim: „Lichter, Erleuchtung(en), Belehrung(en), Offenbarung(en)"; Tummim: „Vollständigkeit(en), Wahrheit, Vollendung".

[88] 2.Mo 28,30; 3.Mo 8,8; 5.Mo 33,8; Esra 2,63; Neh 7,65. In 4.Mo 27,21 u. 1.Sam 28,6 wird die Urim allein erwähnt.

[89] Man sagt, dass Israel in jener Zeit ca. 248 Gebote u. ca. 346 Verbote hatte, und z.Zt. Jesu durch die Pharisäer nochmal rd. 110 mehr. Eine andere Quelle notiert ohne zeitliche Zuordnung: Der Talmud nennt 613 Gebote (Talmud = Studium. Oft auch als „mündliche Thora" od. „Thora des Mundes" bezeichnet. Thora = Lehre). Auf Spiegel-online, Wissenschaft (11/2014), liest man, dass orthodoxe Juden bis heute 365 Verbote und 248 Gebote befolgen müssen.

[90] „5" spricht von Befähigung u. dem daraus sich ergebenden Maß an natürlicher Verantwortung; „10" von der Verantwortung unter der Beurteilung Gottes.

chen Moses an das Volk, um es auf den Gehorsam gegenüber Gottes Wort hinzuweisen und auf die Notwendigkeit der tätigen Liebe, um bleibend gesegnet zu werden. Zehnmal[89] mahnt Mose das Volk, darauf zu achten. Sie hatten das gesprochene Wort Gottes durch ihren Führer Mose, durch Priester, Richter, Könige und Propheten, Leviten und andere, und sie hatte die Urim und Tummim[91].

Viermal nennt Mose in seinem Lied Gott den „Felsen" (5.Mo 32,4.15.18.31). Er rühmt Sein Licht und Seine Vollkommenheit. Und er lobpreist den Höchsten, der Sein Volk zum Mittelpunkt (Nabel; 5.Mo 32,8; Hes 5,5 38,12) der Erde gemacht hatte, in einem Land, das der Herr selbst für sie erspäht hatte, weil es die Zierde von allen Ländern war. „Ein Land, auf das der HERR, dein Gott, Acht hat: Beständig sind die Augen des HERRN, deines Gottes, darauf gerichtet, vom Anfang des Jahres bis zum Ende des Jahres". Mose erinnert das Volk an die Fülle von Segnungen, wenn sie Gott treu und Gehorsam waren, und er erinnert sie an die Treue Gottes. Seitdem Gott Sein Volk aus Ägypten, dem „eisernen Schmelzofen", dem Ort des Leidens, herausgeführt hat, wussten sie von Seiner großen Macht und Herrlichkeit, sie kannten Ihn, den „Sinai an Heiligkeit". Dreizehnmal ruft Mose dem Volk zu: „Erinnere dich" (bzw. „gedenke"; 5.Mo). Zu Ihm hin hätten sie allezeit Zuflucht nehmen können und sollen. Nahe bei Ihm wären sie in den Genuss Seiner Liebe gekommen. Doch im Gehorsam gegen Gott zu leben gelingt nur, wenn die Liebe zu Ihm in einem Herzen *wohnt*. Das Volk ehrte Gott leider nur mit ihren Lippen. Das Wort „Liebe" wird gut zwanzigmal benutzt; sie geht dem Gehorsam voraus; sie ist das Motiv für den Gehorsam[92]. Und das Wort „Herz" nahezu fünfzigmal, Gott sucht immer Wahrheit im Herzen; an rituellem, rein äußerlichem Gehorsam hat Er

---

[91] Um den Willen Gottes zu erkennen waren auch Entscheidungen mittels Anwendung von Lose durchaus üblich, letztmalig lesen wir davon in Apostelgeschichte 1,26.

[92] 6,1-15; 10,12-22; 11,1.13.22.

zu keiner Zeit Wohlgefallen. Weil das Volk in erschreckender Weise keine Liebe im Inneren hat und kein Verlangen, Gott zu gefallen, hält Mose ihnen schonungslos den Spiegel ihres Trotzes vor Augen und die deswegen auf sie kommenden verzehrenden Gerichte Gottes, in denen ihre Ungerechtigkeiten abgewaschen werden. Resigniert stellt Salomo fest: „Allein, siehe, dies habe ich gefunden, dass Gott den Menschen aufrichtig geschaffen hat; sie aber haben viele Ränke gesucht" (Pred 7,29). Viele Jahre später beschreibt der Prophet Jesaja die leere, scheinheilige Anbetung Judas, indem er Jerusalem mit Sodom und Gomorra vergleicht (Jes 1,10ff). Ein immer wiederkehren-der Ausdruck - achtmal - des Propheten Jeremia ist: „die Verstocktheit, bzw. der Starrsinn ihrer bösen Herzen". Und Hesekiel beschreibt die Sünden des Volkes genau, als er sagt: „diese Männer haben ihre Götzen in ih-ren Herzen aufkommen lassen (14,3)[93].

In der Fülle der Zeit war der Herr Jesus „gesandt zu den verlorenen Schafen des Hauses Israel". Doch sie feindeten Ihn für Seine Liebe an und verfolgten auch die Prediger Seines Wortes. Ja, zum Schluss überschritten sie das Maß ihrer Bosheit, indem sie als willfährige Spießgesellen in der Hand Satans ihren Messias, den Christus Gottes, an das Fluchholz nageln ließen. Nachdem sie sich dann immer wieder rechtfertigten und in der Verfolgung mit Mord und Totschlag gegen die Jünger des Herrn fortfuhren (Apg 7,58; 12,2.3; 1.Thes 2,14-16), erwiesen sie sich unverbesserlich als böse Knechte, die ihre Worte wahr machten und dem Herrn "eine Gesandtschaft" hinterher schickten (Lk 19,14. Apg 7,58; 12,2.3; 1.Thes 2,14-17). Gott musste nun dieses Zeitalter endgültig abschließen, und Er setzte die Juden im Jahr 70 n.Chr. für die Dauer des Gnadenzeitalters beiseite. (Der spätere römische

---

[93] Solch eine trotzige Haltung finden wir u.a. auch in 2.Mo 5,2; Jes 14,13; Jer 2,20; Hes 29,3b; in Ma-leachi und in Rö 1,18-23.

Kaiser Titus Flavius Vespasianus (Kaiser von 79 - 81 n.Chr.) eroberte und zerstörte Jerusalem).

Ich habe gesagt, dass Gott die Juden beiseite gesetzt hat. In Verbindung mit der immer wiederkehrenden Frage „Israel heute - Warum seine Not?" finden wir heute auch unter den Kindern Gottes eine falsch verstandene Solidarität mit den Juden (mit dem Staat Israel) und Gebete für diese *Nation*, und sie meinen, das aus dem Wort Gottes ableiten zu können. Hierzu möchte ich einige wenige Denkanstöße geben: „HERR, zum Gericht hast du es gesetzt, und, o Fels, zur Züchtigung es bestellt. Du bist zu rein von Augen, um Böses zu sehen" (Hab 1,12b.13a)[94]. „Denn so hat der HERR zu mir gesprochen: Ich will still sein und zuschauen in meiner Wohnstätte" (Jes 18,4). Dann möchte ich auf die Kapitel 9-11 des Römerbriefes hinweisen, die zu genauem Lesen der Mühe wert sind: Gott hat Sein Volk nicht verstoßen - das ist ausgeschlossen - das Er zuvor erkannt hat! Er hat sich immer einen Rest übrig bleiben lassen nach Auswahl der Gnade[95]. In Kürze möchte ich einen fokussierten Blick auf die Propheten lenken - in geschichtlicher Reihenfolge -, weil „der Herr, HERR nichts tut, es sei denn, dass er es seinen Knechten, den Propheten, offenbart habe":

Samuel:

Unter dem ersten Propheten in Israel (1.Sam 3,20; Apg 3,24; 13,20) war die Bundeslade von den Philistern (heute: die Palästinenser) im siegreichen Kampf als Beute genommen worden[96]. Die Frau des Pinehas (1.Sam 4,21.22) gebar einen Sohn und gab ihm den Namen

„*Ikabod*",   d.h. „*Nicht-Herrlichkeit*",

und sie starb.

---

94 Vgl. Jes 45,7; Klgl 3,38; Amos 3,6b.
95 Die Kapitel 9-11 sind „eingerahmt" in ein zweimaliges „Amen": 9,5; 11,36.
96 Ein typologisches Ereignis im Blick auf den Beginn der „Zeiten der Nationen" (vgl. Ps 78,59-62), die bis zum 1000-jährigen Reich andauern und von denen der Herr Jesus Christus in Lukas 21,24 spricht.

Doch die Gnade leuchtet hervor; sie öffnet den Blick auf die nahe und die ferne Zukunft: Ein Bruder Ikabods wurde Priester des Herrn in Silo und trug das Ephod. Und Gott erwählte sich einen König nach Seinem Herzen für Sein Volk der die Lade nach Jerusalem brachte.

Jesaja:

In Kapitel 7,3 lesen wir von dem ersten Sohn Jesajas, sein Name:

„Schear-Jaschub", d.h. *„Der Überrest wird umkehren"*.

In Kapitel 10,21 wird dieser Name in direktem Zusammenhang mit dem Ende der Drangsal Jakobs in Verbindung gebracht: „Der Überrest wird umkehren, der Überrest Jakobs zu dem starken Gott". Das ist Gnade! In den nachfolgenden Versen 22.23 kündet der Prophet an, dass die Vertilgung fest beschlossen ist, sie bringt einher flutend Gerechtigkeit, der Herr der Heerscharen vollführt Vernichtung und Festbeschlossenes inmitten der ganzen Erde.

Dem zweiten Sohn musste der Name

„Maher-Schalal-Chasch-Bas"

d.h. *„Es eilt der Raub, bald kommt die Beute"*

gegeben werden (8,1-4; vgl. 10,6). Aus den Versen 9.10 geht hervor, dass diese Prophezeiung auch einen endzeitlichen Charakter hat. Am Ende des Kapitels bis 9,6 leuchtet wieder die Gnade hervor. Kapitel 8,18 zeigt darüber hinaus, dass die Namen der beiden Söhne „zu Zeichen und Vorbildern in Israel" gegeben sind[97].

Hosea

musste symbolisch durchleben, was es von Seiten Gottes bedeutete, dass das Volk von seinem Gott abgefallen war: er musste seine Kinder

„Jisreel", d.h. *„Gott zerstreut, sät"*; (Kap 1,4),

„Lo-Ruchama", d.h. *„Nicht-Begnadigte"*; (Kap 1,6) und

---

[97] Jes 8,17.18 wird in Heb 2,13 zitiert.

„Lo-Ammi",   d.h. „Nicht-mein-Volk"; (Kap 1,9) nennen.

Das ist der Zustand, die Stellung des Volkes; es sind „die Zeiten der Nationen", die mit Nebukadnezar begannen (605 v.Chr.; Dan 2; 4,14.22.29; 7) und die erst mit der Erscheinung des Christus zur Aufrichtung Seines Reiches enden, wenn Er in Jerusalem die Weltherrschaft antritt.

Doch in den Kapiteln 2 und 3 leuchtet bei aller Strenge Gottes auch Seine Güte hervor, Gnade für das geteilte Volk wird angekündigt. Der Herr liebt Sein Volk trotz des Abfalls; dennoch sind Seine Regierungswege mit diesem Volk planmäßig, unwiderruflich bestimmt und festgelegt - „bis ans Ende" (vgl. z.B. Dan 9,26). Das Volk, die

„Nicht-Geliebte",

hat sich selbst zum Gericht zubereitet; Sie wird aber einmal Barmherzigkeit empfangen und zubereitet sein als

„Geliebte"

des Herrn[98].

Jeremia

musste das prophetische Wort aussprechen: „So spricht der Herr: Siehe, was ich gebaut habe, breche ich ab; und was ich gepflanzt habe, reiße ich aus, und zwar das ganze Land. ... Denn siehe, ich bringe Unglück über alles Fleisch, spricht der Herr" (Jer 45,4.5). Und er wird von Gott dreimal ermahnt:

„Du aber, *bitte nicht für dieses Volk* und erhebe weder Flehen noch Gebet für sie, und dringe nicht in mich; denn ich werde nicht auf dich hören" (7,16).

„Du aber, *bitte nicht für dieses Volk* und erhebe weder Flehen noch Gebet für sie; denn ich werde nicht hören zu der Zeit, da sie wegen ihres Unglücks zu mir rufen werden" (11,14).

---

[98]   Vgl. Rö 9,25; 11,22; 1.Pet 2,10. Vgl. Das Hohelied.

„Bitte nicht für dieses Volk zum Guten. Wenn sie fasten, werde ich nicht auf ihr Flehen hören; und wenn sie Brandopfer und Speisopfer opfern, werde ich kein Wohlgefallen an ihnen haben; sondern ich werde sie durch Schwert und durch Hunger und durch Pest vernichten" (14,11.12).[99]

Doch auch hier zeigt sich die Gnade Gottes: In Seiner Barmherzigkeit lässt Er durch Jeremia dem Volk sagen, dass die babylonische Gefangenschaft (eine teilweise Erfüllung der „großen Drangsal Jakobs") nur siebzig Jahre dauern wird und das Volk dann wieder in das Land zurückkehren darf.[100]

Hesekiel

weissagt aus der babylonischen Gefangenschaft und zeigt den entarteten Zustand des Volkes der Juden auf und beschreibt, warum und auf welche Art und Weise die Herrlichkeit Gottes aus dem Tempel gewichen ist und weichen musste (Kap. 8-11. S.o. „Ikabod").[101]

Im 24. Kapitel - der Beginn der Belagerung Jerusalems durch Nebukadnezar (V. 1.2) -, ab Vers 15, teilt der Herr Seinem Propheten mit, dass seine Frau, die Lust seiner Augen (od. „die Begehrenswerte"), plötzlich sterben muss. Das sollte den Juden ein Zeichen sein, dass unmittelbar bevorstehend - für sie plötzlich - die Lust ihrer Augen, der Tempel Gottes, das Heiligtum, vollkommen zerstört werden wird, ebenso Jerusalem und das ganze Land (vgl. 33,21.28).

Doch Gott in Seiner Gnade lässt das Volk wissen, dass das Volk einmal wieder vereint und der Tempel wieder erbaut sein wird, dass der Gottesdienst nach der Weise Zadoks wieder ausgeübt und die Herrlichkeit

---

[99] Früher schon trat der Prophet Amos nicht mehr fürbittend für Israel - die zehn Stämme - vor dem HERRN ein, wie er es bereits zweimal getan hatte, nachdem Gott gesagt hatte: „Ich werde sie nicht mehr verschonen"; Amos 7,1-9.

[100] Jer 25,11.12; 29,10-14; 2.Chr 36,21; Dan 9,2.

[101] Eine sehr starke, auf das wesentliche beschränkte Beschreibung der Widerspenstigkeit Judas und der Regierungswege Gottes mit Seinem irdischen Volk bis an das gesegnete Ende finden wir im 20. Kap.

Gottes wieder in den Tempel zurück kehren wird, und Er gibt einen Ausblick auf das Land (Kap 43-48).

Haggai und

Sacharja und

Maleachi:

Bei den drei letzten, den nachexilischen Propheten, wird das Volk nirgends mehr das Volk Gottes genannt (s.o. „Lo-Ammi").

In jedem dieser Prophetenbücher lässt die Gnade Gottes das Volk einen Lichtstrahl der Hoffnung erkennen.

Der Herr hätte Sodom und Gomorra vor dem Gericht verschont, wenn sich zehn Gerechte in der Stadt gefunden hätten. In Juda fand Er nicht einen der Autorität hatte und bereit war Verantwortung in Gerechtigkeit zugunsten des Volkes vor Gott zu tragen[102], wie wir es aber von dem heidnischen König von Ninive im Propheten Jona (Kap. 3) lesen. Jemand sagte: Sollte Gott die Juden nicht richten, so wird Er sich bei Sodom und Gomorra entschuldigen müssen.

Der Segen Moses in 5. Mose 33 ist prophetisch. Mose sieht vom Anfang bis zum Ende die wunderbaren Wege Gottes mit Seinem Volk, er sieht, wovon der König Salomo spricht: „Besser das Ende einer Sache als ihr Anfang". Mose darf durch Gottes Gnade das Seinem Volk verheißene Land schauen, in seiner ganzen Ausdehnung und Fruchtbarkeit; und ungefähr 1500 Jahre später durfte er es für einen kurzen Augenblick betreten (Mt 17,1ff). In Vers 8 nennt Mose die Urim und die Tummim in einer anderen Reihenfolge: „Deine Tummim und deine Urim sind für deinen Frommen." Vom Blickpunkt der gegenwärtigen Dinge wurde bisher die Heiligkeit Gottes als erstes genannt, denn das Volk war noch nicht vollkommen gemacht. Für die Wahrung ihrer Heiligkeit war Mose als König und Führer des Volkes verantwortlich. Zudem war

---

[102] Jes 51,18; 59,16; Jer 5,1-6; Hes 22,30; vgl. 14,12-20.

er ihnen Hirte, Prophet und Priester. Sein Dienst hatte im neutestamentlichen Sinn apostolischen Charakter[103]. In seiner prophetischen Sicht sind die Dinge anders. Die Segnungen richten sich an ein Priestervolk - dargestellt in Levi (V. 8-11) -, das gekennzeichnet sein wird von Gottesfurcht, Einsicht, Erkenntnis und Gehorsam. Die Vollkommenheit der dann erfüllten Bündnisse Gottes mit Seinem dann vollkommen gemachten Volk steht hier im Vordergrund. Die natürliche Wesenheit Gottes kann im 1000-jährigen Reich nicht mehr geleugnet werden; Licht und Liebe wird in dem Messiaskönig Jesus uneingeschränkt sichtbar sein. Sollte sich irgendjemand dennoch erdreisten, gegen den Höchsten zu lästern oder öffentlich ungehorsam zu sein, wird er gleichentags gerichtet werden. Durch das aaronitische Priestertum konnte der Israelit mittels der vorbildlichen Vollkommenheit der Opfer sühnend seinem Gott nahen. Dann kommt die Erfüllung des Neuen Bundes, auf den Mose schon in Kapitel 28,69 einen Hinweis gibt, und von dem die Propheten, unter anderem Jeremia (31,33) und Hesekiel (36,25-27) schreiben: „Ich werde mein Gesetz in ihr Inneres legen und werde es auf ihre Herzen schreiben". Und: „Ich werde reines Wasser auf euch sprengen, und ihr werdet rein sein; von allen euren Unreinheiten ... werde ich euch reinigen. Und ich werde euch ein neues Herz geben und einen neuen Geist in euer Inneres geben; ... Und ich werde meinen Geist in euer Inneres geben". Das Volk wird sittlich und moralisch ein neues Geschlecht sein. Aufgrund des Neuen Bundes, der auf der Grundlage des Werkes des Herrn Jesus felsenfest und ewig ruht, wird ein gläubiger Überrest, die Vollzahl aus der Drangsal Jakobs, Gott wohlgefällige Anbetung mit Opferdiensten im Gedächtnischarakter darbringen können. Mose sieht Israel einmal in dem Höchsten vollkommen

---

[103] Vgl. Heb 3,1.2. Er war von Gott zu Seinem Volk gesandt; Er hatte die Herrlichkeit des Herrn gesehen; Er hatte das Haus Gottes, die Stiftshütte gebaut und wohnte außerhalb des Lagers; Er hatte - mit an Sicherheit grenzender Wahrscheinlichkeit - als einziger freien Zutritt in das Allerheiligste, vor den Thron der Gnade, den Cherubimdeckel.

gemacht und unter dem ewigem Segen in Gottes ewigem Reich; und auch die Söhne Korahs sangen in demselben Geist: „Sie erscheinen vor Gott in Zion" (Ps 84). Jesaja sieht in ferner Zukunft, dass im Land Juda dem „Fels der Ewigkeiten" ein Rettungslied gesungen wird (Jes 26). Diese neue Stellung wird in der Weissagung Moses hervorgehoben. Deswegen finden wir in 5. Mose 33 eine andere Reihenfolge.

Verherrlicht in Ihm

Die Brusttasche ist auch ein schönes Bild der Liebesbeziehung unseres Herrn Jesus zu Seinem himmlischen Volk, der Versammlung der Gnadenzeit. Auf dieser herrlich gewirkten Tasche sind zwölf Edelsteine befestigt. Edelsteine sind der Glanz der Herrlichkeit Gottes, wie sie sich zunächst in Seiner Schöpfung der Erde darstellt, aber dann auch in ihrer Vielzahl und Verschiedenheit hinweisen auf die allergrößte, mit nichts zu vergleichende Herrlichkeit des Schöpfers selbst. Im Kolosserbrief wird uns gesagt, dass der Herr Jesus Christus das Bild des unsichtbaren Gottes ist und dass Er *alle Dinge* für sich selbst geschaffen hat:. Sie wurden geschaffen *in Ihm* (in der Kraft Seiner Person), *durch Ihn* (Er selbst war das Agens[104]) und *für Ihn* (zur Ehre und Verherrlichung Gottes). Und in Römer 1,20 heißt es, dass die erschaffene Welt Zeugnis von Seiner ewigen Kraft und Seiner Göttlichkeit gibt. Um wie vieles größer muss also die Herrlichkeit des Schöpfers selbst sein und wir fragen uns wie viel Herrlichkeiten Er uns noch schauen lässt.

Der Geist Gottes benutzt diese symbolische Darstellung um aufzuzeigen, dass die Versammlung allein in Jesus Christus gegründet, befestigt und mit Ihm ewiglich verwoben ist. Jeder Einzelne ist wichtig und untrennbar „eingebunden in das Bündel der Lebendigen bei dem Herrn, ihrem Gott". Wie in einem Prisma wird die Herrlichkeit des Herrn

---

[104] Die treibende Kraft, der Handelnde, Verursacher, Träger dieser Handlung.

in viele „Einzelstrahlen" zerlegt. Zugleich werden wir aber sehen, dass die Schönheit der Versammlung im Vordergrund steht und die Liebe des Christus zu ihr. Wir sehen jeden der zwölf Edelsteine an seinem zuvor bestimmten Platz. Das heißt keineswegs, dass die Versammlung eine Korporation[105] ist, sondern sie ist ein lebendiger geistlicher Körper. Sie ist keine Organisation[106], sondern sie ist ein einheitlicher Organismus in seiner Mannigfaltigkeit. Sie ist nicht ein Werk aus Menschenhand, sondern sie ist eine organische Neu-Schöpfung Gottes aus von-neuem-Geborenen. In der Gnadenzeit wird die Fülle Gottes und der unausforschliche Reichtum des Christus in Seiner Versammlung bezeugt.

Bei Edelsteinen (und auch bei Schmucksteinen) kann man gelegentlich folgendes Farbenspiel beobachten: Trifft weißes (Sonnen-) Licht auf ein Prisma (griech. „Zersägtes"), zerlegt sich dieses Licht in sieben Spektralfarben, Rot, Orange, Gelb, Grün, Blau, Indigo und Violett. Ebenso macht die Mischung aller dieser Farben das weiße Licht aus; wird auch nur eine Farbe absorbiert („verschluckt") ergibt sich aus dem übriggebliebenen Gemisch eine ganz bestimmt Farbe, aber keinesfalls Weiß. Diesen natürlichen optischen Vorgang nennt man Dispersion. Das ergibt je nach Edel- und Schmuckstein eine enorme Vielzahl an farbspektraler Effekte, das sogenannte Feuer. Die Dispersion ist bei den einzelnen Steinen verschieden. Facetten (spiegelnde Oberflächen) können die Dispersion verstärken, es wird höchstmögliche Brillanz (z.B. Brillantschliff) und das geschätzte Feuer erzielt; Farben werden verstärkt. Farblose, durchsichtige Steine sind am geeignetsten. Je mehr Eigenfarbe der Stein hat, umso mehr wird der Dispersionseffekt verschleiert[107]. Ich möchte diesen natürlichen Vorgang direkt in Anwen-

---

[105] Körperschaft zum Zweck gemeinschaftl. Aufgaben.
[106] Vereinigung zum planmäßigen Erreichen eines gemeinsamen Ziels.
[107] Nach W.Schumann; nach DorlingKindersley.

dung bringen: Das schlichte weiße aber helle Licht, diese prachtvolle Herrlichkeit, die den Glanz der Sonne übertrifft, geht von dem auferstandenen und verherrlichten Menschen Jesus Christus im Himmel, dem Sohn Gottes aus. Er wird von all denen in ihren Herzen (das Prisma) aufgenommen, die an Ihn glauben. Dieses reine Licht bewirkt, dass es sich in leuchtende Farben zerlegt. Die Gesinnung des Geistes und die Werke des Glaubens strahlen hervor, sie stellen sich lebendig, „feurig" dar. Es ist die grundsätzliche Schönheit des einzelnen Glaubenden und kollektiv das, was die Schönheit der Versammlung ausmacht. Die Herrlichkeit des Herrn Jesus Christus macht die Herrlichkeit der Versammlung aus. Und Heiligkeit in Einfalt und die tätige Liebe in ihrer Vielfalt und Schönheit in der Versammlung, trägt zur Herrlichkeit unseres Herrn bei. Das wird in der Welt nicht verborgen bleiben. Die Menschen können grundsätzlich diese Herrlichkeit erkennen durch das Wort (1.Kor 14,25) und durch das Anschauen, das Beobachten unseres Wandels (1.Pet 2,12). Aber je mehr der Gläubige sich selbst darstellt (die Eigenfarbe), desto weniger wird der Herr in ihm erkannt. - Stehen wir still und staunen über die Weisheit Gottes.

Der Herr Jesus, der Sohn des lebendigen Gottes entäußerte sich mit Seiner Menschwerdung Seiner göttlichen Herrlichkeit; das heißt, dass die Lichtherrlichkeit Gottes verdeckt, für das menschliche Auge unsichtbar gemacht wurde. Er kam in Niedrigkeit als Mensch auf diese Erde und offenbarte in wunderbar vollkommener Weise das Wesen Gottes in Seiner Natur. Doch nur die Seinen, die Ihn durch den Glauben in ihrem Herz aufnahmen, erkannten in Ihm die natürlichen Wesenheiten Gottes, „eine Herrlichkeit als eines Eingeborenen vom Vater". Im Blick auf diejenigen, die Ihn aufgenommen haben, sagte der Herr Jesus: „Die Herrlichkeit, die du mir gegeben hast, habe ich ihnen gegeben". Geistlicherweise ist das der gegenwärtige Charakter eines jeden Gläubigen seit Pfingsten. Wenn dann bald der „Herr der Herrlichkeit" uns nach dem bestimmten Willen Gottes zu sich in das Vaterhaus heimgeholt hat, werden wir zur Vollkommenheit verwandelt werden in dasselbe Bild zur Gleichförmigkeit mit seinem Leib der Herrlichkeit. Die sichtbare Herrlichkeit des Herrn als Gottes Sohn und als „der Sohn des Menschen" wird gegenwärtig nur im Himmel gesehen. Doch die Herrlichkeiten, die Er uns in der autoritativen Person Seines Wortes - *Er* ist „das Wort"[108] - hinterlassen hat, können und sollen wir schon jetzt unter der Leitung Seines Geistes darstellen und Zeugnis hiervon in unserem

---

Die Steine, die in das Brustschild eingesetzt werden sollen, sind entsprechend der Geburtsfolge der 12 Söhne Jakobs (2.Mo 28,6.7.10.25: Aus der Einheit von Ephod und Brustschild folgt, dass die Geburtsfolge sowohl für die Schultersteine als auch für das Brustschild gilt):

  1. Reihe:

1. Sardis:	Viell. Rubin (Korund): „rote Farbe" lat. „rubens"; Taubenblut-rot, versch. Tönungen (od. a.üb. Karneol: durchscheinend rot).
1. Ruben:	"Seht, ein Sohn!"
2. Topas:	Griech. „topazos" = „gesucht und gefunden", Synonym: Edeltopas. In der Antike war der heutige Topas sehr wahrscheinlich unbekannt u. der Name „topazos" bezeichnet eigentl. Olivin (Peridot). Name leitet sich verm. von dem früheren Topazos, der Insel Zebirget im Roten Meer ab od. aus Sanskrit: „lapaz" = „Feuer". Früher nannte man alle gelben und goldbraunen, manchmal auch grüne Edelstein Topas; vergl. Chrysolith.
2. Simeon:	"(Geschenk der) Erhörung; hörend".
3. Smaragd:	Grüner (edelster) Beryll: „grüner Stein" griech. „smaragdos"; früher Sammelbegriff für versch. grünen Steine, bei dem bibl. Smaragd könnte es sich um einen Granat handeln, histor. Nennungen können also nicht mit dem heutigen Smaragd gleichgesetzt werden; unvergleichliches Grün, Farbton wird eigenst. als Smaragdgrün bezeichnet.
3. Levi:	"Anschließung, Anhänglichkeit, Bund".

---

[108] Griech. „logos" = „Wort, Lehre, Rede"; schöpferischer, offenbarender Gedanke; wahrhaftig, überzeugend, in sich nie widersprüchlich; wird oft im Hinblick auf die zweite Person der Trinität verwandt (Joh 1,1; 12,48 Fn. Vgl. Off 19,11.13: Das Wort des Vaters, des Vaters Wahrheit, Joh 17,17).

täglichen Leben ablegen, durch unseren Glaubensgehorsam, zur Ehre des Vaters.

Jeder einzelne der zwölf Edelsteine war eingefasst in Gold und an seinen zuvor bestimmten Platz gesetzt. Vier Reihen („4", die Zahl der Welt): „Das war das wahrhaftige Licht, welches, in *die Welt* kommend, *jeden Menschen* erleuchtet" (Joh 1,9), mit je drei Steinen („3", die Zahl der Offenbarung Gottes): „Wir haben *seine Herrlichkeit* angeschaut, eine Herrlichkeit als eines Eingeborenen (Einzigen, Einzigartigen) vom Vater (V. 14). In dem Gold sehen wir die Herrlichkeit des vollkommenen Menschen Jesus Christus. Die Steine bedeuten, dass alle Menschen,

---

2. Reihe:

4. Karfunkel: (Lat. „carbunculus" = kleine Kohle. A.üb. Rubin). Bis um 1800 n.Chr. wurden der Rubin, der rote Spinell und der rote Granat als Karfunkelstein bezeichnet. Danach neue Zuordnung: Rubin - Korund-Gruppe; s.o.
Roter Spinell - Spinell-Gruppe; fälschl. Balas-Rubin genannt.
Roter Granat - Granat-Gruppe; viell. ist mit „Almandin" (Name nach Stadt in Kleinasien) der Karfunkel gemeint.

4. Juda: "Der gelobt od. gerühmt ist; Gepriesener, Gelobter; Lob, Preis."

5. Saphir: (Korund), nicht rote Farbvarietäten mit Edelsteinqualität sind Saphire. Von Antike bis Mittelalter verstand man unter Saphir den Lapislazuli. Um 1800 n.Chr. erhielt zuerst nur der blaue Korund den Namen „Saphir"= griech. „blau", danach wurden die andersfarbigen - alle Regenbogenfarben - mit zusätzlichen qualifizierten Worten gekennzeichnet.

5. Dan: "Richter".

6. Diamant: Griech. „adamas" = „der Unbezwingbare, unüberwindbar; ich nehme; ich unterwerfe; unerbittlich". Höchster Härtegrad, nichts gleichhartes od. härteres. Färbungen von farblos bis schwarz; besteht als einziger Edelstein aus nur einem Element: Kohlenstoff. Der farblose hat eine unvergleichliche Dispersion.

6. Naphtali: "Mein Kampf; kämpfend, ringend; Kämpfer".

die Ihn aufgenommen haben, für die Darstellung der Herrlichkeiten des Herrn Jesus und für alle Dinge zu Seinem Gedächtnis Verantwortung tragen; in diese Richtung weist die Zahl 12.

Bei allen Steinen ist hinsichtlich der Arbeit des Kunstschleifers kein Unterschied; aber die Steine als solche unterschieden sich: es gab Edelsteine und Halbedelsteine, um sich zu schmücken. Vorher lag dieser verborgene Schatz in seinem natürlichen Zustand irgendwo verschmutzt in der Erde, und der besondere, individuelle Wert war nicht zu erkennen. Wer ihn auf dem Acker dieser Welt suchte, musste graben und in die unteren Teile der Erde hinabsteigen. Hatte er ihn dann gefunden, kamen diese Steine in die Hände des Edelsteinschleifers. Der wandte all sein Geschick und all seine Geduld auf, entfernte Grobes und schnitt, schliff, putzte und brachte jeden einzelnen Stein exakt in die

---

3. Reihe:

7. Opal: (A.ü. Hyazinth). Nach dem Sanskritwort „Upala" = wertvoller Stein", von den Römern latinisiert „opalus". Edel-Opal enthält immer Wasser 3-30 %, ⌀ 5-10 %, muss getränkt werden. Regenbogenartiger Schiller der sich je nach Blickwinkel verändert (Opalisieren).

7. Gad: "Glück, (günstiges) Geschick"; "Bedrängung, Bestürmer".

8. Achat: Name vermutl. von „Achates", Fluss in Sizilien. Eine Varietät von Chalcedon mit gelegentl. etwas Opalsubstanz. Konzentrische Bänderung: alle Färbungen, zart bis kräftig od. eintönig. Bildet sich als Einlage in Hohlräumen von Vulkangestein, von Millimetergröße bis einigen Metern Umfang.

8. Aser: "Glückseligkeit; beglückt, glücklich, (glück)selig; Glücklicher".

9. Amethyst: Begehrtester Stein aus Quarzgruppe. Glasig: Violett, blass bis kräftig Rotviolett. Name leitet sich vom Griech. „amethystos" = „nicht betrunken" ab. Durch Brennen zw. 470° - 750° C entstehen versch. Farbvarietäten.

9. Issaschar: "Es gibt Belohnung; Er wird durch Lohn erkauft".

gleiche Größe und versah ihn mit den gleichen Facetten. Danach waren sie zubereitet „zur Herrlichkeit und zum Schmuck" für das Brustschild und die Kleider Aarons. Die Arbeit war getan; für jeden Stein die gleiche Arbeit, die gleiche Mühe, die gleiche Sorgfalt und die gleiche Grundlage; alle sind bestimmt für einen genau zugewiesenen Platz, den Platz auf der Brust des Hohepriesters, den Platz am Herzen des Herrn Jesus.

Der leibliche Bruder unseres Herrn, Jakobus, schreibt: „Hat Gott nicht die weltlich Armen auserwählt, reich zu sein im Glauben, und zu Erben des Reiches, das er denen verheißen hat, die ihn lieben?" und der Apostel Paulus erinnert uns: „Gott aber, der reich ist an Barmherzigkeit, wegen seiner vielen Liebe, womit er uns geliebt hat, hat auch uns, als wir in den Vergehungen tot waren, mit dem Christus lebendig gemacht - durch Gnade seid ihr errettet -, und hat uns mit auferweckt."

<u>4. Reihe:</u>

10. Chrysolith:	Griech. „Goldstein" ist Synonym, in alter Zeit aber nicht nur für „Peridot" (Edelsteinvarietät der Olivin-Gruppe; siehe Topas), sondern Bez. für viele farbähnl. Steine. (A.ü. Türkis).
10. Sebulon:	"Wohnung, Wohnstätte, Wohnplätzchen":
11. Onyx:	(S. 64 ff)
11. Joseph:	"Er nimmt hinweg"; "Er füge hinzu".
	"Er (Gott) gebe Vermehrung od. füge hinzu! Er wird vermehren; Mehrer; Vermehrung; Er wird sammeln, einziehen, wegnehmen; Wegnehmer".
12. Jaspis:	Griech. „iaspis" = „gesprenkelter Stein", das viell. auf eine semitische Wurzel zurückgeht. Chalcedonvarietät mit anderen Bestandteilen, körnige Struktur ist eigenständige Gruppe. Ablagerung (Spalten- u. Gangfüllung) aus kieselsäurereichem Wasser, das in Risse u. Spalten in anderes Gestein eindringt; auch Versteinerungsmaterial.
12. Benjamin:	"Sohn der Rechten od. des Glücks"; "Sohn der rechten Hand = der glücklichen Seite; Glücksohn; Glücklicher".

Und er schreibt weiter: „Denn wir sind sein Werk, geschaffen in Christus Jesus zu guten Werken, die Gott zuvor bereitet hat, damit wir in ihnen wandeln sollen". Wir finden hier die wunderbare Wahrheit der unfassbaren Liebe Gottes, die in Seiner Gnade ein herrliches „Kunstwerk" geschaffen hat.

Die Augen Gottes ruhen nur mit Wohlgefallen auf solchen, für die Er wegen Seiner Liebe Seinen Sohn gegeben und für die Sein Sohn Sein Leben geopfert hat und welche Er seitdem auf Seinem Herzen trägt. Vor dem Herrn Jesus zählt: gleich teuer erkauft, gleich geliebt, gleich kostbar. Er sagte gleichsam: *Ich* behüte und bewahre sie und keiner geht verloren, denn kostbar ist die Erlösung ihrer Seele. Das ist der Ausgangspunkt, Gnade die Grundlage. Und diese viele Liebe wird besiegelt: Durch die Hand des Siegelstechers wird jeder einzelne Name auf einen einzelnen Stein für immer eingraviert. *Ein* Name, *ein* Stein! Namen in Steinen verewigt! „Der Herr kennt die sein sind" versichert der Apostel Paulus, wie es auch unser Herr und Heiland bezeugt: „Ich kenne die Meinen" und: „Ich werde seinen Namen *nicht* auslöschen aus dem Buch des Lebens, und ich werde seinen Namen bekennen vor meinem Vater und vor seinen Engeln". Der Herr Jesus sagt zu Simon Petrus: „Aber auch *ich* sage dir: Du bist Petrus, (Kephas, d.h. Stein); und auf diesen Felsen (auf das Bekenntnis) werde ich meine Versammlung bauen". Der 1. Korintherbrief belehrt uns, dass der Herr Jesus Christus das Fundament und der Fels ist, auf den Seine Versammlung gegründet ist. Gott, der Vater, sieht, bildlich dargestellt: Ein auserwähltes Geschlecht lebendiger Edelsteine. Für jedes Auge soll sichtbar sein: „Hierin ist die Liebe mit uns vollendet worden, ..., weil, wie *er* ist, auch *wir* sind in dieser Welt". Der Apostel Johannes schreibt in seinem ersten Brief von grundsätzliche Wahrheiten ohne alle fleischlichen Nebeneinwirkungen, ohne Verunreinigungen oder Störungen, und drückt in diesem angewandten Sinn aus: Wir sind als einzelne Steine aus diesem Fels völlig identisch mit dem Fels. Frage: Verwirklichen wir das in der Praxis? Für jedes Auge, für die Engel im Himmel, für alle Menschen, für den Teufel und seine Dämonen soll sichtbar sein: Das sind Edelsteine Gottes. Oder persönlicher: Er ist ein Edelstein Gottes. Und ganz persönlich: Du bist ein Edelstein Gottes! Wunderbare Wahrheit. Ein wunderbares Zeugnis. Bedenke: Je mehr Erkenntnis, desto mehr Verantwortung! Unser Herr sagt weiter: „Und die Herrlichkeit, die du mir gegeben hast, habe *ich* ihnen gegeben, damit sie eins seien, wie wir eins sind; ich in ihnen und du in mir, damit sie in eins vollendet seien und damit die Welt erkenne, dass *du* mich gesandt und sie geliebt hast, wie du mich geliebt hast". *Das ist göttliche Liebe!* Ja, wahrlich, eine wunderbare Tatsache: „Gott ist Liebe!" und Er bleibt „in uns, und seine Liebe ist in uns vollendet.

Die perfekte Buchführung

Die Namensteine werden entsprechend der Geburtsfolge an dem Brustschild befestigt. Im Römerbrief lesen wir: „Wer wird uns scheiden von der Liebe des Christus?" Niemand vermag uns zu scheiden „von der Liebe Gottes, die in Christus Jesus ist, unserem Herrn!" Durch den Glauben an den Sohn Gottes hat die Gnade jedem Glaubenden die Liebe Gottes zugänglich gemacht, und das ist eine ewige Liebe sowohl in ihrer Größe und Reichhaltigkeit, als auch in ihrer Unendlichkeit. Der Herr ruft jeden persönlich mit Namen und jeder, der auf Ihn hört, Seinem Wort glaubt und Ihm folgt, den führt Er aus dem Machtbereich Satans heraus und Gott, der Vater, versetzt ihn „in das Reich des Sohnes Seiner Liebe". Und in exakt diesem Augenblick darf er sich freuen, denn sein Name *ist* unauslöschlich in den Himmeln angeschrieben, ein für allemal. „Das Alte ist vergangen, siehe, Neues ist geworden".

Gott führt verschiedene Bücher, die juristisch und buchhalterisch tadellos sind (vgl. Ps 87,6). Gott schreibt diese Bücher nicht, weil Er etwa irgendetwas vergessen könnte, nein, Er schreibt diese Bücher für uns, und für alle Menschen. Wenn Er überhaupt irgend einem Geschöpf einen Beweis Seiner Gerechtigkeit vorlegen müsste - Er muss es nicht! -, so tut Er es dennoch und beweist auch auf diese Art und Weise die Fülle Seiner unfassbaren Gnade und Seiner Langmut und Geduld und dass Er ein Gott der Ordnung ist.

I.) Das „Buch des Lebens"
(Dan 12,1; Off 20,12.15; 21,27)

In Psalm 139,16 sagt David, dass ausnahmslos jeder Mensch mit seiner Geburt in das „Buch des Lebens" eingeschrieben wird. In Psalm 69,29 weist er darauf hin, dass jeder Ungläubige einmal aus diesem Buch ausgelöscht wird (vgl. Ps 9,6). Von diesem Lebensbuch spricht auch Mose in 2. Mose 32,32, als er die Sünde des Volkes auf sich lädt und der Herr antwortet ihm: „Wer gegen mich gesündigt hat, den werde ich aus meinem Buche auslöschen" (V. 33).

In Offenbarung 3,5 schreibt der Apostel Johannes, dass jeder, der an den Herrn Jesus Christus, Gottes Sohn, glaubt - Leben aus Gott hat -, für immer in diesem Buch geschrieben bleibt; der Herr Jesus bekennt sich zu ihm (vgl. Phil 4,3). Doch diejenigen, die lediglich ein bloßes, christliches Bekenntnis tragen - also geistlicher-weise tot sind -, werden in dem Augenblick ihres physischen Todes aus diesem Buch gelöscht.

In Offenbarung 13,8 und 17,8 - in negativer, ausschließender Form - wird dasselbe Buch erwähnt, mit dem Zusatz: „von Grundlegung der Welt an." Die Formulierung „*von* Grundlegung der Welt an" finden wir im NT siebenmal[109] und immer in Bezug auf Israel oder auf das 1000-jährige Reich; hier handelt es sich um den gläubigen Überrest und um die Gläubigen aus den Nationen, die in der Drangsalszeit das Zeugnis Gottes (des Evangelium des Reiches, das ewige Evangelium) angenommen haben.

II.) Das „Lebensbuch des Lammes"
(Lk 10,20; Heb 12,23a)

Jeder Mensch, der den Sohn Gottes, das „Lamm Gottes", im Glauben aufnimmt, ist in das „Lebensbuch des Lammes" sofort und unauslöschlich eingeschrieben worden. Diese Menschen haben ihre Sünden und ihre Schuld vor Gott bekannt, sie haben ein Empfinden über die Konsequenz ihres sündhaften Lebens, nämlich, dass Jesus Christus ihrer (sie wissen: meiner!) Sünden wegen das Kreuz erdulden musste (das ist Reue). Dieses echte schmerzliche Bewusstsein im Herzen führt zu echter Buße und zur Bekehrung, das heißt, sie haben eine Sinnesänderung vollzogen (das ist Buße) und sind zu Gott zurückgekehrt (das ist Bekehrung). Diese Gläubigen sind Christen nicht dem Namen nach, auch nicht aufgrund eines kirchlichen Sakraments, sie sind Christen ihrer Stellung nach, sie sind eins mit Christus: sie sind in Christus und Er ist in ihnen. Die Richtigkeit dieser Eintragung wird sich einmal bestätigen, denn im „Buch des Lebens" wurde sein Name nie gelöscht. Diese Gläubigen nennt Gott „Heilige", sie ist kollektiv die Braut des Lammes. In dem „Lebensbuch des Lammes" trägt Gott auch alle Werke und die verborgenen Gedanken in den Herzen der Seinen ein: zum einen Gutes und Bewährtes zum Lohn = Throne und Herrschaft in Verbindung mit unserer Regierung über die Erde während des 1000-jährigen Rei-

---

[109] Mt 13,35; 25,34; Lk 11,50; Heb 4,3; 9,26. „*Vor* Grundlegung der Welt" steht immer in Verbindung mit dem Herrn Jesus oder Seiner Versammlung; wir finden diese Formulierung siebenmal im NT: Joh 17,24; 1.Kor 2,7; Eph 1,4; 3,10; 1.Pet 1,20; 2.Tim 1,9; Tit 1,1.

ches und verschiedenartige Kronen (griech. „stephanos", wörtl. „Siegeskranz"; Off 3,11; 4,4), nämlich

die „Krone der Unvergänglichkeit" (1.Kor 9,24-27),

die „Krone des Ruhms" (Phil 4,1, 1.Thes 2,19),

die „Krone der Gerechtigkeit" (2.Tim 4,8),

die „Krone des Lebens", die Märtyrerkrone (Jak 1,12; Off 2,10),

die „Krone der Herrlichkeit" (1.Pet 5,4, a.Üb. „Ehrenkranz"),

alles, worin wir uns im Glaubensgehorsam Seiner würdig und treu erwiesen haben. Einen weiteren Hinweis auf unterschiedliche Belohnungen, Titel und Würden, finden wir auch in 2. Petrus 1,11. Dort heißt es
in Bezug auf die Verse 5-10, dass Gott uns „reichlich" darreichen wird
in Seinem ewigen Reich, dem sogenannten „ewigen Zustand", in dem
unser Herr und Heiland Jesus Christus der Mittelpunkt ist. Zum anderen ist in diesem Buch auch alles Böse, unser Ungehorsam und Unnüt-
zes vermerkt, zu unserem Verlust = alles, worin wir unabhängig oder im
Unglauben waren, und es Ihm nicht bekannt und vor Ihm nicht verurteilt
haben[110].

Darum wollen wir uns befleißigen nüchtern und wachsam zu sein
und unsere Berufung und Erwählung festmachen. Lasst uns als Kinder
Gottes im Glaubensgehorsam zur Ehre unseres geliebten Vaters leben,
damit Gott uns reich segnet und uns Wachstum schenkt in der Erkenntnis der Herrlichkeit des Namens, unseres Herrn Jesus Christus.
So werden wir niemals straucheln. Es soll doch nicht so sein, dass wir
uns schämen müssen, wenn der Herr kommt, uns heimzuholen und wir
einen ärmlichen Eingang in die Ewigkeit haben, weil wir unseren Lohn
verwirkt haben. „Ich komme bald" sagt Jesus Christus, der Herr. „Halte
fest, was du hast, damit niemand deine Krone nehme!"[111].

---

[110] 2.Kor 7,1; 1.Pet 1,17; 1.Joh 1,9; 3,3; vgl. Jak 5,16a.
[111] Kol 2,18a; vgl. 1.Joh 2,28; 2.Joh 8; Off 3,11.

Einheit und Verantwortlichkeit

Wie wertvoll sind doch diese Edelsteine! Aber ihren wahren Wert, ihre Kostbarkeit und ihre vollendete Herrlichkeit erhalten sie, weil jeder einzelne Stein in Gold gefasst ist. Der Herr Jesus um-schließt jeden Stein besonders und verbindet sie alle zu einer Einheit. Jeder Gläubige findet Ruhe in der Liebe Gottes! Hast du diese Wahrheit schon persönlich erfahren? Ruhst du in Seiner Liebe? und regiert Sein Friede in deinem Herz? Bei dieser Betrachtung wird unser Herz weich und weit, denn wir dürfen auch in das Herz unseres hoch erhobenen Herrn schauen und Seine Liebe bewundern, die uns mit Ihm völlig eins gemacht hat. Und angesichts dieser Liebe wird uns wiederum Seine Gnade groß, die uns ehemals Verlorene und Sünder nunmehr zu lebendigen Steinen Seiner Versammlung gemacht hat (1.Pet 2,5).

Die zwölf Steine des Brustschildes stehen sinnbildlich für jeden einzelnen Gläubigen der Gnadenzeit. Aufgrund des vollbrachten Erlösungswerkes des Herrn Jesus wird jeder Gläubige von Gott, dem Vater, in der Herrlichkeit der Person Seines Sohnes gesehen. Der Herr Jesus ist „die Ausstrahlung seiner (Gottes) Herrlichkeit und der Abdruck seines (Gottes) Wesens", und wir erstrahlen in der Herrlichkeit unseres Herrn Jesus Christus. »Das Wort „Abdruck", die genaue Ausprägung, kommt nur hier vor. Es ist ein Wort, das auf den Charakter des Wesens Gottes hinweist. „Charakter" leitet sich von einem Wort ab, das „eingravieren" bedeutet, und es beschreibt zuerst das Gravurwerkzeug, dann das Gravieren selbst und letztlich das, was durch das Gravieren entstand, zum Beispiel ein Stempel oder ein Siegel. Der Herr Jesus ist der sichtbare und vollkommene Träger aller Eigenschaften Gottes (J.M.Flanigan).« Das legt eine sehr große Verantwortung auf uns, die der Apostel Paulus mit den Worten formuliert: Gott hat Sein Licht „in unsere Herzen geleuchtet zum Lichtglanz der Erkenntnis der Herrlichkeit Gottes im Angesicht Jesu Christi, damit durch uns der Lichtglanz des Evangeliums der Herrlichkeit des Christus ausstrahle, der das Bild Gottes ist". Das Wort „Bild" vermittelt den Gedanken der Verkörperung, der Sichtbarwerdung: »Christus ist die sichtbare Verkörperung und Offenbarung Gottes gegenüber geschaffenen Wesen. Das bei dieser Offenbarung entstehende Bild ist einzigartig und vollkommen (W.E.Vine. Vgl. Joh 14,7.9-11).« - Wir wollen uns das tief bewusst machen: Gott, der Herr, vertraut uns! „Sein Herz" vertraut uns Menschen, Seiner Versammlung alle Dinge der Herrlichkeit Seines Namens an (vgl. Spr 31,11). - Wie sehr wir unserer Verantwortung zur Verherrlichung unseres Herrn entsprechen, wird einmal am Richterstuhl Gottes und des Christus gesehen werden. Hier, bei der Betrachtung des Brustschilds, haben wir einen Hinweis darauf: ein Achat oder ein Jaspis haben nicht die gleiche widerstrahlende Schönheit wie beispielsweise ein Diamant. Das NT spricht von der Qualität und Nützlichkeit unserer Werke, von unserem Glaubensgehorsam und von unserer Treue, von unserem Zeugnis für unseren Herrn, und es spricht von entsprechend unterschiedlichen Belohnungen. Wir sehen, dass die Gnade und die Liebe des Herrn Jesus uns Seinem Herzen nahe gebracht hat, dass damit aber auch im Dienst für Ihn Verantwortung verbunden ist, wie sie in der Zahl 12 zum Ausdruck kommt. Nämlich, dass wir unter der Leitung des Heiligen Geistes der Heiligkeit Gottes und der persönlichen Anwesenheit (nicht leiblich sichtbaren; wir schauen Ihn jetzt nicht, wir glauben und sehen mit den Augen des Herzens) des Herrn Jesus in Seiner Versammlung, die Sein Leib ist, würdig Rechnung tragen, in unseren gemeinschaftlichen Gebeten, an Seinem Tisch, aber auch, dass wir an dem Wort festhalten, es bewahren und es in Gnade, in Liebe und Frieden recht teilen. Uns ist das Wort Gottes anvertraut und wir sollen darauf achthaben wie auf eine Lampe, die an einem dunklen Ort leuchtet. Lasst uns „strahlen wie helle Lichter in der Welt", wie der Mond in der Dunkelheit die Strahlen der Sonne reflektiert, auch an wolkenreichen Tagen, und mit stillem Fleiß in der rechten Weise und durch einen würdigen Wandel die gute Nachricht der froh machenden Botschaft des Evangeliums Jesu Christi und das ganze Wort Gottes als das Wort des Lebens hinaus strahlen.

Mit dem Brustschild stellt uns der Geist Gottes eine weitere, überaus kostbare Wahrheit der Gedanken Gottes und Seines Ratschlusses vor, eine Wahrheit von außerordentlichem Ernst. Gott hatte Seinem Knecht Mose genau gezeigt und gesagt, wie alles zu machen ist. Unvorstellbar der Gedanke, dass Mose etwa die Darstellung des Brustschildes im Eigenwillen verändert haben könnte und anders lautende Anordnungen weitergab oder dass gar fremde Steine eingebaut worden wären. Wir lesen: „Und Mose sah das ganze Werk, und siehe, sie hatten es gemacht; so wie der HERR geboten hatte, so hatten sie es gemacht. Und Mose segnete sie. ... Und so vollendete Mose das Werk". Kein Stein war von den anderen isoliert und kein Stein nahm selbstständig irgendeinen unabhängigen Platz ein. Wir dürfen versichert sein, dass kein Stein blass oder verschmutzt, oder das ganze Brustschild in Unordnung in das Heiligtum getragen wurde. Danach lesen wir, dass Aaron, mit dem Brustschild bekleidet, vor den Herrn trat und das heilige Salböl wurde darauf gesprengt. Als Aaron in das Heiligtum ging, fiel das Licht der sieben Lampen des Leuchters auf alle in Gold eingefassten Edelsteine. Solch ein Glanz war vorher noch nie im Himmel oder auf der Erde gesehen worden. Kein Stein leuchtete aus eigener Kraft! Bei aller Mannigfaltigkeit des Brustschilds bildet es eine gottgewollte und durch den Heiligen Geist gesalbte Einheit. So sieht Gott Seine Versammlung, immer vollkommen und herrlich in Christus. Da gilt es für uns, dass wir den ausdrücklichen Willen unseres Gottes und Vaters auch unbedingt darzustellen suchen.

Das ist herrlich, das ist unnachahmlich, das ist das großartige Ergebnis des Werkes der Liebe des Herrn Jesus, welches uns zu lebendigen Steinen Seiner Versammlung gemacht hat. Wir leben in der Gegenwart und in der Gemeinschaft unseres Herrn und dürfen uns an Seiner Herrlichkeit erfreuen. Wir dürfen Ihm Lob und Ehre, Preis, Dank und Anbetung bringen und Ihn in dieser Welt darstellen, zu Seiner Ehre und Verherrlichung und zur Ehre und Herrlichkeit unseres Gottes und Vaters. Von diesem, der das wahrhaftige Licht und Liebe ist, dürfen wir zeugen und Seine Lehren bewahren. Der Apostel Petrus, der zusammen mit Jakobus, dem leiblichen Bruder des Herrn dem Fleische nach, und dem Apostel Johannes Augenzeuge Seiner herrlichen Größe gewesen ist, schreibt unter dem unauslöschlichen Eindruck auf dem „heiligen Berg", dass wir ein auserwähltes Geschlecht, ein heiliges und ein königliches Priestertum sind und wir die Vortrefflichkeiten dessen verkündigen sollen, der uns berufen hat aus der Finsternis zu Seinem wunderbaren Licht. Das Licht, das Er uns gegeben hat, soll also in dieser Welt nicht nur vor sich hindämmern, nein, es soll aufblitzen, funkeln, es soll hell strahlen, es soll, um im Bild zu bleiben umgangssprachlich ein "Feuer"-Eifer dabei an den Tag gelegt werden. Und es soll strahlen, wann immer wir uns in Seinem Namen versammeln, denn Er ist bei uns, unter uns, er ist in unserer Mitte. „Er liebt und ist anhänglicher als ein Bruder" - und das ist uns so äußerst kostbar! Von Ihm kommt unser Lobgesang und Er selbst möchte inmitten der Versammlung Gott loben[112]. Er möchte sich an uns erfreuen und sich mit uns freuen.

Das Licht des Platzes, zu dem die Gnade Gottes uns aus Liebe gebracht hat, der Platz am Herzen unseres Herrn Jesus, muss aber auch immer wieder in unserer Erinnerung dorthin zurückscheinen, in jene Zeit und an jenen Ort, aus dem heraus der Heiland uns einst errettet hat: „Deshalb erinnert euch daran, dass ihr ... zu jener Zeit ohne Christus wart, ... keine Hoffnung habend und ohne Gott in der Welt". Wir werden dann mehr Seine Erbarmungen erkennen und die überströmende Gnade und die ewige Liebe unseres Herrn Jesus empfinden, der diese ewige Errettung zustande gebracht hat. Und es wird unser Bewusstsein sensibel halten, was wir in unserem Sündenfleisch immer noch sind, damit wir demütig bleiben vor unserem Gott und Vater in Heiligkeit. Wir dürfen und sollen uns aber nicht in Erinnerungen an unsere Sünden verlieren, sondern uns darüber hinaus erheben und uns dieser Liebe und Gnade beständig bewusst sein zu unserer völligen Freude.

»Ich ruhe jetzt in Deiner Liebe,
die all' Erkenntnis übersteigt,
genieße ihre süßen Triebe,
die mein Verstand hier nie begreift.
Doch ob ihr Meer ich nie ergründe,
Du bist der Fels, wo Ruh' ich finde.«

(Carl Brockhaus, 1822-1899)

Seine Pracht, Seine Herrlichkeit, Seine Liebe, wohin wir auch schauen auf dem Brustschild des Rechts, wir sehen nur Ihn und göttliche Liebe, die Gott auch in unsere Herzen ausgegossen hat durch den Heiligen Geist, es ist der „Geist seines Sohnes". Wir sehen nur Ihn, der uns dem Vaterherzen Gottes nahe gebracht hat. Wir dürfen Ihn be-

---

[112] Vgl. Ps 22,26.23; in diese Richtung weist auch Heb 10,21.

wundern, wie Er uns vollkommen umgibt und wie unverlierbar und unverrückbar Er uns beständig auf Seinem Herzen vor Seinem Vater trägt. Wir sehen die Liebe Gottes, die sich ewig nach Gemeinschaft in Liebe gesehnt hat und dürfen völlig überzeugt sein, dass alle Kinder Gottes ewig nie von dieser Liebe geschieden werden können.

Entspricht das Tragen auf den Schultern dem Grundsatz der souveränen freien Wahl der Gnade Gottes, sehen wir hier, was Gott für all die Menschen bereit hält, die Seine Gnade ergriffen haben. Trägt dort die Gnade auf starken Schultern, hier trägt ein liebendes Herz. Fanden wir dort den Kontrast und Wechsel zwischen dunklen, natürlichen Erdfarben und Weiß, entwickelt sich hier wunderbare Herrlichkeit und Pracht.

In geistlicher Sinndeutung wird uns mit dem Brustschild auf dem Herzen Jesu Sein Walten bei der Vertretung Seiner Gläubigen in der Gegenwart Gottes vorgestellt. Er erscheint für uns vor dem Angesicht Gottes, um uns zu vertreten und um für uns zu bitten: „Denn Christus ist nicht eingegangen in das mit Händen gemachte Heiligtum, ein Gegenbild des wahrhaftigen, sondern in den Himmel selbst, um jetzt vor dem Angesicht Gottes für uns zu erscheinen".

DIESE LIEBE IST UNSER HEIL!
DIESE LIEBE IST UNSER TEIL!
UND DIESE LIEBE TRÄGT DICH UND MICH!

Du bist viel wertvoller als jeder Stein,

der irgendwann, irgendwo gefunden.

Du bist edler, bist schöner. und du wirst ewig sein.

Du bist geschaffen, für Gott zu leuchten;

Du wandelst in Seinem glänzenden Licht.

Drum webe und rede den Menschen zum Segen.

Das ehrt deinen Herrn, Er ist Gottes Sohn,

verherrlicht den Vater, zu Seinem Ruhm.

Dir ist Sein Lob und gewiss ew´ger Lohn.

Du bist viel wertvoller als jeder Stein,

der nur einmal auf der Brust getragen.

Goldgefasst i n Christi Herz: Auf ewig bist du Sein!

4. Der reine goldene Tisch

2. Mose 25,23-30; 30,26.27; 37,10-16; 40,22;
4. Mose 4,7.8.

Wo das Wort Gottes einen Tisch erwähnt, besonders immer dann wenn in Verbindung mit Essen, liegt grundsätzlich der Gedanke von Gemeinschaft und Beziehungspflege zugrunde oder anders ausgedrückt: zusammenkommen und dienen, Liebe und Freude, Frieden und Ruhe. Dieser wunderbare Tisch steht gegenständlich im Wüstensand des von Gott verfluchten Erdbodens, aber er ist völlig abgesondert von dem Treiben dieser Welt und nur Auserwählte, alle Glaubenden, dürfen daran teilhaben. Gemeinschaft und Beziehungspflege zum Guten sind überaus wichtige Dinge (besonders in unserer heutigen egoistischen und rauen Zeit), auch innerhalb der Familie Gottes! Der Herr Jesus ist Seines Leibes Heiland, der Seine Versammlung nährt und pflegt. Und wir sollen Seine Nachahmer sein als geliebte Kinder Gottes und in der Liebe wandeln. In diesem Sinn können wir uns, wenn wir über das Getragen-werden nachdenken, also an „nähren und pflegen" denken (so wie eine Mutter ihr Kindlein trägt), möchten uns hinführen lassen zur völligen Freude.

Die Grundlage der Gemeinschaft

Der Schaubrottisch war eine Arbeit aus Akazienholz und nur sein Korpus war mit reinem Gold überzogen. Ringe, Leiste und Kranz des Tisches waren aus Gold. Er stand im Heiligtum, das in der Bibel wohl neunundneunzigmal „Wohnung" oder „meine (Gottes) Wohnung" genannt wird, und das von dem Allerheiligsten durch einen dichten Vorhang (Teppich) getrennt war. Beide Bereiche waren einheitlich mit der Cherubimdecke, ein Bild des geöffneten Himmels, überspannt[113].

Das Heiligtum ist eine bildliche Darstellung der „heiligen Wohnung" Gottes, Sein „heiliger Palast" (5.Mo 26,15; Ps 11,4a), der „wahrhaftigen, der größeren und vollkommeneren Hütte" (Heb 8,2.5; 9,11). Es ist ein Abbild „der Himmel Himmel" (1.Kö 8,27; Neh 9,6), von den „ewigen Hütten" (Lk 16,9), von dem „dritten Himmel" (2.Kor 12,2; V. 4; das Paradies, beschreibt die Atmosphäre dieses Ortes) und von „dem Tempel des Zeltes des Zeugnisses in dem Himmel" (Off 15,5 Fn). Es bildet die himmlischen Sphären vor, »wo auch die Engel sind (Mt 22,30). Das sind die „höchsten Örter" aus Daniel 7, die mit den „himmlischen Örtern" im Epheserbrief vergleichbar sind« (W.J.Ouweneel). Diese Dinge gehören der Schöpfung an und sind endlich.

Das Allerheiligste, Gott nennt es „das Heilige der Heiligen" (2.Mo 26,33 Fn), ist ein Abbild des ewigen, nicht erschaffenen Himmels, nämlich die persönliche und unmittelbare Gegenwart Gottes, sichtbar gemacht durch die Schechina (vgl. 2.Mo 40,34.35; 1.Kö 8,10.11; 2.Chr 7,1-3). Hier ist Sein Thron (Ps 11,4b; 14,2; 33,13.14; Mt 5,34; vgl. Kol 1,13). Es ist der Wohnort des Vaters und des Sohnes, wo der Sohn nun auch als Mensch weilt und wohin Er uns, die Versammlung der Gnadenzeit, einführen wird. Diesen Ort "über alle(n) Himmel" (Eph 4,10) meint auch der Schreiber des Hebräerbriefes, wenn er schreibt, dass "Jesus, der Sohn Gottes, durch die Himmel gegangen" und jetzt „höher als die Himmel geworden" ist (4,14; 7,26). Der Herr Jesus spricht zu Nikodemus von dem ungeschaffenen Himmel im Johannes-Evangelium (3,13) von dem es in Kapitel 1,18 heißt, dass es der

---

113 Das heb. Wort für Himmel ist „schamajim" und ist wie das deutsche Wort mehrdeutig (Polysemie); es kann also den Luftraum, den Sternenhimmel oder die Wohnung Gottes bedeuten. Insgesamt unterscheidet Gottes Wort vier Himmel: 1. Die Atmosphäre, der Luftraum der Erde: 1.Mo 1,20; Mt. 16,2.3; Lk 12,54-56. 2. Das Universum, der Sternenhimmel: 1.Mo 1,14.15; Ps 8,1.4; Ps 19,2-7; Rö 10,17.18.

„Schoß des Vaters", der vertraute Wohnort der Liebe, also das Vater-haus ist (Spr 8,27a.30. Vgl. Lk 9,34 u. Mt 17,5). In der Herrlichkeit des Vaterhauses zu wohnen, umgeben von Licht und Liebe, dort, wo die Heimat des ewigen Lebens ist[114], haben nur diejenigen die Möglichkeit und das bleibende Vorrecht, von denen der Herr Jesus spricht: „Vater, ich will, dass *die*, die du mir gegeben hast, auch bei mir seien, wo *ich* bin, damit sie *meine* Herrlichkeit schauen, die du mir gegeben hast, denn du hast mich geliebt vor Grundlegung der Welt. Gerechter Vater!" (Joh 17,24). Die Herrlichkeit des Vaterhauses können grundsätzlich nur diejenigen genießen, die zwar heute noch „in der Welt", aber durch die Gabe des ewigen Lebens nicht mehr „von dieser Welt" sind; können nur diejenigen schon heute in der Praxis genießen, die versiegelt[115] sind mit dem heiligen Geist. Das heißt, diejenigen, welche, nachdem sie geglaubt haben, ihren neuen Zustand als lebend in Christus als blei-bendes Besitztum erfassen, also ihre wahre, vollkommene Stellung vor Gott als Söhne erkennen. Er, der die Herrlichkeit des Vaters ist, der Sohn Seiner Liebe, ist der Mittelpunkt der ganzen Herrlichkeit des Hau-ses des Vaters. Das Vaterhaus ist: „Bei-Christus-sein". Wir sind - geist-licherweise schon heute - versetzt „in das Reich des Sohnes seiner Liebe"; hier ist die Heimat, das Vaterhaus für alle Erlösten seit den Ta-gen der Pfingsten. In unserem Leben soll das so sein, wie der deutsche Dichter Novalis (G.Ph.F. von Hardenberg, 1772-1801) auf die Frage, was für ihn Heimat ist, geantwortet haben soll: »Wo gehen wir denn hin? - Immer nach Haus!«

---

3. Die himmlischen Sphären, die höchsten Örter. 4. Der nicht erschaffene Himmel, die Gegenwart Gottes.

[114] „Ewiges Leben" meint nicht so sehr den zeitlichen Aspekt, sondern „Leben im Überfluss", seinen Charakter, die Qualität dieses Lebens.

[115] Versiegelt-sein immer i.V.m. Glauben; Gesalbt-sein i.V.m. königlicher Priesterschaft.

Das Vaterhaus ist immer nah,
wie wechselnd auch die Lose.
Es wird erreicht durch Golgatha -
Heimat für Heimatlose.

Selig, wer im Weltgebrause
nach der ob´ren Gottesstadt,
nach dem rechten Heimathause
stets ein Fenster offen hat!

(Karl Gerok, 1815-1890)

In der Bibel wird das Wort „schechina" nicht benutzt. Doch im AT und auch in den synoptischen Evangelien (Mt 17,5; Mk 9,7; Lk 9,34), der Apostelgeschichte (9,3; viell.a. 2,3) und in der Offenbarung (21,23.24; 22,5) erscheint sie in verschiedener Weise und Gestalt; während des 1000-jährigen Reiches wohnt die Lichtherrlichkeit im Tempel auf Zion (Hes 43-44,4). Ihr Glanz ist die Herrlichkeit Gottes und wird sichtbar durch den Sohn des Menschen, den Herrn Jesus Christus, und Seine himmlische Braut, die Versammlung der Gnadenzeit, wird sie widerspiegeln (Off 21,10.11). »Der hebräische Ausdruck „kavod adonai" bedeutet „Lichtherrlichkeit Gottes" und gibt an, *was sie ist*. Die griechische Bezeichnung „doxa kyriou" wird mit „Herrlichkeit des Herrn" übersetzt. Jedoch bedeutet „doxa" „Helligkeit, Strahlenglanz" und beschreibt somit, *wie sie erscheint*. Die hebräische Form „schechina" geht auf die Wurzel „schachan; shakan", das heißt „wohnen"[116], zurück. Das weist darauf hin, *was sie tut*. Das griechische Wort „skäná", das von dem hebräischen „schechina" abgeleitet wird, bedeutet „Zelt". Sie war als Licht, Feuer oder Wolke, oder als Verbindung dieser Elemente wahrnehmbar« (A.G.Fruchtenbaum).

---

[116] Was auch für jenen Ausdruck gilt, der das Zelt der Zusammenkunft, die Stiftshütte, bezeichnet: mischkan ("Wohnung")

In der Gegend des Berges Horeb, im Sinaigebirge, wuchs die Akazie (heb. „shittah, shittim"), aus deren Holz alles für die Stiftshütte bestimmte, gemacht wurde. Keine andere Akazienart liefert so geeignetes Bauholz und legt sich so nahe an den biblischen Textzusammenhang wie die „Acacia raddiana" (lat.). Sie liefert ein überaus hartes Holz das sich nur frisch geschlagen gut verarbeiten lässt, das Holz verhärtet mit der Trocknung und ist dann nur noch schwer zu bearbeiten. Es ist weitestgehend resistent gegen jede Art natürlicher schädlicher Einflüsse. Als typischer Savannenbaum hat die Akazie eine ausladende, schirmförmige Krone und ist ein willkommener Schattenspender.

In der symbolischen Sinndeutung erkennen wir in diesem Holz ein prägnantes Bild einer Wahrheit in Bezug auf den Menschen Jesus Christus, unseren Herrn. Es erinnert uns an den großen Rahmen Seiner etwa 33 ½ Lebensjahre, beginnend mit der Holz-Krippe (im Jahr 5 / 4 v.Chr.) und an dem Fluch-Holz sterbend. Die Propheten Jesaja, Jeremia und Sacharja sprechen von Ihm als von einem Reis, einem Spross, einem Wurzelspross aus dürrem Erdreich und von der Frucht der Erde. Sie beschreiben so den Beginn und das Ziel des Messias zugunsten Seines Volkes.

„Der Spross" ist eine bildhafte Beschreibung für den Messias, den wir verschiedentlich in den Propheten finden. In Jesaja 11,1 wird das hebräische Wort „nezer" („Schössling, Spross, Zweig") gebraucht von dem sich das Wort „Nazaräer, Nazarener" ableitet. Diese Herkunftsbezeichnung wird im NT, in den vier Evangelien und in der Apostelgeschichte, achtzehnmal direkt dem Namen des Herrn Jesus Christus zugefügt. Bei den nachfolgenden vier Titeln, die die Propheten dem Christus geben, wird das Hebräische „zemach" („Schössling, Spross, Zweig) benutzt. Sie entsprechen der unterschiedlichen Betrachtung der Herrlichkeit Seiner Person in den vier Evangelien:

„Spross der Gerechtigkeit" (Jer 23,5; 33,15):

> Matthäus, Evangelium des Königs;

„Mein Knecht, der Spross" (Sach 3,8):

> Markus, Evangelium des Knechtes als Prophet;

„Der Mann, dessen Name Spross ist" (Sach 6,12):

> Lukas, Evangelium des Menschensohnes;

„Der Spross des HERRN" (Jes 4,2):

> Johannes, Evangelium des Sohnes Gottes.

Der Name „Jesus von Nazareth" (und die äquivalenten Worte „Nazaräer, Nazarener") ist die Erfüllung der alttestamentlichen Prophezeiungen. Die in einem hebräischen Wortspiel stehenden Worte „nezer" und „zämach" sind immer mit Jesus Christus in den Jahren Seines öffentlichen Wirkens in Verbindung gebracht worden.

Wenn wir in der Betrachtung der Akazienhölzer der Stiftshütte fortfahren und die unterschiedlichen Funktionen des Holzes an ihren verschiedenen Stellen betrachten, erkennen wir in dem Holz darüber hinaus auch eine bildliche Darstellung der Versammlung der Heiligen in Christus Jesus, die seit dem Pfingsttag besteht.

Das griechische Wort (es sind zwei Worte) für Versammlung ist „ekklesia"; „Ek" bedeutet „aus, heraus, weg von" und „klesia" bedeutet „ich rufe". Die Bedeutung von „ekklesia" ist also: „die Herausgenommene, die Berufene" oder am korrektesten „die Herausgerufene", mit der Betonung auf „Gerufene" (G.C.Willis). Vor diesem Hintergrund ist die deutsche Übersetzung mit „Versammlung" die beste, die korrekteste. Dasselbe Wort „ekklesia" finden wir auch in Apostelgeschichte 7,38: Stephanus spricht hier von Israel in der Wüste; und in Kapitel 19,32 bezeichnet es eine bestimmte Volksversammlung in Ephesus. Das heißt also, dass „Versammlung" *kein* weiterer Name irgend einer christlichen Gemeinschaft oder Mitgliedschaft ist, deren es heute leider so viele gibt, sondern es bezeichnet einen speziellen Vorgang einer speziellen Gruppe von Menschen zu einem speziellen Anlass. Gleich einem Holz, das in der Wüste entwurzelt und herausgenommen wurde, um dann zubereitet zu werden zu einem Wohnort Gottes auf der Erde, ist die Versammlung von dieser Welt, ihrem Zeitgeist und Treiben ohne Gott, hin zu Christus Jesus, ihrem Herrn gerufen worden „mit heiligem Ruf". Sie ist „herausgenommen worden aus der gegenwärtigen bösen Welt nach dem Willen unseres Gottes und Vaters" (Gal 1,4) um Gott im Werk und im Wort zu ehren. Sie ist der gegenwärtige Ort, an welchem der Herr Jesus verheißen hat, persönlich in der Mitte derer zu sein, die sich zu Ihm hin und in Seinem Namen versammeln und die Seinen Namen anrufen aus reinem Herzen. *Er* ist allein und in besonderer Weise an diesem Ort, der Ausgangspunkt, Mittelpunkt und Ziel aller gottesdienstlicher Tätigkeit. Und Seine Versammlung ist allein das gegenwärtige Heiligtum - ein geistlicher Tempel -, in dem unser anbetungswürdiger Herr in dieser Ihm feindlichen Welt Ruhe finden kann und wo Er sich erfreuen möchte. Das ist eine hoch erhabene Wahrheit, ein Bild vollkommener Absonderung für Ihn, das uns immer bewusst sein sollte, und wir möchten uns ernstlich prüfen und fragen: Kann der Herr Jesus Christus, der selbst das Verborgene unserer Herzen kennt!, die Gemeinschaft mit uns in Ruhe und Frieden und mit Freude genießen?

In Matthäus 18,20 sagt der Jesus Christus, der Herr: „... da bin ich in ihrer Mitte". Dasselbe griechische Wort benutzt Lukas in seinem Evangelium: „trat er selbst in ihre Mitte" (24,36). Im Hebräerbrief (2,12) wird David aus Psalm 22,23 zitiert: „... inmitten der Versammlung will ich dir lobsingen" und in Psalm 63,3 sagt er: „so wie ich dich angeschaut habe im Heiligtum" (vgl. 2.Mo 40,34.35; 2.Chr 7,1-3).

In Matthäus 23,39 sagt der Herr: „Ihr werdet mich von jetzt an *nicht* sehen" und in Johannes 14,1: „Ihr glaubt an Gott, glaubt auch an mich", das heißt: Ihr glaubt an Gott, obwohl ihr ihn nicht seht, glaubt auch an mich, wenn ihr mich nicht mehr seht. In der Apostelgeschichte sehen die Apostel, wie der Herr Jesus emporgehoben wurde „und eine Wolke nahm ihn auf von ihren Augen weg." Der daran anschließende Vers 11 findet seine Erfüllung in den Ereignissen von Offenbarung 19,11ff. Petrus betont noch einmal in seinem ersten Brief, dass wir jetzt unseren Herrn Jesus Christus nicht sehen. Aber, sagt Paulus: „wir werden entrückt werden in Wolken dem Herrn entgegen in die Luft; und so werden wir allezeit bei dem Herrn sein." Johannes schließt diesen Gedanken mit den Worten: „Wir wissen, dass wir ... ihn sehen wie er ist."

An vielen Stellen im NT finden wir, dass der Herr Jesus „bei uns", „unter uns" und „in uns" ist - sowohl persönlich als auch kollektiv. Das steht an den jeweiligen Stellen an seinem Platz. Ich bin davon überzeugt, dass unser Herr persönlich und leibhaftig in Seiner Versammlung anwesend ist, in jedem örtlichen Zeugnis Seiner Versammlung, wann immer sich die Seinen *zu* (od. in) *Seinem Namen* versammeln. Es ist wirklich glücklich machend, wenn wir im Johannes-Evangelium die Jünger Jesu am ersten Tag der Woche abgesondert finden: „Als es nun Abend war an jenem Tag, dem ersten der Woche, ... kam Jesus und stand in der Mitte und spricht zu ihnen: Friede euch! ... Da freuten sich die Jünger, als sie den Herrn sahen" (20,19). Doch heute, nach Seiner Himmelfahrt, werden unsere Augen „gehalten" und Er ist uns unsichtbar - wir sind noch nicht zur Vollkommenheit gelangt. Das ist gut so, denn der Mensch Jesus Christus ist jetzt mit göttlicher Herrlichkeit angetan, die Er nie wieder ablegt! Wer von den Seinen könnte im Leib der Niedrigkeit, im Sündenfleisch, diese unverhüllte, vollkommene Herrlichkeit ertragen?

„Glückselig sind, die nicht gesehen und doch geglaubt haben!"
(Joh 20,29).

Im Matthäus-Evangelium (18,20)
geht es um *Gemeinschaft und Zugehörigkeit*;

Im Lukas-Evangelium (2,46)
finden wir den Herrn in der Mitte, wo es um *Unterweisung* geht;

Im Johannes-Evangelium (19,18)
handelt es sich um *Errettung* und
in Kapitel 20,19 um *Auferstehung*;

In Offenbarung 2 und 3
geht es um die *richterliche Prüfung*
des Zustandes der Versammlung und
in Kapitel 5,6 geht es um *Verherrlichung*.

Das reine Gold steht immer für die ewige Gott-Sohnschaft Christi; es weist auch auf Seine Person als verherrlichter Mensch im Himmel hin. Das Gold stellt Seine Herrlichkeiten als Mensch vor und weist darauf hin, wie sehr Er in dieser verdorben Welt und unter Sündern lebend litt. Hier war *Er* der einzige Mensch, der sich in Liebe rein und heilig bewahrte, das Wohlgefallen Seines Gottes und Vaters. Der goldene Tisch nebst Schüsseln und Schalen, Kannen und Spendschalen aus reinem Gold, mussten einmalig mit dem Salböl zur Heiligung gesalbt werden. In dem heiligen Salböl haben wir eine Darstellung des Heiligen Geistes - alles, was von der Gemeinschaft mit Gott spricht, ist geheiligt durch den Heiligen Geist und steht unter Seiner Leitung; in Bezug auf den Herrn Jesus finden wir das in den synoptischen Evangelien, in Bezug auf die Versammlung in verschiedenen Briefen des Apostel Paulus (bes. 1.Kor 3,16).

Der Tisch hat die Maße: zwei Ellen die Länge, eine Elle die Breite und eineinhalb Ellen seine Höhe. Eine Elle entspricht sechs Handbreit und eine Handbreit sind vier Finger. Nach dem gemeinsamen Nenner gilt folgende Bemaßung: Länge: zwölf Handbreit; Breite: sechs Handbreit; und Höhe: neun Handbreit. Die Zahl 12 in Verbindung mit der

Länge zeigt uns die Langmut und Geduld Gottes mit denen, die Ihm dienen. Die Zahl 6 (ihre „positive Seite") in Verbindung mit der Breite gibt uns einen Hinweis darauf, dass es schwache, in sich selbst unvollkommene Menschen sind, die aber durch die Gnade das Böse überwunden haben und jetzt danach streben, Gott vollkommen zu dienen. Die Zahl 9 ergibt sich aus 3 x 3. In Verbindung mit der Höhe weist sie sinnbildlich auf die Offenbarung Gottes in all Seinen Herrlichkeiten unter Hinweis auf das Geheimnis Seiner Fülle hin. Der Apostel Paulus zitiert den Propheten Jesaja und schreibt: „Was kein Auge gesehen und kein Ohr gehört hat und in keines Menschen Herz aufgekommen ist, was Gott bereitet hat denen, die ihn lieben." Die Fülle Gottes kann nur - wenn auch nicht absolut - von den Heiligen in Christus geschaut werden, denn wir „sind zur Fülle gebracht in ihm". In der Ausrichtung Höhe erkennen wir das Geheimnis des Christus in Verbindung mit Seiner Versammlung. Wir dürfen in dem goldenen Tisch das fürsorgliche Walten Gottes erkennen, wie Er sich der Seinen annimmt, die in praktischer Gemeinschaft mit Ihm verbunden sind.

Wir lesen in der Beschreibung des Tisches, dass an ihm und um ihn herum eine goldene Leiste und an dieser Leiste ein goldener Kranz befestigt waren. Leiste und Kranz waren nicht aus Akazienholz und mit Gold überzogen, sie waren beide völlig aus Gold gemacht. Für die Leiste finden wir im Wort Gottes kein zweites vergleichbares materielles Gegenbild; sie wird in ihrer Darstellung nur hier kurz und knapp erwähnt und beschrieben. Es sind die „leisen Töne" der Gnade, die Gott so sehr liebt, denen wir unsere Aufmerksamkeit nicht entziehen sollen, es wäre ein großer Verlust (vgl. 1.Kö 19,12ff). Es ist ähnlich dem einmaligen, unvermittelten Auftauchen zweier Männer im AT, die uns persönlich fremd bleiben, die aber einen ausgesprochen wichtigen und schönen Dienst erfüllen mussten: Der erste ist Elihu, der aus der Gegenwart Gottes sprach und den vier Männern in vier Reden vier Herrlichkeiten

Gottes vorstellte, die jeder Mensch wahrnehmen kann: die Größe Gottes, Seine Wunder und Weisheit und Gnade. Der zweite ist der Knecht Abrahams, der für den Sohn seines Herrn eine Braut suchte. Beide wirkten „leise" und bewirkten wunderbares, das in der Ewigkeit wieder gefunden wird. Beide sind ein Typus auf Gott, den Heiligen Geist. Die goldene Leiste spricht schlicht und einfach von Gott, dem Vater, der den Heiligen Geist gegeben hat; dann von dem Sohn, der den Geist sendet; und drittens von dem Heiligen Geist, der selbständig kommt. Als viertes und letztes spricht die Leiste davon, dass der Heilige Geist allen Gläubigen der Gnadenzeit als Sachwalter (Beistand, Fürsprecher, Tröster) für Zeit und Ewigkeit gegeben ist und der uns den Glauben, mittels dessen wir errettet wurden, versiegelt hat, dass niemand ihn uns mehr rauben kann. Das Wort „Sachwalter" (griech. „paraklētos") ist dieselbe Bezeichnung, die Johannes in seinem ersten Brief (2,1) für den Herrn Jesus in Seinem Dienst für uns vor dem Vater verwendet. »Das Wort deutet in der Schrift immer auf jemand hin, der für uns berufen ist, um in vollkommener Weise das für uns auszuführen, wozu wir selbst unfähig sind. ... das jemand alles für uns vollbringt, ... bis hin zu dem extremen Fall eines Abgleitens in die Sünde« (W.Kelly).

Vor diesem Hintergrund schreibt der Apostel Johannes wiederholt, dass der Sohn Gottes von den Seinen auch nicht *einen* verliert. Wir gehen nicht verloren, wir haben ewiges Leben, die Gnadengabe Gottes, durch den Glauben. Wir sind aus Gnade von dem Heiligen Geist zum Glauben zubereitet und dahin geführt worden, an den Sohn Gottes zu glauben. Die Gabe Gottes, die göttliche Person des Heiligen Geistes, ist uns als Unterpfand dafür gegeben, dass wir allezeit mit dem Herrn fest verbunden sind, und in Ewigkeit sein werden. Der Heilige Geist wohnt in Zeit und Ewigkeit in unserem Leib. Durch Ihn sind wir mit dem Herrn Jesus eins gemacht. Durch das Wirken des Heiligen Geistes in uns erkennen wir die Wahrheit des Wortes Gottes und die Herrlichkeiten des Herrn Jesus Christus, der „das Wort" ist, und wir können darin wachsen zum vollen Wuchs. Diese ewigen Wahrheiten stehen unauflöslich fest: „Meine Worte (griech. „logos") aber werden nicht vergehen". Sowohl Paulus, der Apostel der Nationen, als auch Petrus, der Apostel der Juden, nennen das „Heiligung des Geistes". »Dieses Wirken des Heiligen Geistes von Anfang bis Ende wird in der Schrift „Heiligung des Geistes" genannt. Sie umfasst die ganze Absonderung der Seele für Gott vom ersten Augenblick an. ... Es ist die erste Wirksamkeit des Heiligen Geistes in jeder aus Gott geborenen Seele von der frühesten tatsächlichen Wirkung des Geistes Gottes durch ein Leben, das mitgeteilt wird, indem es das Herz mehr oder weniger vollständig öffnet. ... Es ist die absondernde Kraft des Geistes Gottes in jeder wiedergeborenen Seele. Von der ersten Regung des göttlichen Lebens an wird der Mensch fortwährend geheiligt. ... Heiligung des Geistes ist die grundsätzliche Absonderung (od. Aussonderung) jedes Gläubigen zu Gott hin von Anfang bis zum Ende« (W.Kelly). Wenn wir da nicht stehen bleiben, sondern darüber hinaus auch „Glauben an die Wahrheit" und zwar „von Anfang" haben, uns Ihm ohne Wenn und Aber völlig unterwerfen, dann werden wir auch versiegelt mit dem Heiligen Geist. Das bedeutet nach 1. Petrus 1 weiter, dass wir durch den Heiligen Geist zum Gehorsam geheiligt sind. Und Jakobus ermahnt uns „Täter des Wortes" zu sein und „in das vollkommene Gesetz, das der Freiheit, nahe hineinzuschauen". Glaube und Gehorsam sind im Wort Gottes untrennbar: Ohne Glauben kein Gehorsam! Und: Gehorsam ist nur im Glauben möglich! Und die Liebe „in Tat und Wahrheit" ist ein sicherer Beweis, das heißt, dass nur von Liebe zu reden meistens zu wenig ist, und das bloße Lippenbekenntnis kann heuchlerisch sein. Diese drei, Glaube, Gehorsam und Liebe, sind eng miteinander verbunden und können nicht voneinander getrennt werden, ohne ihren Charakter zu verlieren; eins kommt aus dem anderen hervor und sie sind voneinander abhängig.

Wenn wir uns unter diesem Aspekt einmal den Brief an die Römer anschauen, finden wir, dass er in fünffacher Weise sozusagen eingerahmt ist, ich meine, dass fünf verschiedene Begriffspaare den Anfang und das Ende dieses Briefes markieren:

1. Paulus stellt uns das „Evangelium Gottes" vor (1,1; 15,16), was auf den Charakter der Botschaft - das Wort („logos") - des *einen* Gottes allen Ursprungs verweist. Mit dem „Evangelium Gottes" geht beidemal

2. das Wort „Glaubensgehorsam" zusammen (1,5; 16,26). Glaubensgehorsam trägt immer den Charakter der Freiwilligkeit, es ist ein Herzensgehorsam. Davon unterscheidet er sich von dem Gesetzesgehorsam im AT oder von einem knechtischen Angstgehorsam. Glaubensgehorsam ist die Unterwerfung der Seele unter die Gerechtigkeit Gottes. Es ist der erste Akt der Seele, wenn sie das Wort Gottes im Glauben ergreift, der Neugeburt. Aus einem Sohn des Ungehorsams wurde ein Kind des Gehorsams. Glaubensgehorsam ist der Zustand des Herzens in der Wiedergeburt[117]. Das feststehen im Glauben und die Verwirklichung des Gehorsams ist eine Frage der Liebe, des Herzensentschlusses[118]. Und es ist

3. das Evangelium des Sohnes Gottes und des Christus (1,9; 15,19), was beides auf den Gegenstand des Evangeliums hinweist.

4. Autorisiert wird das ganze „Bild" sozusagen - Heilsbotschaft und Lehre - als zum einen gültig für neugeborene Christen und zum zweiten als wahr hinsichtlich des Volkes Israel, mit einem wiederkehrenden „Amen": In Kapitel 1,25 und 16,27 für das ganze Evangelium Gottes; in Kapitel 9,5 und 11,36 für den israelitischen Teil. „Amen" (heb.) heißt im Deutschen „so sei es"; „ich glaube das"; oder „wahr-

---

[117] Wiedergeburt ist eine irdische Sache - ewiges Leben eine himmlische - und bezeichnet die völlige Veränderung eines Zustands.

lich". Es ist Ausdruck eines sündlosen Gottvertrauens, des vollkommenen Glaubens, der in der geistlichen Welt zu Hause ist. Jesaja 7,9b übersetzt J.N.Darby: „Wenn ihr nicht glaubt, werdet ihr nicht befestigt werden." Und er merkt an: »„Glaubt" und „befestigt" sind im Hebräischen „emunah", aus dem sich das Wort „Amen" gebildet hat.« Dieses „Amen" ist einer der herrlichen Namen des Christus und Er verbindet es mit Seiner Treue und Wahrheit[119]. Paulus nennt es

5. „mein Evangelium" (2,16; 16,25), denn ihm wurde es offenbart und er trug als Verwalter dieser Gnade die Verantwortung im Blick auf die Verkündigung der Heilsbotschaft und die Bewahrung der reinen christlichen Lehre. Kurz gesagt: Jeder Christ, der Gemeinschaft mit Gott, dem Vater, und mit Gott, dem Sohn, aus der Gemeinschaft des Heiligen Geistes heraus hat, ist verantwortlich für die Darstellung seines Glaubensgehorsams gegenüber *allem*, was Gott sagt.

Nachdem wir gesehen haben, was Gott getan hat, sind wir unvermittelt zur praktischen Seite gekommen. Gott hat Seine „Sache" vollkommen gemacht und Sein Siegel darauf gedrückt. Und in Gemeinschaft mit Ihm, mit Christus vereint und versiegelt mit dem Heiligen Geist, tragen wir Verantwortung vor Ihm, unserer Beziehung zu Ihm wertzuschätzen und unserer Stellung vor Ihm zu entsprechen. Es ist unsere Verantwortung, mit Fleiß „das Geheimnis des Glaubens in reinem Gewissen" zu bewahren, und diesen Glauben durch die Tugend (d.h. mit geistlicher Energie, Entschiedenheit, Tüchtigkeit) zu befestigen. Hiermit in Übereinstimmung sehen wir, dass die Leiste einen deutlich irdischen Bezug hat: Sie führt über vier Seiten und vier Ecken, und sie ist eine Handbreit hoch, das sind vier Finger. Sie ist also einmal eine schöne

---

[118]   In dem Hebräischen des AT finden wir das dem Sinn nach entsprechende Wort für freiwilligen Gehorsam nur zweimal, in 1.Mo 49,10c: „und ihm werden die Völker gehorchen", und in Spr 30,17, wo es sich um den Gehorsam eines Kindes gegenüber der Mutter handelt.

[119]   Jes 65,16; Off 3,14; vgl. 5.Mo 32,4; 2.Kor 1,20.

Darstellung davon, was Gott in Seiner Versammlung überall in der Welt gewirkt hat und dass Er die Seinen bewahren wird bis ans Ende. Und zum anderen, mit Blick auf uns, die wir in die Gemeinschaft mit Gott berufen sind, dass wir in geistlichem Mut und Tätigkeit Sorge tragen, den Glauben nicht zu „verlieren". Glauben heißt absolut: Mit Herzensentschluss in dem zu leben, zu verharren, was Gott zu uns sagt und Seine Segnungen anzunehmen; Glauben heißt auch: würdig unserer Berufung zu wandeln, zur Ehre Gottes und zur Verherrlichung Seines Namens. Somit dürfen wir in der Leiste geistlicherweise sowohl das „Band des Friedens" erkennen, als auch die Liebe, „die das Band der Vollkommenheit ist." Das kommt in dem Vorbild der goldenen Leiste zum Ausdruck - und sicher noch mehr.

In dem Brief an die Hebräer sehen wir schließlich sinnbildlich in dem Kranz aus Gold den Mensch Jesus, der von Gott mit Herrlichkeit und Ehre gekrönt ist. Auch der Kranz aus Gold hat gleichermaßen irdischen Bezug, nur wird keine Höhe angegeben: Wer könnte je die Fülle, die Größe, die Erhabenheit des Christus „messen". Der Herr Jesus wird bei Seinem zweiten Kommen - der „Tag des Herrn" - für jedermann sichtbar als Mensch auf der Erde erscheinen. Er wird das königliche Diadem, die Regierungskrone tragen und als „der Höchste" in Macht und Herrlichkeit Sein Reich aufrichten und in Gerechtigkeit und Frieden regieren. Dann wird sich vor Ihm jedes Knie beugen, der Himmlischen (die Gläubigen der Gnadenzeit) und Irdischen (alle Gläubigen vor dem Tag der Pfingsten und im 1000-jährigen Reich) und Unterirdischen (die Ungläubigen, Verlorenen), und jede Zunge wird bekennen, dass Jesus Christus Herr ist, zur Verherrlichung Gottes, des Vaters.[120]

---

[120] Dieser „Tag" kündigt sich an durch das Erscheinen des „glänzenden Morgensterns" (wörtl.: „Lichtspender, Lichtträger", 2.Pet 1,19) - des Herrn Jesus selbst (Off 22,16, wörtl.: „der Stern, der glänzende, der morgendliche") - der nur von denen gesehen wird, die in der Nacht wachen (Lk 12,35-37; Rö 13,11-13; 1.Thes 5,4-8): Die Entrückung der Gläubigen der Gnadenzeit; *Er* wird die Belohnung für die Überwinder sein (Off 2,26.28).

Dicht bei Kranz und Leiste mussten die vier goldenen Ringe an den vier Ecken des Tisches befestigt sein. Die Zahl 4 begegnet uns recht häufig und immer in Verbindung mit Gold. Sie ist die Zahl der Schöpfung im allgemeinen und die der Welt im besonderen. Sie steht auch in Beziehung zu dem Herrn Jesus, der besonders mit Blick auf die Juden, konkret auf die treuen in der Drangsalszeit, gesagt hat: „Mir ist <u>alle</u> Gewalt gegeben im Himmel und auf der Erde. Geht nun hin und macht <u>alle</u> Nationen zu Jüngern, und tauft sie auf den Namen des Vaters und des Sohnes und des Heiligen Geistes, und lehrt sie, <u>alles</u> zu bewahren, was ich euch geboten habe. Und siehe, *ich* bin bei euch <u>alle</u> Tage bis zur Vollendung des Zeitalters." Ringe symbolisieren eine unendliche Beziehung, und diese Ringe darüber hinaus die ewige Kraft, die unbedingt notwendig ist, um den Tisch von der Erde zu heben, um ihn durch die Wüste, durch die Zeit und durch alle irdischen Übel hindurch zu tragen. Nachdem wir das Vierfache, das weltumfassende „alle" betrachtet haben, sehen wir jetzt die zwei Tragestangen, welche durch sie hindurch gesteckt wurden.

Die zwei Tragestangen aus Akazienholz sind mit Gold überzogen. Holz und Gold erinnert uns zunächst wieder an den Herrn Jesus. Es sind aber zwei Teile, die in der Festigkeit der Ringe den einen Tisch zu tragen vermögen. In der Fortführung dieses Gedankens entwickeln sich zwei voneinander zu unterscheidende Wahrheiten die, jede für sich, eine geistliche Anwendung zulässt. Betrachten wir zunächst die zwölf Stämme Israels, für die all diese Dinge zu ihrem Nutzen gemacht wur-

---

Unbestimmte Zeit später beginnt der Tag mit dem Aufgehen der „Sonne der Gerechtigkeit ...": Die Gerichte, die über den ganzen Erdkreis für die Gottlosen kommen werden und zur Errettung des Überrestes Israels: „... mit Heilung in ihren Flügeln" (Mal 3,19.20; vgl. 2.Sam 23,3.4).Jetzt ist der „Tag des Herrn": Die Herrlichkeiten Gottes werden in Christus Jesus auf der Erde völlig offenbar. Bei Seiner Ankunft kommt Er „mit allen seinen Heiligen, ... um verherrlicht zu werden in Seinen Heiligen und bewundert zu werden in allen denen, die geglaubt haben" (1.Thes 3,13b; 2.Thes 1,10): *Er* schafft göttliche Vollkommenheit auf der Erde, auf der dann Gerechtigkeit herrschen, aber noch nicht wohnen wird (Jes 32,1; 60,17). In dem 1000-jährigen Reich herrscht Christus „mit eisernem Zepter" (Ps

den - aber sie bedienten diese Dinge für uns heute, damit wir anhand dieser Vorbilder verstehen und lernen „was der gute und wohlgefällige und vollkommene Wille Gottes ist." Und sie sind für uns aufgeschrieben worden, zu unserer Belehrung, zur Ermahnung und Ermunterung. Die Stiftshütte und alle Geräte und Gegenstände wurden bis in das verheißene Land nach Kanaan getragen. Von diesem Land heißt es in 4. Mose 14,7, dass es „sehr, sehr gut" ist. Wenn Israel aber *ein* Volk ist, warum dann zwei Teile? Ist es nur eine praktische, technische Notwendigkeit? Ich denke nicht. Vielleicht liegt die Antwort hierin: Nachdem das Volk unter Josua in das Land eingegangen war, fiel das Volk zunehmend von Gott ab und reizte Ihn mit ihren Gräueln. Schließlich zerbrach das zwölf Stämme Volk in zwei Teile: Sie wurden im unter Jerobeam und unter Rehabeam in zwei Königreiche geteilt[121]. Fortan entwickelte sich eine Feindschaft zwischen beiden Häusern, weil der Tempel Gottes seinen Platz in Juda hatte. Niemals sieht Gott von Herzen Sein Volk getrennt, doch nach Seinem Maß unterscheidet Er ihre Verantwortung und Schuld und lässt sie ihrem Willen gemäß zwei Wege gehen - ihre Wege in Unabhängigkeit. Aber Er trägt sie als Sein eines Volk immer, denn mit ewiger Liebe hat Er sie geliebt. Die Unauflöslichkeit der nationalen Einheit Israels zeigt Gottes Wort immer wieder auf: Zuerst erkenne wir das an den zwölf Namen auf den Onyxsteinen und auf dem Brustschild, dann in den zwölf Schaubroten, weitere Stellen sind unter anderem Josua 4,1-8; 4,9; Apostelgeschichte 26,6.7; Offenbarung 7,4-8; 21,12 und Hesekiel 48,30-35. Für die Aufrichtung des messianischen Friedensreichs wird diese Eifersucht Ephraims gegen Juda beseitigt werden und Juda wird Ephraim nicht mehr bedrängen. Der Prophet Hesekiel musste zwei Hölzer nehmen, eines für Ephraim und eines für

---

2,9; Off 12,5; 19,15; Sach 14,17-19) und ganz Israel wird Ihn nennen: „Der HERR, unsere Gerechtigkeit" (heb. „Jahwe-Zidkenu"; Jer 23,6; 33,16).

[121] Unter Jerobeam: das Zehn-Stämme-Reich Israel oder nur Ephraim genannt; Samaria wurde Hauptstadt. Unter Rehabeam: das Zwei-Stämme-Reich Juda und Benjamin oder nur Juda genannt, mit der Hauptstadt Jerusalem.

Juda. Allein der Wille Gottes und Seine Gnade wird auf der Grundlage eines ewigen Bundes - ein Bund des Friedens - beide zu *einem* Holz in *einer* Hand, zu *einer* Nation unter *einem* König, *einem* Hirten zusammenbringen und *Er* wird ihr Gott und *sie* werden Sein Volk sein (Hes 37,15-28). Von diesen wiedervereinten zwölf Stämmen sang David: „Ich freute mich, als sie zu mir sagten: Lasst uns zum Haus des Herrn gehen! Unsere Füße werden in deinen Toren stehen. ... Um meiner Brüder und meiner Gefährten willen will ich sagen: Frieden sei mit dir! Um des Hauses des Herrn, unseres Gottes, willen will ich dein Bestes suchen" (Ps 122) und: „Siehe, wie gut und wie lieblich ist es, wenn Brüder ein trächtig beieinander wohnen!" (Ps 133,1). Unter der Herrschaft ihres Messias, Christus, werden beide wiedervereint, Ihm mit großer Freude dienen.

Kommen wir nun zu dem zweiten Gedanken. Wenn wir uns dem Brief an die Epheser (2,11-22) zuwenden, sehen wir das Judentum dem Christentum gegenübergestellt. Zwischen beiden besteht eine offene Feindschaft, die erst durch den Herrn Jesus als Mittler eines Neuen Bundes überwunden wurde, was sich aber erst in der Zukunft vollkommen offenbaren wird. Von diesen beiden Gruppen lesen wir, dass sie *in Christus* eins sind, eins im ihrem Glauben an Ihn und eins im Hinblick auf den Gegenstand der Anbetung, das ist der Messias, der Christus, Jesus, der Herr. Das heißt nicht (!), dass sie zu einer Ökumene vermischt wurden. Auf der Grundlage Seines vollbrachten Werkes hat Er als der Friedenstifter die Feindschaft getötet und grundsätzlich können *alle* Menschen, die Sein vollbrachtes Werk auf Golgatha im Glauben angenommen und Ihn in ihren Herzen aufgenommen haben, durch Seine Gnade in Liebe und Frieden Gemeinschaft mit Ihm und Gott, dem Vater, und untereinander genießen: Ganz gleich, ob sie aus dem Juden- oder aus dem Christentum oder aus dem Heidentum kommen; -

vorgebildet ist das in dem Friedensopfer, das ein Lob- und Dankopfer ist.

Verborgene Herrlichkeiten

Die vorbildliche Darstellung der göttlichen Herrlichkeiten durften und konnten nur Auserwählte aus dem Stamm Levi sehen: Mose und Aaron und seine Söhne, die Priester. Ähnlich wie bei Mose (2.Mo 34,29-35), der, als er aus der Gegenwart Gottes den Berg herunter gekommen war, sein Angesicht verdecken musste, so mussten auch die Gegenstände des inneren Zeltes während der Wanderung durch die Wüste zugedeckt werden. Wenn schon das Widerstrahlen der Herrlichkeit Gottes im Angesicht Mose für das Volk Gottes unerträglich war, wie viel unerträglicher sind für das Judentum seit gut 2000 Jahren die Zusammenkünfte der wahrhaftigen Anbeter am Tisch des Herrn, die wir hier ja als Schatten - als ein Geheimnis - vorgebildet sehen. Es sind Herrlichkeiten im Heiligtum, die sie nicht erkennen wollen und nicht erkennen können. Für noch eine Zeit liegt eine sinnbildliche Decke für ganz Israel auf ihrem Herzen. Wir, die wir des Herrn Jesus sind, schauen mit erleuchteten „Augen des Herzens" und können im Glauben schon heute all Seine Herrlichkeiten in Seinem Wort sehen. Doch zu bestimmten Zeiten, wenn Gott Seinem himmlischen Volk auf der Erde in besonderer Weise Ruhe und Frieden in Seiner Gegenwart schenkt - an jedem ersten Tag der Woche -, wird die Gemeinschaft aller Heiligen mit Gott, ihrem Vater und Seinem Sohn für kurze Zeit sichtbar dargestellt - es ist der dem Herrn gehörende Tag, und es ist das dem Herrn gehörende Mahl, an Seinem Tisch, zu Seinem Gedächtnis.

„Und er (Mose) sprach: Lass mich doch deine Herrlichkeit sehen! ... Und er (der HERR) sprach: Du vermagst nicht mein Angesicht zu sehen, denn nicht kann ein Mensch mich sehen und leben", und Mose sagte:

„Ich bin voll Furcht und Zittern". Mose sah die Herrlichkeit Gottes, aber nicht Sein Angesicht. Gott sagt selbst, dass Mose „lediglich" das „Bild des HERRN" (das Gleichnis, die Gestalt) gesehen hat. Der Herr Jesus sagt in Johannes 4,24: „Gott ist Geist" (d.h., Gottes Wesen ist geistlich; Er ist nicht natürlich, seelisch; nicht fleischlich) und Johannes sagt zweimal: „Niemand hat Gott jemals gesehen[122]." Wir (alle Menschen) können heute Gott nur erkennen in dem, was Gott wirkt (Rö 1,19.20), und wie Er sich in dem Gewissen des Einzelnen offenbart (2,14.15) und in dem, was Er geredet hat in der Person Seines Sohnes (Heb 1,1)[123]. Wir sind und bleiben Geschöpfe Gottes, auch in der ewigen Herrlichkeit des Vaterhauses, auch wenn wir Ihm, Gott, dem Sohn, unserem Herrn und Heiland Jesus Christus, gleich gemacht sein werden, und wir Ihn sehen werden, „wie Er ist". Gott bewohnt ein „unzugängliches Licht". Nur in Ihm, dem Herrn Jesus, werden wir die Herrlichkeit Gottes sehen, und in dieser Herrlichkeit erkennen wir auch die Herrlichkeit unseres Vaters. Als Gläubige ist unsere Beziehung zu Gott durch das einzigartige Werk des Herrn Jesus auf Golgatha eine Vater - Kind Beziehung geworden. Und dass wir durch Gottes Gnade in die Stellung von Söhnen gebracht sind, verbürgt uns alle Vorrechte - und das beinhaltet auch unsere gehobene Verantwortung - an der Fülle der Gottheit teilhaftig zu sein.

Viele wahre Christen sind seltsamerweise der Meinung und leider sogar überzeugt davon, dass sie im Vaterhaus einmal den Herrn Jesus sehen und als zweite körperliche Person - in welcher Gestalt auch immer - Gott, den Vater. Diese Meinung ist völlig falsch[124]! In Hebräer 11,27 wird Gott der „Unsichtbare" genannt. Wenn im NT von „Gott" ge-

---

[122] In Joh 1,18 wird im Griech. das normale Wort für „sehen" benutzt, in 1.Joh 4,12 bedeutet das griech. Wort „anschauen. Betrachten, erblicken."

[123] Wörtl.: „geredet hat *in* Sohn".

[124] Weitere Belegstellen sind: Ps 104,2; 5.Mo 4,12.15, vgl. Joh 5,37; Joh 6,46; 12,45; 13,20; 14,7.9-11; Apg 7,55.56; 2.Kor 3,18; 4,4; 5,19; Eph 3,19; Kol 1,19; 2,9.

sprochen wird und nicht in direkter Weise - oder im deutlichen Kontext - auf den Vater hingewiesen wird, ist die drei eine Gottheit gemeint. Man kann also grundsätzlich sagen, dass „Gott" (das Wort für sich allein) für die natürliche Wesenheit Gottes steht. Die Offenbarung (das Sichtbar-werden, das Erkennen) Gottes als eines Vaters ist Gnade und *nur* im Sohn; es ist eine feststehende und vollkommene Tatsache, der nichts hinzuzufügen ist. Die Stelle in Matthäus 5,8 steht mit dem Gesagten nicht im Widerspruch, dort heißt es: „Glückselig, die reinen Herzens sind, denn *sie* werden Gott sehen."[125] Das bedeutet, dass solche die Herrlichkeit Gottes in dem erkennen, „der das Bild des unsichtbaren Gottes ist". Es heißt nicht, „sie werden den Vater sehen". Weil der Herr Jesus auch als Mensch Gott ist, und Er, der Sohn, und Gott, der Vater, eins ist, bedeutet Seine wunderbare Aussage nichts anderes, als dass wir in dem verherrlichten Menschen Jesus Christus den Vater *und* den Sohn erkennen, dass wir die Herrlichkeit(en) Gottes schauen werden.

»Der Herr fügt Seinem „Glückselig" auch diesmal eine wunderbare Verheißung hinzu: „Denn sie werden Gott sehen." Jetzt leben und wandeln wir noch durch Glauben, nicht durch Schauen. Aber sehr bald wird der Augenblick kommen, wo alle, deren Herzen durch den Glauben gereinigt sind, Gott sehen werden.
Dazu steht 1.Timotheus 6,16 nicht im Widerspruch, wo es heißt, dass Gott ein unzugängliches Licht bewohnt und dass kein Mensch Ihn gesehen hat noch sehen kann. Gott in Seinem Wesen ist ein Geist und unsichtbar. Das wird an verschiedenen Stellen des Wortes Gottes deutlich gesagt (Joh 4,24; Kol 1,15; 1.Tim 1,17). Aber in Kolosser 1,15 wird hinzugefügt, dass der ewige Sohn das Bild des unsichtbaren Gottes ist. Er ist auch der Abglanz Seiner Herrlichkeit und der Abdruck Seines Wesens (Heb 1,3). Er ist schließlich das Wort Gottes (Joh 1,1-18). Die-

---

[125] Wörtl.Üb.: „Glückselig, die Reinen im Herzen, denn *sie* werden Gott sehen."

se Stellen zeigen, dass der Sohn, der selbst Gott ist, der vollkommene Ausdruck des dreieinen Gottes und Seines Wesens ist. Als Er Mensch wurde, da wurde Gott im Fleisch offenbart (1.Tim 3,16). Ihn, den Sohn Gottes, der Mensch geworden ist, um Gott zu offenbaren, und in dem die ganze Fülle der Gottheit leibhaftig wohnt, Ihn werden wir in vollkommener, ungestörter Herrlichkeit sehen und ewig anbeten. Wir werden nicht nur bei Ihm sein, sondern Ihn sehen, wie Er ist (1.Joh 3,2)« (A.Remmers).

Es waren also der goldene reine Tisch und alle Dinge, das Hochheilige innerhalb des Heiligtums, „der vorderen Hütte", die nur von Mose und Aaron, dem Hohepriester und von den Priestersöhnen, den Kehatitern, gesehen und berührt werden durften; die Dinge des Allerheiligsten, „das Innere des Vorhangs", durften die Priestersöhne nur zum Tragen berühren. Den Kehatitern, die durch die Gnade Gottes auserwählt waren, war es anvertraut, diese Gegenstände abzudecken, zu schützen, zu bewahren und durch die Wüste zu tragen; nicht jeder, der ein Nachkomme Levis war, durfte das tun, keiner sonst aus dem Volk und schon gar nicht irgend ein Fremder (4.Mo 4,4-15; 7,9).

Zu Zeiten, als das Volk Gottes unter Gesetz war, war es also bei Todesstrafe grundsätzlich verboten, Hand an die hochheiligen Dinge zu legen. Doch dann kam der schreckliche Augenblick, als die von Satan irregeleiteten Menschen sich nicht scheuten, sogar den Christus, den „Urheber (Anführer) des Lebens", den Herrn der Herrlichkeit, selbst zu ergreifen, Ihn mit Stricken zu binden, um Ihn zu einem öffentlichen Schauspiel ihrer gnadenlosen Macht zu machen. Ihn wollten sie vernichten und Ihn an dem Fluchholz kreuzigen. Ihnen erging es über alle Maßen gnädig, denn jetzt war „seine Stunde" gekommen. Er fragte den Mob: „Wen sucht ihr? Sie antworteten Ihm: Jesus, den Nazaräer. Jesus spricht zu ihnen: *Ich* bin es. ... Als er nun zu ihnen sagte: *Ich* bin es, wichen sie zurück und fielen zu Boden."[126] Ebenso gnädig erging es später einem Saulus von Tarsus, der die Jünger Jesu verfolgte und diese letztlich zu ermorden suchte. Ihm stellte sich, in Person sichtbar, Jesus, der auferstandene und verherrlichte Mensch aus dem Himmel in den Weg, der sich völlig eins macht mit den Seinen und das absolut bezeugt. Saulus sah „ein Licht aus dem Himmel", das ihn umstrahlte, „ein großes Licht", ein herrliches Licht, „ein Licht, das den Glanz der Sonne übertraf". Er hatte nicht „nur" das ungeschaffene Licht (vgl. 1.Mo 1,2), die Schechina, die Lichtherrlichkeit Gottes gesehen, er hatte als eins mit ihr vom Himmel her auch den verachteten, verfolgten und getöteten Nazaräer Jesus, den auferstandenen Herrn, den Herrn der Herrlichkeit vom Himmel her auf der Erde gesehen und gehört[127], „und er konnte drei Tage nichts sehen und er aß nicht und trank nicht". Diese alles überstrahlenden Herrlichkeiten Gottes haben irdischen Bezug und können heute nur geistlicherweise, mit den Augen des Herzens, von Auserwählten erkannt werden. Für den Glaubenden weisen sie aber auf eine noch größere Herrlichkeit hin, die kein Sterblicher ertragen könnte: Wir „werden verwandelt nach demselben Bild (unseres Herrn) von Herrlichkeit zu Herrlichkeit, als durch den Herrn, den Geist". Diese Herrlichkeit bleibt auch in der Haushaltung der Gnade den Ungläubigen verborgen.

Der Tisch, die zwölf Brote und seine Geräte darauf mussten nach genauer Vorschrift zugedeckt sein. Man sah nur noch die äußeren Umrisse, die vier goldenen Ringe mit den zwei vergoldeten Stangen zum Tragen und die oberste, die sichtbare Decke aus Dachsfellen[128]. Diese versinnbildlicht den Charakter der Niedrigkeit des Menschen Jesus

---

[126] Joh 18,4-6; es handelte sich um eine große Volksmenge: die Führer der Juden und wohl eine Kohorte Soldaten, insgesamt vielleicht 1000 Mann.

[127] In diesem ist Paulus ein Vorbild auf den gläubigen Überrest aus den Juden; vgl. Sach 12,10.

[128] Abw. Üb.: „Seekuhfell"; Seekühe sind eine dem Wasser leben angepasste Ordnung der Säugetiere, sie haben Lungen, »sie leben normalerweise auf dem Festland. Die Bedeutung des heb. Wortes „tachasch" ist bis heute nicht eindeutig geklärt.« (A.Remmers).

Christus und wie sehr Er über die Heiligkeit Seines Gottes und Vaters wachte. Der Sohn Gottes hat Seine ausstrahlende göttliche Herrlichkeit verdeckt, gleichsam eine Decke darüber gelegt und die Himmel verlassen[129] - nicht das Vaterhaus! -, um als Sohn des Menschen „in Gleichgestalt des Fleisches der Sünde" auf die mit Seinem Fluch belegte Erde, in eine Ihm wesensfeindliche Atmosphäre zu kommen. Er stand[130][129] mitten unter Seinem Volk und Er wandelte inmitten Seines Volkes. Doch sie nahmen Ihn nicht an. „Wandeln" bezeichnet immer den inneren Zustand, der sich als Beweis desselben praktisch in Worten und Taten nach außen hin kund macht oder anders ausgedrückt: Die Wahrhaftigkeit des Herzens wird in dem Wandel offenbar. In wunderbarster Weise waren bei Ihm, unserem Herrn und Heiland, diese Dinge in allerbester Übereinstimmung, wie Feinmehl, weiß und rein. Diese unvergleichliche Würde (griech. „semnos") lässt Johannes ausrufen: „Siehe, das Lamm Gottes!". Allein schon Sein Wandel, die tiefe Wirklichkeit dessen, dass Er Licht und Liebe ist und die Gnade Gottes verkörperte, offenbarte Ihn als einen einzigartigen Menschen, als den Sohn des Vaters, an welchem Er, Gott, Sein Wohlgefallen gefunden hatte. Und dennoch lesen wir in Kapitel 1 des Johannes-Evangeliums viermal, dass während der vergangenen dreißig Jahre bis zu diesem Augenblick niemand Ihn (wirklich) kannte. Er lebte wahrlich in jeder Hinsicht in einem Ihm fremden Element. Er tat es aus Liebe zu Seinem Gott und Vater[131]. Der Sohn kam in Niedrigkeit und Knechtsgestalt, weil Gott die Welt geliebt hat und der Heiland-Gott nicht will, dass irgendwelche verlorenen gehen, sondern dass alle zur Buße kommen. Er war, obwohl unter Menschen, einsam und elend und doch konnte Er dreimal[132] sagen: „Ich bin nicht allein, denn der Vater ist bei mir." Fünfmal[133]

---

[129]   Aber alle Seine inneren Herrlichkeiten als ewiger Sohn, in Seinem Wesen, in Seiner Natur in Werk und Wort, brachte Er in Seiner Menschwerdung mit.
[130]   Joh 1,26: „steht", d.h. standhaft feststehen, nicht zurückweichen.
[131]   Joh 14,31; es ist die einzige Stelle im NT wo Er sagt, dass Er den Vater liebt.
[132]   Joh 8,16.29; 16,32.

lesen wir, dass Er sich absonderte, um allein mit dem Vater zu sein. Aus der Sicht des Unglaubens lesen wir: „Er hatte keine Gestalt und keine Pracht; und als wir ihn sahen, da hatte er kein Ansehen, dass wir seiner begehrt hätten". In dieser Würde lebte der Herr Jesus vor Seinem Gott und Vater in ausgezeichneter Weise so, wie es Johannes, der Täufer, in Schwachheit mit Blick auf Ihn bezeugte: „Er muss wachsen, ich aber abnehmen" und er meinte damit, dass der Sohn Gottes im Bewusstsein der Menschen größer, schöner und bekannter werden soll. Ja, Er lebte zur Ehre und zur Herrlichkeit Gottes, Seines Vaters. In Ihm und durch Ihn wurde die natürliche Wesenheit Gottes offenbar, die Liebe eines heiligen, guten Vaters. Eines Vaters, der in Langmut und Geduld auf den Sünder wartet, um den Bußfertigen an Seiner ganzen Freude Teil haben zu lassen. Die Liebe eines Vaters, der wahrhaftige Anbeter sucht, solche, die Ihn in Geist und Wahrheit anbeten. Das ist der Kernpunkt der Gemeinschaft und das Höchste aller Segnungen, nach der Gott in den Herzen der Menschen sucht, nach der sich der Herr Jesus so sehr sehnt, der „uns geliebt und sich selbst für uns hingegeben hat, ... Gott zu einem duftenden Wohlgeruch." „Durch ihn (Christus) nun lasst uns Gott stets ein Opfer des Lobes darbringen, das ist die Frucht der Lippen, die seinen Namen bekennen."

Nicht allein, dass die „Gnade Gottes" erschienen ist, wie wir es in Verbindung mit dem Onyx-Stein schon betrachten durften, es ist auch die Güte und die Menschenliebe (wörtl. Menschenfreundlichkeit, das bedeutet: Mitgefühl) unseres Heiland-Gottes erschienen, die uns errettete nach Seiner Barmherzigkeit (Tit 3,4.5). Bei dem Nachsinnen über die Gnade Gottes in Kapitel 2,11-14 des Titusbriefes wurden wir geistlich hinaufgetragen bis zum Erwarten der „glückseligen Hoffnung und Erscheinung der Herrlichkeit unseres großen Gottes und Heilandes Jesus Christus, der sich selbst für uns gegeben hat". Es ist die heilbrin-

---

133   Mt 14,13.23; Mk 6,46; Lk 6,12; Joh 6,15.

gende Gnade, dass wir nicht verloren gehen, sondern ewiges Leben haben. Betrachten wir jetzt die Güte und die Menschenliebe unseres Heiland-Gottes, finden wir etwas viel weitergehendes: die tiefe Bedeutung von errettet-sein. Die Güte Gottes leitet den Sünder zur Buße (Rö 2,4) und unterweist ihn in dem Weg, den er wählen soll; aber auch jeden, der Ihn fürchtet. Sein Weg ist Güte und Wahrheit (Ps 25,8-12). Es ist die göttliche Person des Heiligen Geistes, der uns in die ganze Wahrheit leitet und uns das Kommende verkündigt: Wir werden Ihn sehen! Und der, der dies gute Werk in uns begonnen hat, wird es vollenden „bis auf den Tag Jesu Christi"[134]. Das bewusste Leben in der Liebe Gottes, ein Akt unserer persönlichen Heiligung, das Ruhen in dieser Liebe und der Friede im Herzen, lässt uns über das sehnsüchtige Erwarten Seines Kommens zu unserer Heimholung hinausschauen. Die Menschenliebe Gottes lenkt den Blick auf unseren Lohn: Ewiges Leben![135]: „Und dies ist das ewige Leben, dass sie dich, den allein wahren Gott, und den du gesandt hast, Jesus Christus erkennen." „Erkennen" bedeutet innigliche Gemeinschaft haben: „Damit die Liebe, mit der du mich geliebt hast, in ihnen sei und ich in ihnen." Ewiges Leben! Den Sohn Gottes, unseren Herrn erkennen! Und in Ihm den Vater erkennen! Und Gemeinschaft haben; im Sohn an allem Göttlichen teilhaben! „Er, der doch seinen eigenen Sohn nicht verschont, sondern ihn für uns alle hingegeben hat: wie wird er uns mit ihm nicht auch <u>alles</u> schenken?", weil wir Gottes Kinder sind, „so auch Erben - Erben Gottes und Miterben Christi"; und: „es sei Gegenwärtiges oder Zukünftiges: alles ist euer, ihr aber seid Christi, Christus aber ist Gottes." Die Gabe des ewigen Lebens macht uns zu Gottes Kindern, die Gabe der Herrlichkeit zu Erben.

---

[134] Der „Tag Christi" steht immer in Verbindung mit Belohnung.

[135] Der erste Liebesbeweis Gottes für die Menschen (vor dem Sündenfall) war Wohnen auf einer perfekten Erde, Arbeit, Gehorsam gegen Ihn, Herrschaft und Familie. Der letzte Liebesbeweis Gottes für

Dieses schlichte Bild des zugedeckten Tisches weist uns den Weg im praktischen Dienst im Evangelium, der noch viele Menschen einmal in die Gemeinschaft mit diesem Tisch führen soll. Während der vierzig Jahre des Umherziehens unter den schwierigen Umständen in der Wüste und durch Feindschaften, bei allen Prüfungen und Erprobungen, musste der goldene Tisch, wie alle Dinge des Heiligtums, hindurch getragen werden. Das ist wahrlich ein schöner Levitendienst, nämlich in aller Einfachheit, aber kraftvoll, wahrhaftig und beständig, das „Wort der Wahrheit" unbefleckt zu bewahren und es in der Welt nüchtern zu verkündigen und zu bezeugen.

Dieser kleine goldene und reine Tisch weist hin und lässt uns das Endziel des vollkommenen Werkes des Herrn Jesus sehen. Ein Tisch symbolisiert Gemeinschaft. Hier steht Gottes goldener Tisch vor unseren Herzen. Er spricht zu dem Volk Israel, dass die Decke vor ihren Augen einmal fortgetan werden wird, dass Gott wieder in Gemeinschaft mit ihnen treten wird und dass die Dinge Gottes von ihnen wieder im Heiligtum bedient werden dürfen und bedient werden können. Zu uns spricht der Tisch als zu einer geistlichen Levitenschaft im allgemeinen und im besonderen als zu einem heiligen Priestertum. Wir haben die Gemeinschaft des Heiligen Geistes und genießen die Gemeinschaft mit Gott, unserem Vater und mit Seinem Sohn, unserem anbetungswürdigen Herrn. Geistlicherweise können wir schon heute mit aufgedecktem Angesicht die Herrlichkeit des Herrn anschauen, denn wir haben Ihn, „der uns geliebt und sich selbst für uns hingegeben hat", und „aus seiner Fülle haben *wir* alle empfangen, und zwar Gnade um Gnade.

Unter diesem wahrlich großen Eindruck möchten wir im Folgenden die zwölf Schaubrote und die Gegenstände des reinen Tisches, die dieser trägt, näher betrachten.

---

die Menschen ist Das-ewige-Leben! D.h. Vollkommenheit. Dem Sohn Gottes gleich sein; Sohnschaft; Wohnen im Vaterhaus; Anbeten, dienen, herrschen.

5. Die Brote des Angesichts

2. Mose 25,29.30; 37,16; 40,23;
3. Mose 24,5-9; 4. Mose 4,7.

Der goldene Tisch mit den zwölf Schaubroten und allen Schüsseln und Schalen und Spendschalen und die Kannen zum Trankopfer waren alle verdeckt unter der Decke aus Seekuhfell (od. Dachsfell). Unter diese Decke möchten wir jetzt in aller gebotenen Demut und Ehrfurcht schauen. — Wir sehen ein Tuch aus Karmesin. Wenn die Güte Gottes einen Mensch zur Buße geleitet hat und er durch Seine Gnade mittels des Glaubens errettet wurde, erkennt dieses „neugeborene Kindlein" schrittweise mehr und mehr, wie sehr sein Heiland wegen seiner Sünden und Schuld hat leiden müssen, und dass Er an seiner statt gestorben ist und dass der Herr beladen mit seiner Schuld und Sünden in das Gericht Gottes gegangen ist. Wenn der junge Gläubige in der Erkenntnis der Herrlichkeit Seines ewigen Namens wächst, vorgebildet in dem Anheben des Karmesintuches, dann erkennt es zweierlei: Er sieht erstens die Brote, den Weihrauch und goldene Gefäße und zugleich, dass diese Dinge auf einem Tuch aus blauem Purpur stehen. Er erkennt, dass es der auferstandene Herr ist, der ihn vom Himmel her jetzt freundlich einlädt: Bete Gott, deinen Vater an. Nimm diesen Kelch und trinke mit allen Heiligen daraus, nimm dieses Brot und iss mit ihnen auch davon. Tue beides zu meinem Gedächtnis, bis ich komme.

Als beständige Brote liegen die Schaubrote auf dem goldenen Tisch vor dem Angesicht Gottes in Seiner Wohnung, dem Heiligtum. In der Darstellung des reinen Tisches wurde uns der Herr Jesus als Sohn Gottes vorgestellt, der selbst die einzige Grundlage und der Mittelpunkt einer heiligen Gemeinschaft ist die auf der Erde und im Himmel eine ewige Gültigkeit hat. Er ist es, der die zwölf Brote und die Gegenstände des Tisches trägt; ohne Ihn fällt alles, ist alles nur weltliche, fleischliche Religion. Er ist es, der die Seinen trägt, sie nährt und pflegt. Wie die Schultersteine vor dem Herrn zum Gedächtnis getragen wurden, liegen hier die zwölf Brote zum Gedächtnis vor dem Angesicht Gottes. Gleichwie sich die Zahl 12 bei den Schultersteinen in 2 x 6 zerlegt, mussten die Schaubrote in zwei Abteilungen zu je sechs Stücke auf dem Tisch der Gemeinschaft liegen. Waren die Schultersteine in Gold eingefasst und mit Ringen und Ketten verbunden, liegt hier oben auf beiden Schichten reiner Weihrauch. Ich möchte auf eine Besonderheit aufmerksam machen: Die Zahl 12 ergibt sich grundsätzlich aus 3 x 4. In den Schultersteinen und hier haben wir die beiden einzigen Ausnahmen, die uns erlauben „12" in 2 x 6 zu teilen, und das erlaubt uns, das eine von dem anderen zu unterscheiden. Sehen wir in den Schultersteinen vornehmlich den Grundsatz der Auserwählung aus Gnade, wird uns in dem Bild der Schaubrote der Charakter der Gemeinschaft vorgestellt.

Der Weizen und das Weizenkorn

Die Brote wurden aus Feinmehl gebacken. Anders als bei den Speisopfern werden uns bei den Schichtbroten keinerlei Zutaten wie Öl und Salz und keine Zubereitungsart vorgestellt. Das konzentriert die Betrachtung auf die Tatsache, worauf sich die Versammlung gründet - auf den auferstandenen Herrn Jesus Christus - und wie Gott Seine Versammlung sieht, - völlig eins gemacht mit Christus -, und was sie für Ihn ist im Zusammenkommen und Dienen - ein wohlgefälliger duftender Wohlgeruch in Christus Jesus, unserem Herrn. Wir sehen in diesem Vorbild Christus und Seine Versammlung, das ist Sein Leib, in ihrer Stellung und Verantwortung vor Gott. Wir sehen hier nicht so sehr den einzelnen Gläubigen als Nachahmer Christi in Gesinnung und Wandel - das wird als erfüllt vorausgesetzt -, und was Gott ihnen in Seiner Gnade gegeben hat, damit sie in ihrem unvollkommenen irdischen Leib die wunderbare Gemeinschaft sowohl praktisch ausüben als auch täglich genießen können. Obwohl die Versammlung Gottes durch Seine Gnade Seiner ganzen Liebe teilhaftig ist, wird die Barmherzigkeit Gottes mit Blick auf Seine Versammlung in den Briefen an örtliche Versammlungen nicht erwähnt, wenngleich wir, die Glieder Seines Leibes, sie in unserer Schwachheit allezeit bedürfen.

»Das Feinmehl für die Schaubrote wurde aus dem Hart- oder Durumweizen[136] gewonnen, eine tetraploide[137], eine überlegene Weizenart; er ist das wichtigste Brotgetreide. Ebenso war in Israel der „Emmer"[138] weit verbreitet; er ist auch eine tetraploide Weizenart, der dem Durum-Weizen aber weit unterlegen ist. „Hittah" und „kussemeth" werden in der Bibel dreimal[139] zusammen erwähnt. Die Übersetzung „Spelt" für das hebräische „kussemeth" ist falsch, da Spelt eine hexaploide[140] Weizenart bezeichnet, die in Israel nicht wächst« (M.Zohary).

Dieses ausgezeichnete Brotgetreide wurde zum Sommeranfang, im 7. Monat, dem „Abib" des zivilen Jahres[141], geerntet, gerade zu der Zeit des Pfingstfestes. Der Weizen („hittah") wird im Wort Gottes zusammen mit der Gerste[142] dreizehnmal erwähnt. Sie wurde auf kargen, trockenen Böden angebaut, Weizen nur auf guten, fruchtbaren Böden. Gerste hat eine kürzere Wachstumsperiode als der Weizen; der wird später reif zur Ernte. Gerste, das Brot für die Armen, ist die erste aller Ernten - die Erstlingsernte - zur Zeit des Passahfestes.

---

[136] Lat. „Triticum durum". Das hebr. „hittah" = „Weizen" steht für dieses Getreide.
[137] Vier Chromosomensätze, Gesamtheit der weitergegebenen Strukturen im Zellkern.
[138] Lat. „Triticum dicoccum"; heb. „kussemeth; kussemoth; kussmim".
[139] 2.Mo 9,32; Jes 28,25; Hes 4,9.
[140] Sechs Chromosomensätze.
[141] Od.a. „Nisan"; zugleich der 1. Monat des heiligen Jahres.
[142] Lat. „Hordeum vulgare"; heb. „seorah; seorim".

Erstmals wird der Weizen im Wort Gottes erwähnt, als der Herr, der Allmächtige, Seine erstaunlichen Zeichen und Wunder, die von noch tieferen Dingen zeugten, als Plagen über ganz Ägypten sandte. Wir lesen in Bezug auf die siebte Plage, dass Gott in einem Gericht einen sehr schweren Hagel regnen lassen wollte. Alles sollte in Sicherheit gebracht werden. „Nur im Land Gosen, wo die Kinder Israel waren, war kein Hagel. ... und ... die Gerste („seorim") wurde geschlagen; denn die Gerste war in der Ähre. .... Aber der Weizen (Hart- oder Durumweizen, „hittah") und der Hartweizen („Emmer", „kussemeth") wurden nicht geschlagen, weil sie spätzeitig sind". So schrecklich diese Plage auch war, die bewahrende Gnade Gottes offenbarte sich in dreifacher Weise: erstens in der Warnung, zweitens wurden die bewahrt, die das Wort des Herrn fürchteten, und drittens wurde der Weizen nicht geschlagen. In Verbindung mit dem Brandopfer und dem Friedensopfer (Feueropfer immer zusammen mit einem Speis- und Trankopfer) wird Weizen das erste Mal in 1. Chronika 21 erwähnt. Wegen der Sünde des Königs David (vgl. V. 1), das Volk zählen zu lassen, traf das Gericht Gottes Israel. David erflehte Gnade und der Herr wies seinen Engel an und der zog seine Hand ab. Dieser halb kaufte David den ganzen Platz der Tenne (ein abgeerntetes Feld, ein ebener festgetretener Platz) des Jebusiters Ornan (Arawna; 2.Sam 24). Er baute einen Altar und bereitete ein Feueropfer. Gott nahm das Opfer an und Er verschonte das Volk vor der Vollendung des schrecklichen Gerichts. Er selbst entzündete vom Himmel das Feuer auf dem Altar und der Engel steckte sein Schwert wieder in die Scheide. Im Wort Gottes sehen wir diesen Engel mit dem Schwert in seiner Hand dreimal. Der Herr sagte zu Mose: „Mein Name ist in ihm." Es ist „der Engel seines Angesichts": der Erretter, unser Heiland, der uns, erstens, bewahrt; unser Herr, der uns, zweitens, im

Kampf vorangeht; und es ist, drittens, Gott, der Herr, der gerechte Richter, welcher hier die Sünde richtet[143].

In einer kurzen Zusammenfassung unserer bisherigen Betrachtung haben wir festgestellt, dass Weizen mit dem Pfingstfest im Zusammenhang steht. Dann haben wir in 2. Mose 9 einen göttlichen Grundsatz kennen gelernt, nämlich, dass nur die Gnade vor einem gerechten Gericht bewahren kann. Dieser Grundsatz wird in 1. Chronika 21 konkretisiert. Wir sehen dort zum einen den Jebustiter Ornan, der den Weizen drosch, um seine Frucht zu gewinnen. Zum anderen sehen wir die Bedingung der tätigen Gnade, nämlich, dass ein Gott wohlgefälliges Opfer vorausgehen muss.

Dieser Grundsatz des Waltens Gottes, gemäß Seiner Gerechtigkeit und Seiner Gnade und in Verbindung mit dem Weizen, begleitet uns unverändert durch viele Jahrhunderte. In der Fülle der Zeit führt uns der Sohn Gottes, unser Herr und Heiland, in den Fokus der Gedanken Seines Vaters. Erst- und einmalig finden wir in Johannes 12 das Wort „Weizenkorn" (vgl. Jes 4,2: „die Frucht der Erde"). Der Herr Jesus stellt global *allen* Menschen das Evangelium Gottes in Form dieses gut zu verstehenden Gleichnisses vor. Er sagt: „Die Stunde ist gekommen, dass der Sohn des Menschen verherrlicht werde. Wahrlich, wahrlich, ich sage <u>euch</u> (V. 24): Wenn das Weizenkorn nicht in die Erde fällt und stirbt, bleibt es allein; wenn es aber stirbt, bringt es viel Frucht. ... Ich werde <u>alle</u> (V. 32) zu *mir* ziehen. ... <u>Jeder</u> (V. 46), der an mich glaubt. ... Auf dass ich <u>die Welt</u> (V. 47) errette." Wie wir es schon in 1. Mose 2,10 und in Matthäus 28,19.20 gesehen haben, finden wir auch hier die vierfache weltumspannende gute Nachricht als eine frohmachende Botschaft der Gnade Gottes (s.a. Apg 10,43: „jeder"; Rö 3,22: „alle"; 1.Joh 4,15: „wer irgend"). Wenn wir bisher erkannt haben, dass der Weizen immer mit einem Gericht Gottes, dann aber auch immer mit Seiner

---

[143] 2.Mo 23,20-23. Jes 63,9; vgl. 2.Mo 33,14. 4.Mo 22,23. Jos 5,14.

Gnade in Verbindung stand, finden wir in Johannes 12 diesen Grundsatz zunächst nicht. Der Charakter des „Weizenkorns" ist: Ich zwar *muss* sterben, aber hernach bringe ich viel Frucht zum ewigen Leben.

Der Weizen wurde zu Feinmehl gemahlen. Das hebräische Wort für Mehl bedeutet „das Zermalmte". Das damals gebräuchliche Hohlmaß für Feinmehl war das „Epha", das sind 22 Liter[144]. Jedes der zwölf Brote wurde aus $^2/_{10}$ Feinmehl gebacken. Vielfach wird im Wort Gottes die Maßeinheit Epha nicht, sondern nur die Mengenangabe allein erwähnt; diese $^2/_{10}$ entsprechen 2 x 2,2 Liter Teig. Die Zahl 22 (und oft auch ihr vielfaches) steht in ihrer Sinndeutung im Zusammenhang mit Gericht, Leiden und Opfer (auch hinsichtlich auf das Gericht über das religiöse Verderben des Volkes; Sach 5,5-11). In dem Feinmehl sehen wir vorbildlich die edle Gesinnung des Herrn Jesus und Seinen reinen und makellosen Wandel, kurz: Wir können hierin die Vollkommenheit unseres Heilands als Mensch finden, der wusste, dass Er dennoch sterben und durch das Gericht Gottes gehen musste. Werden wir in dieser Anwendung an die Leiden unseres Heilands bis in den Tod erinnert[145], legt der Heilige Geist hiervon ein absolutes und vollkommenes Zeugnis ab, nämlich erstens in dem Vorgang des Mahlens, zweitens sinnbildlich in dem Grundmaß von 22 Litern und drittens sinnbildlich in der Menge von $^2/_{10}$ für jedes einzelne Brot besonders.

Unser Herr und Heiland hat die Herrlichkeiten der Himmel verlassen und kam in die Atmosphäre absoluter Sünde. Er, der vollkommen Reine, der Heilige, lebte in einer völlig verdorbenen, hassenden und sündigen Welt. Dieser ist es, der sich unter all dieser Gottfeindlichkeit Seine Heiligkeit bewahrte und zur Ehre Seines Gottes und Vaters wirkte. Begleiten wir unseren Herrn auf allen Seinen Wegen durch die vier Evangelien, wich Er nie von dem geraden Pfad der Gerechtigkeit ab,

---

[144] Vgl. auch 1.Mo 25,1-4 i.V.m. 1.Chr 1,1-4.24-27.32.33: Epha ist der 22. von Adam an.
[145] Ps 22, 1-22: Seine Leiden von Seiten Gottes. Ps 69, 1-22: Seine Leiden von Seiten der Menschen.

um Seines Namens willen. Beobachten wir Ihn bei all Seinem Tun, tat Er niemals etwas Unangemessenes oder im Eigenwillen zur Verunehrung Seines Vaters. Lauschen wir Seinen Worten der Liebe oder scharf und in Strenge, niemals kam ein faules Wort aus Seinem Mund. Teilt Er uns Seine Gedanken mit, immer waren sie wahrhaftig und ausgerichtet, um zu trösten, zu ermuntern, zu ermahnen oder zu belehren in aller Sanftmut, Langmut und Geduld. Alles war allein zur Ehre und zur Verherrlichung Seines Gottes und Vaters und zum Nutzen und Segen für die Seinen, als auch für die ganze Welt. Offenbart Er uns die Tiefen Seiner Gefühle, so sehen wir auf ein Meer unendlicher Hingabe, überschwänglicher Gnade und ewiger Liebe. Dieser wunderbare Herr der Herrlichkeit lebte ungefähr 33 ½ Jahre lang auf dieser von Ihm verfluchten - wegen der Sünde verdorbenen - Erde. Er lebte unter Sündern, unter denen, die sich als Feinde Gottes, Seines Vaters, erwiesen. Er wirkte unter ihnen, deren Feindschaft gegen Ihn immer offensichtlicher und robuster wurde. Wer kann ergründen, was das für ein Leiden für Ihn, den ewig Heiligen war! Er wurde von Satan und seiner Helferschaft Tag für Tag und Stunde für Stunde belästigt, versucht und angefeindet. Wer kann ergründen, was von Anfang an das für Qualen für Ihn waren - es erschütterte Ihn, Er seufzte und Er weinte -, die auch äußerlich ihre sichtbaren Spuren an Ihm hinterlassen hatten. Und doch hören wir Ihn - prophetisch - aus dem Mund eines Elenden rufen: „Mein Gott, nimm mich nicht hinweg in der Hälfte meiner Tage!" Wir hören aber auch den Propheten: „Von der Mühsal seiner Seele wird er Frucht sehen und sich sättigen." Wir sehen Ihn als den „Mann der Schmerzen und mit Leiden vertraut", der nach Gottes heiligem Willen durch Menschenhand unter der Regie Satans verachtet, verlassen, geschlagen, niedergebeugt, misshandelt, verwundet, zerschlagen und schmählich am Fluchholz ermordet wurde, „aber *er* beugte sich und tat seinen Mund nicht auf", „der gescholten, nicht wiederschalt, leidend nicht drohte, sondern sich (es) dem übergab, der gerecht richtet." In Seinen wenigen Worten:

„Jetzt ist meine Seele bestürzt, und was soll ich sagen? Vater, rette mich aus dieser Stunde?" (Joh 12,27) sehen wir, dass „das Weizenkorn" unbedingt dem Gericht Gottes ausgesetzt wird. Angesichts des vor Ihm stehenden Gerichts rief Er fragend: Aus dieser Stunde sollst du mich erretten? und Er verneint diese Möglichkeit sofort mit den Worten: „Doch darum bin ich in diese Stunde gekommen." Warum das? Gott, der Vater soll (muss) in allem verherrlicht werden: „Vater, verherrliche deinen Namen!" (V. 28). Dieses Gericht musste vollzogen werden. Und der Herr wollte es so! Hier gab es keine Gnade! „Schwert, erwache gegen meinen Hirten und gegen den Mann, der mein Genosse ist!, spricht der HERR der Heerscharen. Schlage den Hirten."

Wenn Gott, der Richter in diesem Gericht auch keine Gnade kannte und walten lassen durfte, unser anbetungswürdiger Heiland war vollkommen in Seiner Hingabe, in Seinem Gehorsam und ehrte hierdurch unendlich Seinen Vater. Er sagte: „Dein Wille geschehe! Es erschien ihm aber ein Engel vom Himmel, der ihn stärkte. Es wurde aber sein Schweiß wie große Blutstropfen, die auf die Erde herabfielen. Und er stand auf vom Gebet." Die „Tage seiner Jugend" mussten verkürzt werden, er musste sterben und in das Gericht Gottes gehen, und Er wollte es, und Er tat es. Er wusste, welch ein gnadenloses Gottesgericht über Ihn kommen wird. In Hebräer 9,14 lesen wir, dass der Herr Jesus ohne Flecken sich selbst durch den ewigen Geist Gott geopfert hat, und in Kapitel 2,9, dass „er durch Gottes Gnade für alles (für jeden) den Tod schmeckte". Darum wusste Er aber auch: Der Sohn des Menschen wird verherrlicht werden! und Er konnte zu Seinem Vater rufen: „Vater, verherrliche deinen Namen! ..." Und deswegen kam die laute Stimme Seines Vaters aus dem Himmel: „Ich habe ihn verherrlicht ..." (als der Herr Lazarus auferweckte) „und werde ihn auch wiederum verherrlichen" (das erfüllte sich, als Gott Ihn auferweckte).

Der ganze Hass der Sünde traf den „Ich bin" und fand sein Höchstmaß, als Menschen, Seine hochgestellten und gesegneten Geschöpfe, Ihn an das Fluchholz nagelten. Aber selbst hier endeten Seine Leiden nicht. - Zur Sünde gemacht (weil Er „für uns ein Fluch geworden ist"; Gal 3,13), schloss sich der Himmel über Ihm. - Er war verlassen von Seinem Gott[146]; - Er war verlassen von den Engeln; - Verlassen von Seinen elf Jüngern[147]; - Sein Volk, die Juden, wollten Ihn nicht und die Seinen, die ganze Menschheit, wollte Ihn nicht, sie erhöhten Ihn weg von der Erde, - und Er wurde zwischen zwei Übeltäter gehängt, als wenn Er der Schlimmste aller Sünder wäre. - Selbst die Sonne verfinsterte sich, das Licht war nicht mehr, es herrschte die Gewalt der Finsternis. Finsternis ist in der Welt, Finsternis ist in den Herzen von noch so vielen Menschen. - Er war einsam und allein im Gericht des heiligen und gerechten Gottes. - Er trug die Sünde der Welt, und Er trug meine und Er trug deine Sünden und Schuld; Er trug die Sünden von vielen an Seinem Leib. Gleich einem „lebendigen Brot", das durch das Feuer gehen muss, will es hernach zum Segen sein, stellte sich der Herr Jesus dem Gericht Gottes. Gott vollzog Sein Gericht an dem Menschen Jesus aus Nazareth in Galiläa, als wäre Er der Urheber der Sünde und die Sünde selbst. Doch Er, der Sohn der Liebe des Vaters, von dem Gott, der Vater, der öffentlich sein Wohlgefallen bezeugt hatte, konnte in Wahrheit sagen: „Wer von euch überführt mich der Sünde?" und: „der Fürst dieser Welt kommt und hat nichts *in* mir." *Er* war und ist der einzige Mensch, „der keine Sünde tat, noch wurde Trug in seinem Mund gefunden", in welchem Sünde nicht ist und der Sünde nicht kannte. Er wurde zur Sünde gemacht, um unsere Sünden wegzunehmen, damit wir Gottes Gerechtigkeit würden in Ihm. Darum konnte von Ihm

---

[146] Mt 27,46; Mk 15,34; Ps 22,2. Nicht von Seinem Vater. Der Vater sagte gleichsam: „Hier bin ich, mein Sohn. ... Und sie gingen beide miteinander", 1.Mo 22,6-8; Und der Herr Jesus sagt: „ich bin nicht allein, denn der Vater ist bei mir", Joh 8,16.29; 16,32.

[147] Zahl 11 = Symbolischer Hinweis auf Unvollkommenheit, Schwachheit.

allein gesagt werden: „Siehe, das Lamm Gottes, das die Sünde der Welt wegnimmt!". Er, der einzige Gerechte litt und starb für uns, die Ungerechten! Zur Errettung vieler hat unser guter Gott und Vater aus Liebe und in Seiner unfassbaren Gnade Seinen eingeborenen Sohn in den Tod gegeben. Zur Errettung vieler ist unser anbetungswürdiger Herr gleich dem Weizenkorn in die Erde „gefallen". Der Apostel Paulus schreibt, dass Er hinabgestiegen ist in die unteren Teile der Erde. So einen vollkommenen Menschen auf Erden hatten weder Gott, noch die Engel, noch Menschen jemals gesehen, noch Satan und seine Dämonen. Nur dieser Eine, der Sohn des Menschen, Jesus, der Christus, war so heilig, so rein und so fleckenlos, dass nur Er durch Sein vollbrachtes Werk die Sünde gegen Gott tilgen und die Ehre Gottes öffentlich wiederherstellen konnte, und Gott hat Sein Opfer angenommen. Satan ist für ewig besiegt. Alle Sünden können vollkommen vergeben werden, und jeder - „aus jedem Stamm und jeder Sprache und jedem Volk und jeder Nation" -, der vor Gott Buße tut und dem Heiland, dem Sohn Gottes seine Sünden und Schuld bekennt, der wird nicht verloren gehen, sondern ewiges Leben haben. Der Tod hat für viele seinen Schrecken verloren, er ist eine geöffnete Tür in das Paradies und in das Vaterhaus Gottes.

Ich möchte noch einmal auf das Unerträglichste, das Schrecklichste und Unvorstellbarste eingehen: Auf Sein Verlassen-sein von Gott: „Mein Gott, mein Gott, warum hast du mich verlassen. Das musste der Christus Gottes erleiden, wovon Sein vierter Ausruf am Kreuz zeugt, auf den ich in ganz bestimmter Weise kurz eingehen möchte, weil er im Zentrum der sieben Worte des Herrn am Kreuz steht und es offenbar ist, dass der ganze Ratschluss Gottes vor Grundlegung der Welt, also schon in der Ewigkeit, darin gipfelte, dass der Herr Jesus Christus zur Sünde gemacht werden, das Gericht erleiden, an dem Fluchholz sterben und auferstehen musste. Das also war der für unseren Herrn zuvor bestimmte Platz, den Er einnehmen sollte, denn Gott will nicht, dass irgendwelche verloren gehen. In 1. Thessalonicher 3,9 schreibt der Apostel, dass Gott uns, die Glaubenden, *nicht* zum Zorn gesetzt hat. Das neutestamentliche „theos" (Gott) ist bedeutungsverwandt mit dem Wort „Platzierer, Platzanweiser". Wir könnten also auch übersetzen: Nicht platziert hat uns der Platzanweiser zum Zorn. Das heißt in der Anwendung von Psalm 22,2 auf das vierte Wort des Herrn am Kreuz, dass Gott, gemäß Seinem Gnadenratschluss vor ewigen Zeiten, Seinen eingeborenen Sohn gerade dort am Kreuz und zur Sünde gemacht „platzieren" musste, damit wir durch den Glauben als Teilhaber der göttlichen Natur (ewiges) „Leben haben und es im Überfluss haben."

Dieser ist es, der sich hernach in eigener Kraft das Leben wiedergegeben hat (Joh 10,17.18). Der Apostel Petrus bezeugt, dass Gott Seinen Sohn auferweckt hat (Apg 2,32), und in Römer 1,4; 8,11 und 1. Petrus 3,18 lesen wir, dass Er in der Kraft des Heiligen Geistes aus den Toten auferstanden ist. Die Auferstehung des Herrn Jesus finden wir in allen vier Evangelien. Er ist der „Erstling der Entschlafenen" und unser Unterpfand dafür, dass Seine Gläubigen das gleiche Auferstehungsleben besitzen und nicht im Tod bleiben werden. Nach der Auferstehung unseres Herrn erkennen wir nun die enge Beziehung zwischen der Weizenernte und der Zeit der Pfingsten: Die viele Frucht aus dem Weizenkorn sind all diejenigen, die durch den Glauben an dieses Werk des Herrn Jesus errettet sind. Sie haben die „Erstlingsfrucht des Geistes" (Rö 8,23) und sie sind die „Erstlingsfrucht seiner Geschöpfe" (Jak 1,18; 2.Thes 2,13); kollektiv sind sie „die Versammlung der Erstlinge" (Heb 12,23a). Unter dieser wirklich erhabenen Wahrheit stehen aber nicht allein die Gläubigen der Gnadenzeit. Das Erlösungswerk des Herrn Jesus hat auch für Sein irdisches Volk, Israel, existenzielle Bedeutung. Für sie bekommen wir einen durchaus auch prophetischen Blick auf zukünftiges: Wir sehen Elia, den Prophet der Gerichte (Wahrheit), und

Elisa, den Prophet der Gnade (Liebe). In 2. Könige 2,1-11 lesen wir siebenmal, dass beide miteinander gingen. In Offenbarung 14.1-5 finden wir 144.000 Treue aus Juda, die Auserwählten aus den zwei Stämmen Juda und Benjamin, die aus der Drangsal gekommen sind und die als „Erstlinge für Gott und das Lamm" erkauft, in das 1000-jährige Reich eingehen: „Die mit Tränen säen, werden mit Jubel ernten. Er geht hin unter Weinen und trägt den Samen zur Aussaat; er kommt heim mit Jubel und trägt seine Garben." Der Ausdruck „Erstlinge" zeigt an, dass die Frucht erstens die gleiche Qualität hat wie das Weizenkorn, zweitens, dass sie die beste Veranlagung in sich hat, selbst neue Frucht zu erbringen und dass drittens die volle, die reiche Ernte, noch aussteht.

Dies alles und sicher noch ungeahnt mehr und tiefere Wahrheiten, sind in dem Feinmehl verborgen. Der Sohn konnte Seinem Vater sagen: „*Ich* habe dich verherrlicht auf der Erde; das Werk habe ich vollbracht, das du mir gegeben hast, dass ich es tun sollte." In diesem vollkommenen Erlösungswerk des Herrn Jesus wurde nicht allein Gott, der Vater, unendlich geehrt und verherrlicht; in diesem Werk ruht auch die ganze Liebe und Gnade Gottes gegen alle Menschen. Israel hatte das Gebot Gottes, dass sie die Ränder ihrer Kornfelder nicht abernten durften. Jedermann konnte unter diese Gnade kommen und den Segen ernten und genießen[148]. Jedermann, der sich auf dieses Werk der Erlösung beruft und im aufrichtigem Bewusstsein seiner Sündenschuld zu dem Herrn Jesus kommt, mit wahrer Reue und herzenstiefer Buße, dem werden alle seine Sünden auf ewig vergeben. Er ist gerechtfertigt und versöhnt mit Gott. In diesem Frieden darf er Gott nun seinen Vater nennen und er kann Ihm ohne Furcht und mit vertrauensvoller Freimütigkeit nahen, dem guten Gott, seinem „Abba, Vater". Der Vater sieht

---

[148] 3.Mo 19,9.10; 23,22; 5.Mo 24,19-22; Ruth 2; Ps 65,9-13.

das wunderbare und vollkommene Werk Seines Sohnes und nimmt jeden Erlösten uneingeschränkt an Sohnes statt an.

„Abba, Vater" (Rö 8,14.15): Wenn im NT Worte oder Sätze in aramäischer Sprache wiedergegeben werden, heißt es anschließend mit großer Regelmäßigkeit:: „Was verdolmetscht ist: ..."; dasselbe Wort, derselbe Satz wird in Griechisch wiederholt. Bei dem Wort „Abba" finden wir das nicht; es bleibt unübersetzt stehen. Diese Form der Anrede wird von dem Wort „Vater" unterschieden und dem vorangestellt; es handelt sich hier ganz offensichtlich nicht um eine Wiederholung. Die Anrede „Vater" weist auf Ursprung, Verpflichtung, Beziehung und Stellung innerhalb einer Familie hin. »In der fortschreitenden göttlichen Offenbarung war der Zeitpunkt gekommen, die wesentliche Natur des ewigen Gottes durch ein Wort, einen Namen kundzutun. ... Die tiefgründigste aller Wahrheiten, durch das die wesentliche Natur Gottes ausgedrückt werden kann, ist das Wort „Vater", ein stets vertrautes und vorhandenes Wort, das immer verstanden wird.« (J.S.Blackburn). Die allgemeine Bedeutung des Wortes „Vater" (griech. patar, lat. pater[149]) unterscheidet sich von dem besonderen Ausdruck, dem aramäischen Wort - „Abba" (d.h. Vater) wie es im NT dreimal Verwendung findet. „Abba" ist deutlich tiefgehender: „Abba" bringt die Zärtlichkeit, die Gewissenhaftigkeit und den liebevollen Umgang des Vaters mit seinem Kind zum Ausdruck, der in ein inniges, vertrautes, lebhaftes und andauerndes miteinander mündet. Es ist hier als Titel, ja, als ein Ehrentitel zu verstehen, der nur von denen gebraucht wird, die den Geist der Sohnschaft empfangen haben - nicht den der Knechtschaft, wiederum zur Furcht. Das sind die aus der Familie Gottes, die den Vater erkannt haben weil sie wissen, dass ihre Sünden vergeben sind, um seines Namens willen. »Es geht nicht allein um den Ruf: „Abba, Vater!", son-

---

[149] Aus diesen Worten, aus dem kleinkindlichen Lallen „pa", erklärt man sich die Entstehung des deutschen Wortes Papa als Anrede des Vater.

dern um das Wissen: „Denn so viele durch den Geist Gottes geleitet werden, diese sind Söhne Gottes. ... Der Geist selbst bezeugt mit unserem Geist, dass wir Kinder Gottes sind"« (W.Kelly). Nur als Söhne wissen sie die Tiefe der Vater - Kind Beziehung zu erkennen und zu schätzen. In dieser Erkenntnis lassen sie die göttliche Kraft in sich wirken, die sie befähigt, das zu tun, was ihrem Vater wohlgefällig ist. Das gehört zu den Kennzeichen derer, die mit dem Heiligen Geist versiegelt sind[150]. Die Gläubigen in Ephesus waren in damaliger Zeit "Kindlein" im Glauben und doch waren sie schon versiegelt mit dem Heiligen Geist der Verheißung. Sie hatten gerade erst durch den Dienst des Apostel Paulus die Wahrheit des Evangeliums in ihren Herzen aufgenommen und waren in dieser Liebe gegründet und gewurzelt. Durch den Glauben an den Herrn Jesus Christus wussten sie, dass sie jetzt in Christus als Kinder Gottes in die himmlische Familie Gottes aufgenommen waren, sie wussten also von der Vaterschaft Gottes und ihres Verwandtschaftsverhältnisses zu Ihm als Seine Kinder, und sie wandelten dem entsprechend. Jetzt wünscht der Apostel, dass sie in dieser Erkenntnis weiter wachsen, nämlich dass sie von Gott und für Gott, den Vater, selbst vor Grundlegung der Welt zur Sohnschaft bestimmt waren - sie sollten heilig und untadelig vor Ihm in Liebe sein. Und er wünscht, dass sie völlig erfassen, welches die Breite und Länge und Höhe und Tiefe Seiner Liebe ist - das ist die Erkenntnis der übersteigenden Liebe des Christus -, damit sie erfüllt sein mögen zu der ganzen Fülle Gottes. „Und dies ist die Verheißung, die *er* uns verheißen hat: das ewige Leben."

Im Markus-Evangelium (14,36) wird „Abba, Vater" zum ersten Mal erwähnt: Vor den letzten Schritten des Herrn nach Golgatha spricht Er zu Seinen Jüngern und sagt, dass Er den Vater liebt. Danach ging Er nach

---

[150] Versiegelt sein mit Heiligem Geist hat also mit Glauben zu tun und ist daher zeitlich, bis wir Ihn sehen wie Er ist. Hiervon zu unterscheiden ist die Salbung mit Heiligem Geist, die jeder mit seiner neuen Geburt erfährt und die in Ewigkeit bleibt; vgl. 1.Joh 2,20.27; 2.Kor 1,21 i.V.m. Ps 133,2; Gal 3,27).

Gethsemane, und dort im Gebet, hören wir Seine Vertrautheit, Seine Unterwürfigkeit, Seine Hochachtung: „Abba, Vater, alles ist dir möglich; nimm diesen Kelch von mir weg! Doch nicht, was *ich* will, sondern was du willst!" Und nach Seinen Leiden am Kreuz und dem Gericht Gottes an Ihm der Sünde wegen, hören wir Seine letzten Worte voll Vertrauen: „Vater, in deine Hände übergebe ich meinen Geist! Als er aber dies gesagt hatte, verschied er" (vgl. Ps 31,6). „Darum liebt mich der Vater, weil *ich* mein Leben lasse, damit ich es wiedernehme. Niemand nimmt es von mir, sondern *ich* lasse es von mir selbst. Ich habe Gewalt, es zu lassen, und habe Gewalt, es wiederzunehmen. Dieses Gebot habe ich von meinem Vater empfangen."

Im Galaterbrief, (4,6) ist es der Heilige Geist, der in den Söhnen Gottes sowohl die Gesinnung der Liebe hervorruft, als auch diese innige Beziehung kraftvoll aufrecht erhält. Geleitet durch das Zeugnis des Geistes erkennen wir, dass wir nach dem Willen unseres Gottes und Vaters, in Christus Jesus auf immerdar, ewiglich, zu Seinen Erben geworden sind. Es ist die Fülle der göttlichen Liebe: Wir haben die Sohnschaft:, „wenn aber Sohn, so auch Erbe durch Gott."

Der Psalm 18 gehört wohl zu den letzten Psalmen, die der König David, der sich hier „der Knecht des Herrn" nennt (vgl. Apg 13,36a), zurückschauend gedichtet hat. Martin Luther übersetzte im Jahr 1530 den Vers 2: „Herzlich lieb habe ich dich, HErr, ...". »So saget er (David) nun: Ich habe eine herzliche und kindliche Sehnlichkeit und Neigung zu dir. Also bekennet er seine höchste Liebe, daß er eine Lust an unserem HErrn Gott habe gehabt. Denn er befindet, daß seine Wohltaten unaussprechlich sind, und aus dieser überschwänglichen Lust und Liebe kömmet, daß er ihm so viel Namen gibt, wie folget.« »Das hebräische Zeitwort „racham" finden wir nur hier auf die Liebe zu Gott angewandt« (C.H.Spurgeon). »Racham ist ein sehnlich Wort und bedeutet die selbige herzliche und zärtliche Liebe der Eltern gegen die Kinder und der

Kinder gegen die Eltern« (M.Luther). In seiner Verwendung ist es dem aramäischen „Abba" sehr ähnlich.

Herzlich Lieb hab´ ich dich, o HErr,
ich bitt´ wollst sein von mir nicht fern
mit deiner Hilf und Gnaden.

(M.Schalling)

Keineswegs sollte dieser einzigartige Ausdruck („Abba") der Verbundenheit, einer hochachtungsvollen, einer wahrlich tiefen, ehrfürchtigen Liebe zu Gott banalisiert und gegen das gewöhnliche Kosewort „Papa, Pappi oder daddy", das Kleinkindern anerzogen wird, ausgetauscht werden. Ja, es verbietet sich geradezu im Zusammenhang mit Anbetung. Der Ton liegt darauf, Gott als den gütigen und liebevollen Vater vertrauensvoll anzurufen. Sohnschaft setzt in der Schrift eine gewisse Reife des Sohnes voraus, die es dem Vater ermöglicht, mit dem erwachsenen Kind über alles zu sprechen, was ihn beschäftigt, und setzt voraus, dass der Sohn ein Interesse an den Gedanken des Vaters hat.

Wie wir eingangs feststellen durften, steht Weizen nicht allein mit Gericht, sondern auch mit der Gnade Gottes in Beziehung, was, wie wir festgestellt haben, zunächst bei dem Weizenkorn nicht so war. Hier haben wir nun die tiefe Bedeutung dessen, was uns im Zusammenhang mit der siebten Plage[151] in 2. Mose 9,32 berichtet wird. Dort wurde die Gerste - auf schlechtem Boden gewachsen - im Gericht Gottes geschlagen, was den gerechten Tod bedeutet. Die Gerste ist ein Bild des Auferstehungslebens (vgl. 3.Mo 23,9-14), denn nach ihrem "Tod" treibt der Weizen seine Frucht. Die Frucht des Weizens - auf dem guten Boden zur Vollreife gekommen - aber hatte kein Gericht zu fürchten, er ist

---

[151] Besser: „Zeichen und Wunder"; das hebr. Wort für Zeichen ist "ót" und kommt nur viermal vor: 1.Mo 1,14; 4,15; 9,13; 2.Mo 7,3. Die Zahl „7" i.V.m. diesem Zeichen/Wunder deutet darauf, dass Gott vollkommen Sorge trägt, dass Sein Ziel mit den Menschen erreicht wird.

„spätzeitig" (der "Tod" liegt hinter ihm, neues Leben beginnt). Der Weizen ist das Ergebnis des gerechten Gerichts Gottes der Sünde und der Sünden wegen, stellvertretend für viele an Jesus, Seinem Sohn, vollzogen, der hernach aus den Toten auferstand und als solcher als erster Mensch in Ewigkeit lebt. Dieses heilige und vollkommene Werk auf Golgatha hat alle Schleusen der überströmenden Gnade geöffnet. Wir sehen die vollkommene Offenbarung der Gnade Gottes, von der Johannes zeugte: „Denn aus seiner Fülle haben *wir* alle empfangen, und zwar Gnade um Gnade. ... Die Gnade ... ist durch Jesus Christus geworden", und diese Fülle ist unerschöpflich (vgl. 1.Kö 17,14: das Mehl im Topf soll nicht ausgehen), weil Er die Fülle Gottes ist, „denn in ihm wohnt die ganze Fülle der Gottheit leibhaftig." Das ist es, was wir bei der siebten Plage sahen, nämlich: „Denn Gottes Zorn wird vom Himmel her offenbart über alle Gottlosigkeit und Ungerechtigkeit der Menschen", und weswegen der Weizen dort verschont blieb und nicht geschlagen wurde, denn der Herr Jesus hat „uns errettet von dem kommenden Zorn." Wir sind die Frucht der Mühsal seiner Seele. „Viel Frucht" und „die Vielen" sind vorbildlich die Weizenkörner, die zu allen Zeiten auf dem Acker der Welt aus Juden und Nationen in der Liebe Gottes und unter Seiner Gnade wachsen und reifen bis sie gesammelt und in „die Scheune" gebracht werden. Als Frucht der „Mühsal seiner Seele", als die Frucht, die aus Seinem Tod und Seiner Auferstehung hervorgekommen ist - Leben und Unverweslichkeit -, tragen wir, Seine Gläubigen, denselben Charakter wie unser Heiland selbst, wir sind „aus Gott geboren." Ein Liederdichter schreibt: »Wir sind aus dir entsprossen!« Leben wir in diesem Bewusstsein? Realisieren wir genug, dass der Sohn Gottes Mensch wurde, und aus Liebe an unserer statt in Tod und Gericht ging? Verwirklichen wir, dass wir mit Ihm gestorben sind und jetzt durch Ihn und in Ihm leben - und Er in uns? Dann werden wir die „Werke des Fleisches" nicht mehr vollbringen, sondern Seine

Frucht, die neue, eine neunfältige Frucht, die Frucht des Geistes, soll an uns gesehen werden. Das ist eine Sache unserer Verantwortlichkeit.

Die viele Frucht, die aus dem einen Weizenkorn hervorgeht, braucht Zeit und Pflege, bis sie zur Vollreife gewachsen ist. Das erfordert Geduld in der Zeit und Langmut in der Sache, in der sorgsamen Pflege. Der Herr Jesus hat mit uns diese Geduld und Langmut. Er möchte uns zum vollen Wuchs, zur geistlichen Vollreife heranreifen lassen. Erfreuen wir uns an Seinem wunderbaren Dienst an uns und erfreuen wir Sein Herz, indem wir für Ihn mit guter Sorgfalt viel Frucht bleibend bringen; nicht allein in den Stunden unseres Versammeltseins zu Seinem Namen und auf dem großen Feld der Arbeit in Seinem Werk, sondern auch im Alltag. Nutzen wir die Zeit zur Verherrlichung unseres hochgelobten Herrn und zur Ehre unseres Gottes und Vaters, Ihm zu einem duftenden Wohlgeruch!

Franz Delitzsch (1830-90, luth. Theologe) schrieb zusammenfassend über

"Christus,

das Weizenkorn, welches welterlösende Liebe am Karfreitag in die Erde gesenkt hat,

das Weizenkorn, das Ostersonntag die Erde durchbricht und himmelan zu wachsen beginnt,

das Weizenkorn, dessen goldner Halm am Himmelfahrtstage zum Himmel emporsteigt

das Weizenkorn, dessen myriadenreiche Ähre sich am Pfingsttage zur Erde herabneigt und die Samenkörner ausstreut, aus denen die Gemeinde geboren wird"

(Joh 12,24).

Kein Sauerteig

Die Brote mussten Woche für Woche frisch zubereitet und immer wieder ausgetauscht werden. Es durfte keineswegs durchsäuerter Teig Verwendung finden. Sauerteig ist ein Bild der Natürlichkeit des Menschen, ein Bild von dem, was die Sünde im Menschen bewirkt und was sich doch so stolz, Beifall heischend und andere täuschend zur Schau stellt. Der Herr Jesus warnt immer wieder zuerst hiervor und sagt eindringlich zu Seinen Jüngern: „Gebt Acht und hütet euch." „Hütet euch!".

Der Apostel Paulus verurteilt die Wirkung des Sauerteigs mit seiner ganzen apostolischen Autorität und nennt dessen Wirkung in Menschen: Ihr seid aufgebläht; ihr seid Aufgeblasene; ihr seid voll Bosheit; ihr seid voll Schlechtigkeit (1.Kor 4,18-5,13). Das NT unterscheidet fünf Verderbnisse durch Sauerteig:

1. Der Sauerteig der Pharisäer[152]: Das waren Ritualisten, die sehr scheinheilig streng auf die äußere Einhaltung der mosaischen Gesetze nach ihrer eigenen Auslegung achteten und das massiv als Irrlehre kolportierten. Wegen ihrer Selbstgerechtigkeit spricht unser Herr ein siebenmaliges, ein vollständiges und vollkommenes „Wehe euch" über sie und die Schriftgelehrten aus und nennt sie: Heuchler, Narren, Blinde, Schlangen und Otternbrut (Mt 23,13-39).

2. Der Sauerteig der Sadduzäer[153]: Sie waren Rationalisten, die al-les Übernatürliche (das Kommen eines Messias, Totenauferstehung, ewiges Leben, Engel, Dämonen) leugneten, aber sie waren auch Fatalisten, Reformer und Freidenker, denn alles ist ihrem Selbstverständnis nach unabänderlich vorherbestimmt[154] (Mt 16,1-12; 22,23). Zusammenfassend kann man sagen, dass sie alle biblische Dinge,

---

[152] Der Name „Pharisäer" bedeutet: „Abgesonderter, Exklusiver; Entscheider, Trenner, Spalter."

[153] Der Name „Sadducäer" - abgeleitet von „Zadok", dem Priester z.Zt. Davids / Salomos; od. von dem Hebr. „zedekah", d.h. „Gerechtigkeit" - bedeutet: „Gerechte, Aufrichtige."

[154] Entsprechend dem späteren „Kismet" (türk. aus arab. „qismat" = „Zuteilung"). Im Islam das dem Menschen von Gott auferlegte (zugeteilte) Schicksal, dem er sich nicht entziehen kann.

die eine Frage des Glaubens sind (Heb 11,1), ablehnten. Insofern gibt es in der Christenheit auch heute noch das moralische Sadduzäertum.

3. Der Sauerteig des Herodes: Herodes Antipas (Tetrarch von Galiläa), „dieser Fuchs", war schlau; er war ein politischer Opportunist, ein politischer Glücksritter: Er urteilte je nach gegebener Zweckmäßigkeit und suchte vor allem seinen persönlichen Vorteil (Mk 8,15; Lk 3,1; 13,31.32; 23,7.12).

4. Der Sauerteig der Unmoral: Dieses Übel unterwirft sich nur einer Regel, nämlich: Ich kann mir alles erlauben! (1.Kor 5; Gal 5,19; 2.Tim 3; Jak 4).

5. Der Sauerteig falscher Lehre: Falsche Lehre ist böse Lehre. Sie zieht die Seele von dem Herrn Jesus ab. Das kann bis zum Essen von Götzenopfern führen. (1.Kor 10,19-22; 16,22; Gal 5,9; Off 2,14: Pergamus; 2,20: Thyatira).

Ich möchte Sauerteig mit dem Wort Gesetzlosigkeit gleichstellen. Der Sinn des Wortes Gesetzlosigkeit ist: Ein Wandel ohne Gesetz. Der Gesetzlose unterwirft sich keiner Vorschrift, die ihm von außen her auferlegt wird; die einzige Lebensregel, die er anerkennt, ist die, welche er sich selbst aufstellt, und das ist ungezügelter Eigenwille, ist Sünde. Darum: „Behüte dein Herz mehr als alles, was zu bewahren ist; denn von ihm aus sind die Ausgänge des Lebens". Kinder Gottes unterwerfen sich dem „heiligen Gebot", sie sind zu einem heiligen Wandel berufen, berufen, nicht nur die Wahrheit zu kennen, so außerordentlich wichtig das auch ist, sondern „die Wahrheit zu tun". »Gebote Gottes im NT sind eine Art göttlicher Wegweisung, die uns durch die Verwirklichung des Lebens sicher hindurch leiten soll. ... Der Sohn Gottes liebt es, in Bezug auf sich und uns von Geboten zu sprechen, aber nach Grundsätzen, die nichts mit dem Gesetz zu tun haben« (W.Kelly); Neutestamentliche Gebote Gottes weisen uns den geraden Weg durch die Welt. „Seid heilig, denn *ich* bin heilig"[155]. Kinder Gottes reinigen sich selbst „von jeder Befleckung des Fleisches und des Geistes, indem sie die Heiligkeit vollenden in der Furcht Gottes" - das gilt sowohl für ein örtliches Zeugnis der Versammlung Gottes (2.Kor 7,1), als auch für den Einzelnen persönlich (1.Joh 3,3). In 2. Timotheus 2,21 schreibt Paulus, dass sich der einzelne Gläubige von „Gefäßen zur Unehre" wegreinigen (wörtl. „heraus reinigen") soll. Er benutzt hier dasselbe griechische Wort, das in 1. Korinther 5,7 mit „ausfegen" übersetzt ist: „Fegt den alten Sauerteig aus". Er stellt eindeutig den Einzelnen unter die gleiche handelnde Verantwortung wie jedes örtliche Zeugnis der Versammlung Gottes. Jede Art von Bösem *muss* ausgefegt werden, jeder Böse *muss* hinausgetan werden (5,13) - der Ehre Gottes und der Heiligkeit Seines Hauses wegen, zur Verherrlichung unseres Herrn Jesus Christus und zu unserem Segen.

„5" ist keine selbständige Zahl; sie ist die Summe aus 4 plus 1; „4" ist die Zahl der Welt und „1" steht für „Haupt" oder „Herrscher". Gott hat den Menschen zum Herrscher über Seine Schöpfung gesetzt. Der Mensch ist also nicht unabhängig, aber er war und ist grundsätzlich selbständig und frei, nur in einem nicht: Das Geschöpf war und ist seinem Schöpfer unterworfen und Ihm Gehorsam schuldig. Die Zahl 5 zeigt den Mensch in allgemeiner Verantwortlichkeit und Abhängigkeit von Gott. Wir wissen, wie völlig der Mensch von Anbeginn versagt hatte, und wir sehen in den fünf Gräueln des Sauerteigs, wie frevelhaft der Mensch ohne dieses Verantwortungsbewusstsein egoistisch, hochmütig, rechthaberisch, selbstgefällig und in Selbständigkeit ohne Gott, also in Unabhängigkeit, wirkt. Es war besonders die „Geistlichkeit", die sich in ihrer Bosheit vollendet zeigten, und wir hörten die fünffache göttliche Anklage gegen die Führer der Juden. Sie anerkannten zwar grundsätzlich, dass es einen Gott gibt, darüber hinaus akzeptierten sie aber nur

---

[155] Siebenmal: 1.Pet 1,15.16; 3.Mo 11,44.45; 19,2; 20,7.26; 21,6.

ihre eigenen Gesetze. Sie banden erbarmungslos „schwere und schwer zu tragende Lasten zusammen und legen sie auf die Schultern der Menschen." Wie absolut anders erlebten die Menschen unseren liebenden Herrn und Heiland. Er bittet jeden Einzelnen: „Kommt her zu mir, alle ihr Mühseligen und Beladenen, und *ich* werde euch Ruhe geben. Nehmt auf euch mein Joch und lernt von mir, denn ich bin sanftmütig und von (im) Herzen demütig, und ihr werdet Ruhe finden für eure Seelen; denn mein Joch ist sanft, und meine Last ist leicht" und unermüdlich fleht Er, der Himmel und Erde geschaffen hat und alle Dinge durch das Wort Seiner Macht trägt: „Lasst euch versöhnen mit Gott!" Christus, der Herr, steht vor jeder Herzenstür und klopft unermüdlich an und wirbt um Gemeinschaft mit Ihm: „Wenn jemand meine Stimme hört und die Tür öffnet, zu dem werde ich hineingehen und das Abendbrot mit ihm essen, und er mit mir", und als der Sohn des Vaters sagt Er: „Wenn jemand mich liebt, wird er mein Wort halten, und mein Vater wir ihn lieben, und wir werden zu ihm kommen und Wohnung bei ihm (uns) machen." Das ist die höchste und ewige Gemeinschaft!

Als Kinder Gottes können wir dem Aufblähen des Sauerteigs in uns nur entgegenwirken, wenn wir gleichsam „durch das Feuer gehen", wenn wir realisieren: „Denn *ich* bin ... gestorben, damit ich Gott lebe; ich bin mit Christus gekreuzigt, und nicht mehr lebe *ich*, sondern Christus lebt in mir; was ich aber jetzt lebe im Fleisch, lebe ich durch Glauben, durch den an den Sohn Gottes, der mich geliebt und sich selbst für mich hingegeben hat. ... Durch den mir die Welt gekreuzigt ist, und ich der Welt". Nur in 3. Mose 7,13 und 23,17 finden wir, dass das Volk zum Friedensopfer und zum Pfingstfest gesäuerte und gebackene Brote essen musste. Das zeigt sehr gut, dass jeder aus dem Volk Gottes seiner Natur nach noch unvollkommen ist, wir sind äußerlich noch in unserem natürlichen Leib der Niedrigkeit, im Sündenfleisch und können leider immer noch sündigen. Aber im „Feuer" des Selbstgerichts verliert Sauerteig seine Kraft, was im Vorbild zeigt, dass wir mit dem Christus gestorben sind. Erinnern wir uns immer gut daran, dass unser Heiland an unserer statt gelitten hat und gestorben ist, dass Er die Strafe zu unserem Frieden auf sich genommen hat, dass Er uns in die Gemeinschaft mit Gott gebracht hat. Erinnern wir uns daran, dass wir nur durch Ihn Buße und Glauben, Weisheit und Erkenntnis, ja, *alles* allein aus Gnaden geschenkt bekommen haben. Erinnern wir uns beständig daran, dass wir ohne Ihn gar nichts tun können, das heißt, ohne Ihn nichts tun können, was Gott wohlgefällig wäre. Alles ist durch Ihn, und wir sind in Ihm und möchten doch Sorge tragen, auch alles für Ihn zu sein: Würdig!

„Würdig", („semnos"): Die Würde eines Menschen offenbart sich in seinem Wandel: Wir sollen erfüllt sein „mit der Erkenntnis seines Willens in aller Weisheit und geistlicher Einsicht, um würdig des Herrn zu wandeln zu allem Wohlgefallen, in jedem guten Werk Frucht bringend und wachsend durch die Erkenntnis Gottes". Der Wandel eines Menschen lässt seinen inneren Zustand, die tiefe Wirklichkeit erkennen (wir kennen den Ausdruck "Lebenswandel" sehr gut). So ermuntert (ermahnt) uns Gottes Wort im Geist, in Liebe, in dem Licht und in der Wahrheit zu wandeln[156]. „Wandeln" bezeichnet also Gesinnung (oder Beweggrund), Worte, und Handlungen. „Semnos", „würdig": »Es ist eines der griechischen Wörter, die fast unübersetzbar sind. Dieses Wort ins Deutsche zu übersetzen ist fast unmöglich. „Es gibt keine majestätischeren Ausdrücke in der ganzen griechischen Sprache" (Barclay). Dieses Wort trägt die Bedeutungen des Ernsten, Erhabenen, Würdevollen. Dennoch ist es kein trauriges Wort, es steht mit der Freude im Herrn in Einklang. Der Ausdruck spricht von Königswürde; er hat die Majestät des Göttlichen. Jemand übersetzt ihn: „die Würde der Heiligkeit". Erzbischof Trench schreibt über einen Mensch mit der Eigen-

---

[156] Gal 5,16; Eph 5,2; 1.Joh 1,7; 2.Joh 4.

schaft „semnos": „Er hat eine Grazie, eine Gnade, Anmut und Würde, die nicht dieser Erde entspringt, die er vielmehr jenem höheren Bürgerrecht verdankt, das ihm ebenfalls gehört." Das Wort spricht von den Dingen, die mit der himmlischen Welt zu tun haben.« (G.C.Willis). „Semnotis" erscheint im NT siebenmal: Philipper 4,8, 1. Timotheus 2,2; 3,4.8.11 und Titus 2,2.7. Diese Würdigkeit kommt in höchster Weise in der Anbetung (griech. „proskynéo") Gottes zur Darstellung, dadurch, dass wir, einfach ausgedrückt, durch den Heiligen Geist zu Gott über Seinen geliebten Sohn reden. *Er* ist der überragende Gegenstand, und Sein Werk, ein lieblicher, duftender Wohlgeruch der zu Gott emporsteigt. Diese Würdigkeit bekleidet den wahrhaftigen Anbeter, den, der Gott, Seinen Vater, in Geist und Wahrheit anbetet, nicht nur in der Zeit, sie ist sein ewiges Teil! Die Grundlage dafür, dass wir dem Herrn Jesus dieselbe Anbetung darbringen sollen finden wir im NT nur einmal, in Johannes 5,23: Es ist der ausdrückliche Wille unseres Gottes und Vaters, dass Seinem Sohn dieselbe Ehre dargebracht werden soll. Im Buch der Offenbarung wird uns das fünfmal symbolisch vorgestellt[157]. Die biblischen Wörter „huldigen", „(lob)-preisen", „Dienst" und „dienen" und „Segnung" und „segnen" sind mit dem Wort „Anbetung" nahe verwandt[158]. Würdigkeit ist heute keine bestimmte Körperhaltung mehr (ein niederwerfen), auch beweist sie sich niemals in einer eigenwilligen Verehrung von irgendetwas, sondern es ist die Haltung eines Sinnes, des Herzens und des Geistes im Glaubensgehorsam, zur Ehre und Herrlichkeit Gottes.

Anbetung „in Geist ...", das heißt: In dem neuen, dem geistlichen Menschen, in *solchen* findet Anbetung statt. Der nicht stoffliche Teil des von neuem geborenen Menschen, Sein Geist, ist eine Neuschöpfung Gottes. Aus diesem Ort oder besser, aus diesem Bereich quillt nun-

---

[157] 4,10; 5,8.14; 7,11.12; 11,16; 19,4.
[158] Vgl. 1.Mo 9,26; 14,19.20; 22,5-19; 24,26.27; Jos 5,14; Eph 1,3; Heb 9,6. J.S.Blackburn.

mehr durch den innewohnenden Heiligen Geist wahre Anbetung zu Gott hervor und steigt zu Gott empor, einer Fontäne lebendigen Wassers gleich, die aufspringt bis ins ewige Leben (Joh 3,5.6; 4,14). „... und Wahrheit". Anbetung ist nicht mehr geprägt von den stückweisen, schattenhaften und unvollkommenen Dingen eines irdischen Heiligtums im Blick auf den Gott Israels - die einmal gut und richtig, dann aber entartet oder unecht, falsch waren. Anbetung wird jetzt allein auf der Grundlage Seiner Stunde und im erkennen der Wirklichkeit Gott offenbarter Wahrheit, Gnade und Liebe dargebracht, in dem Bewusstsein der Gegenwart Gottes. Und wahrhaftige Anbetung ist jetzt „durch den Geist". Gott, der Heilige Geist, ist die alleinige, einzigartige Kraft-Quelle in uns, durch den wir befähigt sind Gott, dem Vater, Gottesdienst darzubringen, und, nach dem festen Willen des Vaters, in gleicher Weise auch dem Sohn. Der, welcher in uns die Quelle der Anbetung ist, der ist es auch, der aus uns „Ströme lebendigen Wassers" hervor fließen lässt, zum Segen für jedermann (Joh 7,37.38).

Wenn wir - und das ist eine zutiefst persönliche Sache, die als Warnung vor jeder Seele steht - Sein Wort, Ihn, das „Brot des Lebens" verschmähen dafür aber das „Brot der Faulheit" essen, beginnt der Sauerteig in uns zu gären. Wenn wir eine Wurzel die Gift und Wermut trägt (d.h. Abwenden von Gott und Seinem Wort; 5.Mo 29,17), also eine Wurzel der Bitterkeit aufsprossen lassen (d.h. Verunreinigung und Verderbnis; Heb 12,15), weil wir uns eigenen Überlegungen und Philosophien zuwenden, gebiert das jede Art von Sünde, und dieser Prozess ist schleichend und zunehmend. Wenn wir von Gläubigen hören, die „plötzlich" offen Sünden begehen und vielleicht dann auch in der Sünde verharren, ist diesem plötzlichen Fall meistens ein langsames hinab gleiten vorausgegangen. Wir erkennen das - leider nicht immer -, oder besser vielleicht: wir könnten das viel früher an geistlicher Müdigkeit und an geistlicher Appetitlosigkeit erkennen. Wir erkennen das aber auch an Rechthaberei und Streitlust; das Gute wird fallen gelassen, die Gesinnung und Tätigkeit der Liebe haben aufgehört. Leider sucht man dann oft die „Geistlichen" vergeblich, die „im Geist der Sanftmut einen solchen zurecht bringen." Wir tun dem Werk des Herrn Jesus Schmach an, wir verunehren Ihn und beschmutzen Seinen Namen und den Namen Gottes, unseres liebenden Vaters. Der Herr Jesus mahnt: „Gebt Acht! ... Hütet euch! ... Wacht und betet!" Und der Apostel Petrus ermahnt uns: „Die Zeit ist gekommen, dass das Gericht anfange bei dem Hause Gottes." Der Apostel Paulus ermahnt ebenso eindringlich: „Wenn wir uns selbst beurteilten, so würden wir nicht gerichtet. Wenn wir aber gerichtet werden, so werden wir von dem Herrn gezüchtigt, damit wir nicht mit der Welt verurteilt werden." „Denn auch unser Gott ist ein verzehrendes Feuer." Deswegen ist die starke Ermahnung an uns alle, die wir das Eigentum des Herrn sind, so generell wichtig: „Fegt den alten Sauerteig aus. ... Tut den Bösen von euch selbst hinaus." Es handelt sich hier um ein göttliches Prinzip Seiner Heiligkeit und darf nicht mit einem Blick „durch fünf Finger" auf die Gnade und Liebe Gottes gering geachtet werden! Dieses heilige Prinzip finden wir dem Grundsatz nach dreimal im NT: Erstens in Johannes 6,44, wo es um die Errettung von Sündern geht. Dort sagt der Herr Jesus: „Niemand kann zu mir kommen, wenn der Vater, der mich gesandt hat, ihn nicht zieht; und *ich* werde ihn auferwecken am letzten Tag." Das Wort "„ziehen" hier hat im Griechischen die gleiche Wurzel wie das Wort „züchtigen". In Vers 65 kommt der Herr darauf zurück: „Darum habe ich euch gesagt, dass niemand zu mir kommen kann, wenn es ihm nicht von dem Vater gegeben ist." „Denn durch die Gnade seid ihr errettet, mittels des Glaubens; und das nicht aus euch, Gottes Gabe ist es." Gott hatte wirklich allergrößte Mühe, uns von Satan loszureißen, wie sehr musste Er uns ziehen und wie unergründlich tief wurde der Sohn Gottes unserer Schuld und Sünden wegen „gezüchtigt", und den Glauben hieran hat Er uns gegeben. Somit sind wir, zweitens, im Hebräerbrief angekommen, wo durchgehend die Heiligkeit Gottes hervorleuchtet. Doch ganz unvermittelt wechselt der inspirierte Schreiber von „Gott" auf „Vater" (Kapitel 12,4-11) um dann wieder bis zum Schluss von Gott zu sprechen. Hebräer 12,4-11 zeigt uns, dass der Vater aus Liebe züchtigt. Er will und muss den einzelnen leider zurück ziehen, den, der sich hinter Ihm fortgewandt hat. Das "züchtigen" in Hebräer 12 meint also einfach "in die richtige Richtung ziehen". Als drittes und letztes finden wir das bereits oben erwähnte züchtigen einer örtlichen Versammlung, damit sie nicht mehr mit der Welt verurteilt werden kann. Ziehen und Zucht ist ein Akt der Gnade, damit Heiligkeit und Liebe nebeneinander harmonieren können.

Lasst uns wachsam und nüchtern sein und täglich frisches Brot, Lebensmanna aus dem Himmel, essen. Die Herrlichkeit des Herrn ist in uns und das Wirken des Heiligen Geistes ist es, dass Christus in uns verherrlicht wird. Wir sind kollektiv geistlicherweise Sein Leib - die Versammlung -, und der Herr Jesus *ist* in unserer Mitte, wenn wir allein zu Ihm hin versammelt sind und so diesen einen Leib darstellen. Dann ist auch der Heilige Geist unter uns, um reichlich verschiedene Gnadengaben auszuteilen, einem jeden insbesondere, wie er will. Und einzeln ist jeder der Seinen ein Glied an Seinem Leib und unser Leib ist heute und in Ewigkeit die Wohnstätte des Heiligen Geistes. Hindern wir den Heiligen Geist nicht daran, zu unserem reichen Segen unter uns zu wirken, beziehungsweise Sein gutes Werk in uns zu vollbringen. Nehmen wir gleichsam den Besen und kehren unser Haus, damit nicht, wenn unser Erlöser kommt, Er in uns eine „Räuberhöhle" vorfindet. Der Herr spricht zu uns ganz persönlich: „In denen, die mir nahen, will ich geheiligt, und vor dem ganzen Volk will ich verherrlicht werden."

Die Schaubrote lagen auf dem reinen goldenen Tisch im Heiligtum. Sie sind ein Bild des irdischen Volkes Gottes und vor allem auch, ihm gegenübergestellt, ein Bild des himmlischen Volkes, Seiner Versammlung. Sie stellen uns das Bild aller Gläubigen so dar, wie Gott sie in Seinem Sohn sieht. Er sieht in ihnen die Frucht des Werkes des Herrn Jesus, sie sind aus Ihm, sie sind in Ihm und Er ist in ihnen. Sie sind mit Ihm *ein* Leib, sie sind Sein Leib. Als solche trägt Er uns, im Vorbild des goldenen Tisches, im Inneren des Heiligtums.

Gemeinschaft verinnerlichen

Nachdem die Brote beständig Sabbattag für Sabbattag frisch vor den Herrn gelegt wurden, sollten die weggenommenen Aaron und seinen Söhnen gehören. Zu ihren gottesdienstlichen Tätigkeiten gehörte es beständig, dass die Brote an heiligem Ort, am Brandopferaltar bei den Feueropfern, gegessen werden sollten und der Weihrauch wurde dort geräuchert. Wir sehen vor uns ein schönes Bild dafür, dass die Gott gegebene Gemeinschaft eine ewige ist und von jedem durch das Essen verinnerlicht wird. Die Einheit des Volkes Gottes ist nunmehr ein lebensbestimmendes und ein ewiges Element: Die Priester, das Vorbild der Gläubigen in praktischer Gemeinschaft am Tisch des Herrn[159], und der Hohepriester, das Vorbild des Dienstes des Herrn Jesus im Himmel für uns, bringen das zum Ausdruck. Es ist der Gott ehrende Gehorsam, denn Er hat es so bestimmt zu Seiner Freude, Ihm ein duftender Wohlgeruch.

Leider finden sich häufig Christen, die nach Gottes Willen schon längst Priester sein sollten und könnten, würden sie sich nur richtig ernähren. Sie essen den Sauerteig der Welt und verschmähen die Gnadengabe aus der Hand ihres guten Vaters, und deswegen zeigen sich deutliche Mangelerscheinungen. Ihre Kraft zum Glaubensgehorsam

---

[159] Der Ausdruck „Tisch des Herrn" war schon im AT bekannt: In Mal 1,7.12 wird der Brandopferaltar so genannt; der Apostel Paulus nimmt in 1.Kor 10,18 direkten Bezug hierauf und verbindet ihn in V. 21 mit dem Tisch des Herrn - Einheit und Gemeinschaft. In Hes 41,22; 44,16 wird der Räucheraltar „in

lässt völlig nach, die Wachsamkeit schläft ein und die Gräuel des Sauerteigs blühen auf. Dort, wo einige Kinder Gottes aus einem örtlichen Zeugnis der Versammlung Gottes fortgegangen sind, werden sie schmerzlich vermisst[160]. Und da wo sie sich aufhalten sollten[161], findet man sie nicht. Sie zeigen, dass sie ihre erste Liebe verlassen haben (oder den Herrn nie geliebt haben). Sie erblinden an den Augen des Herzens, werden taub im Zuhören, gleichgültig ihrem Gewissen gegenüber, unempfindlich gegenüber den Rechten Gottes. Aber umso mehr sind sie rechthaberisch mit Blick auf die eigene Sichtweise. Die Schwachheiten und Fehler anderer - ihrer Brüder und Schwestern in Christus - werden unempfindlich in einer Klageschrift vor Gott und den Menschen ausgebreitet. Die Frucht des Geistes ist verdorrt. Sie erkennen und spüren (im fortgeschrittenem Stadium oft schon verhärtet in Herz und Sinn) nicht mehr die tatsächliche persönliche Gegenwart des Herrn Jesus in Seiner Versammlung; sie kehren *Ihm* buchstäblich mit vielen Begründungen und Argumenten, oft mit wilden Reden, den Rücken (vgl. Heb 10,25; 12,25). Spitzfindig zitieren sie „passende" Schriftstellen. Sie beleidigen Gott zutiefst. In Hebräer 10,38 steht sehr deutlich, dass Gott an denen, die sich zurückziehen, kein Wohlgefallen hat!

Weihrauch

Reiner Weihrauch lag auf den Schaubroten. Die Botanik unterscheidet den Weihrauchstrauch in 24 Arten der Gattung „Boswellia". Es wird vermutet, dass es sich bei dem biblischen Weihrauchstrauch um „Boswellia sacra" handelt. Diese Boswellia-Art ist ein mittelgroßer, bis zu 5 m hoher baumförmiger Strauch von skurriler Gestalt mit gefiederten Blättern und kleinen, grünlichen oder weißlichen Blüten. Weihrauch,

---

meinem Heiligtum" „Tisch, der vor dem HERRN steht", bzw. „mein Tisch" genannt, was auf die Anbetung hinweist - Gedächtnis und Verkündigung, 1.Kor 11,23-26; vgl. Off 8,3.4.

[160] Mt 26,56; Apg 13,13; 15,39; 2.Tim 4,10.16.

beziehungsweise das Olibanum, wie der Weihrauch auch genannt wird, ist das Harz dieser Sträucher, das auf natürliche Weise über die Blätter ausgeschwitzt (Exsudat) wird. Die Harzmenge kann stark erhöht werden[162] wenn man den Stamm anritzt, was aber den hohen Wert mindert - das Attribut „rein" fehlt. Das austropfende Harz hat eine glänzend weiße Farbe, daher sein hebräischer Name „levonah", das heißt „weiß glänzend", und sein griechischer Name ist „libanos", das heißt „weiß". Bei einigen Arten sind die Tropfen glänzend, gelblich oder rötlich. Das ausgetretene Harz festigte sich und wird beim Ernten in kleine Kügelchen gedrückt. Weihrauch hat einen sehr bitteren Geschmack. Beim Räuchern verbrennt er mit weißer Flamme und verbreitet einen dichten weißen Rauch von angenehmen Geruch. Weihrauch wurde in Israel nicht gefunden und musste importiert werden. Es kam über die sogenannte Gewürz- beziehungsweise Weihrauchstraße aus dem „Weihrauchland" Südarabien oder von ostafrikanischen Häfen. (M.Zohary). Die Farbe Weiß steht immer für Reinheit und Gerechtigkeit.

Das Gewürz Weihrauch wird in der Heiligen Schrift insgesamt zweiundzwanzigmal genannt. Die symbolische Bedeutung der Zahl 22 weist immer hin auf Leiden, oder auf Opfer oder auf Gerichte Gottes. Die Vollkommenheit all dieser Dinge rückt den Herrn Jesus in den Mittelpunkt unserer Gedanken, denn Er hat an unserer statt das gerechte Gericht Gottes erduldet: „Denn es geziemte ihm, um dessentwillen alle Dinge und durch den alle Dinge sind, indem er viele Söhne zur Herrlichkeit brachte, den Urheber ihrer Errettung durch Leiden vollkommen zu machen", und: „mit *einem* Opfer hat er auf immerdar die vollkommen gemacht, die geheiligt werden" (Heb 2,10; 10,14).

Reiner Weihrauch war ein wichtiger Bestandteil des heiligen Räucherwerks, das für den goldenen Altar bestimmt war. Es wurde als

---

[161] Z.B. Ps 1,1; Ps 84,8; 150,1.
[162] Je nach Größe des Baumes 3 - 10 Kg Harz pro Saison.

Rauchopfer in Verbindung mit dem Speisopfer und beim essen der Schaubrote auf dem Brandopferaltar dargebracht. Die Treue Levis, als er für die Ehre Gottes eintrat, wird sinnbildlich als Weihrauch vor dem Herrn gesehen (2.Mo 32,25-29; 5.Mo 33,10). Die Braut in Hohelied 3,6 hatte sich mit Weihrauchduft geschmückt und sich dieses durch die Entbehrungen der Wüste bewahrt. Ihre Gefühle der Liebe und der Wunsch nach Gemeinschaft hat sich entwickelt, und nun möchte sie den Bräutigam ehren und seine Herrlichkeit auf der Erde widerstrahlen. Die Magier aus dem Morgenland opferten Weihrauch als eine Huldigungsgabe dem Heiland der Welt, indem sie die Kostbarkeiten vor den Herrn Jesus als Kind in der Holzkrippe legten. Aufgrund dieser Betrachtung können wir feststellen, dass Weihrauch ein Synonym für „Gott die Ehre geben" ist.

Der reine Weihrauch wurde auf dem Brandopferaltar geräuchert. Der Herr Jesus ehrte Seinen Gott und Vater während Seines Lebens und Sterbens, denn Er war Ihm allein gehorsam und treu in allem. Dieser heilige Gehorsam offenbarte die wunderbare Fülle Gottes und bekleidet unseren Herrn mit einem „Weihrauchmantel" anbetungswürdiger Herrlichkeiten. In Kapitel 4,34 des Johannes-Evangeliums kommt dies schön zum Ausdruck, als unser Heiland sagte: „*Meine* Speise ist, dass ich den Willen dessen tue, der mich gesandt hat, und sein Werk vollbringe." Der Vater bezeugte öffentlich, dass dieser Sein geliebter Sohn ist, an dem Er Wohlgefallen gefunden hat. Bei zwei Gelegenheiten - zu Beginn Seines öffentlichen Dienstes und zum Ende - hören wir Sein Zeugnis; das NT teilt es uns siebenmal mit.

Und Mose legte das Brot in Ordnung auf den goldenen Tisch, in zwei Reihen zu je sechs Stücke und oben auf jede Schicht Weihrauch, so wie es ihm der Herr geboten hatte. In den zwölf Broten werden wir wieder ganz allgemein an eine vor Gott verantwortliche Gemeinschaft erinnert, die Ihm praktisch priesterlich dient. Die Zahl 2 ist auch die Zahl der Gegenüberstellung: die Gemeinschaft nach der alten Ordnung, die Gemeinschaft im Zeitalter der Gnade. Die Zahl 6 weist grundsätzlich auf den nach Vollkommenheit strebenden Menschen hin. Um - zahlensymbolisch gesprochen - Vollkommenheit zu erreichen (die Zahl 7) bedarf es noch der „1": das meint den Christus, den Messias Seines irdischen Volkes, beziehungsweise den Herr Jesus als das Haupt Seines Leibes, Seines himmlischen Volkes. Nur durch Ihn ergibt sich in jeder Haushaltung Vollkommenheit auf der Erde (2 x (6 + 1)), wodurch Menschen Ihm dienen können. Diese „1", diesen „Wohlgeruch" Gottes, sehen wir in dem zuvor beschriebenen Weihrauch oben auf jeder Brotschicht. Ein Gott wohlgefälliges Streben ist das Streben nach Gemeinschaft mit Ihm, in der Gesinnung Christi, eine Gemeinschaft in Christus Jesus, dem Herrn. So vollkommen gemacht, erkennen wir grundsätzlich in den zwei Abteilungen Gläubige, die sich als eine Priestergemeinschaft am Brandopferaltar zusammenfinden, die unsere Blicke heute auf das Kreuz auf Golgatha lenken und sich der Gnade Gottes erinnern, zur Ehre und Verherrlichung Gottes durch Jesus Christus. Der Weihrauch auf den Schaubroten sagt uns, dass nur solch eine Gemeinschaft für Gott derselbe Wohlgeruch ist, wie der Sohn Seinem Vater ein beständiger Wohlgeruch ist.

Die 2 x 6 Brote stehen im Vorbild für die Gläubigen aus dem Volk Israel und sie geben einen grundsätzlichen Hinweis auf die Gläubigen unserer Tage seit Pfingsten. Christus trägt die Seinen, eine heilige Priesterschaft, in den verschiedenen Haushaltungen als Gemeinschaft (Versammlung) vor dem Angesicht Gottes. Wir finden aber noch ein Weiteres: Nach Ablauf von sieben Tagen - sinnbildlich eine vollkommene Zeitperiode - werden die zwölf Brote und der Weihrauch neu zugerichtet; wir erkennen wieder die Zahl 13 (12+1), die auf eine zukünftige völlige Neuordnung der Verwaltung der Dinge Gottes hinweist.

Die aufbewahrte Sabbatruhe

Auf der erneuerten Erde (1.Mo 1,3ff; vgl. Ps 104,30) hatte Gott in Seiner ewigen Liebe alles in einer *täglichen* wunderbaren Aufeinanderfolge geschaffen und gemacht; Er kann auf Entwicklungsstufen und Vorbereitungen verzichten. »Der in der Bibel berichtete Zeitrahmen zwischen Schöpfung und Gegenwart lässt bei konsequent biblisch orientierter Auslegung meiner Ansicht nach keine Jahrmillionen und -milliarden als Ergebnis zu. Auch theologisch ist die Botschaft sowohl im Alten als auch im Neuen Testament klar: Der Schöpfer benötigt für einen Schöpfungsakt keine riesigen Zeiträume und Er lässt sich auch nichts in Jahrmillionen langsam entwickeln, um schließlich sagen zu können: Das ist es, was ich mir eigentlich vorgestellt hatte. ... Der Schöpfer benötigt nicht einmal Materie oder Energie als Ausgangsbasis, um die Dinge ins Leben zu rufen. (W.Borlinghaus, DCTB)«. Die törichte, zudem auch unbewiesene - weil in weiten Bereichen sehr lückenhaft und widersprüchlich - und oft deutlich widerlegte Theorie der Evolution, die auf ihre Götter „Zeit" und „Zufall" angewiesen ist, ist eine Irrlehre; sie schließt den allein wahren Gott aus (Atheismus) oder schränkt sein Handeln ein, als ob ein „höheres Wesen", eine Art Gott, zu verschiedenen Entwicklungsstufen lediglich einen Anstoß gegeben hätte (Theismus). In 2. Mose 20,11 steht geschrieben: „In sechs Tagen hat der HERR den Himmel und die Erde gemacht, das Meer und alles, was in ihnen ist, und er ruhte am siebten Tag; darum segnete der HERR den Sabbattag und heiligte ihn." Wir können in der Schöpfungsgeschichte erkennen, dass das Wort „schaffen" („erschaffen", heb. „barah", d.h. „ins Dasein rufen") in Verbindung steht mit Dingen, die es zuvor noch nie gegeben hat, es bezeichnet also einen erstmaligen Vorgang und zeigt uns etwas absolut Neues: „Die Himmel und die Erde", in ihrem Urzustand (1.Mo 1,1); „die großen Seeungeheuer"[163163], Fische und Vögel (V. 21); „Und Gott <u>schuf</u> den Menschen in seinem Bild, im Bild Gottes <u>schuf</u> er ihn; Mann und Frau <u>schuf</u> er sie" (V. 27); und vorher (V. 26) heißt es: „... Lasst uns Menschen machen in unserem Bild, nach unserem Gleichnis". Das im Hebräischen gebrauchte Wort „machen" („asher") hat die Bedeutung von „einreihen", „ordnen", und es wird dann benutzt, entweder wenn Gott etwas bereits Vorhandenes sichtbar werden lässt, oder wenn aus bereits Vorhandenem etwas anderes Neues gebildet wird: „Und Gott der Herr bildete den Menschen, Staub vom Erdboden" (2,7).

Der Mensch wurde am sechsten Tag erschaffen: Es gibt keine Millionen von Jahre alten Vor- oder Frühmenschen.

Der Mensch wurde gemacht: Reinheit und Unschuld ließen ihn im Bild Gottes erscheinen, seine Fähigkeiten bezeugten, welche Hand ihn gemacht hatte. Und er war Gott unterworfen, aber über die Schöpfung gestellt.

Der Mensch (Adam) wurde gebildet: Aus Staub vom Erdboden bildete Gott eine lebendige Seele, und aus ihm „baute" Gott die Frau, Eva (2,22; Das heb. Wort für „baute" ist in der LXX „okodomesen" und entspricht dem griech. Wort „aufgebaut, mit aufgebaut" in Eph 2,20.22).

Der Mensch ist also vom „Geschlecht Gottes" (Apg 17,29). Nur ihm hauchte Gott Seinen Odem ein und der Mensch wurde eine lebendige Seele, und in diesem Sinn ist der Mensch das einzige Geschöpf von göttlicher Abstammung; man kann hier noch nicht sagen, dass der Mensch durch die Gnade ein Kind Gottes ist.

Sechs Tage hatte Gott gearbeitet - der „Elohim"; „Derselbe" -; im Hebräerbrief (1,10.12b) wird das von dem Herrn gesagt, der zuvor als

---

[163] Das griech. Wort für „Seeungeheuer" („kétos") wird im NT nur in Mt 12,40, „großer Fisch", benutzt. Sonst immer „ichthys" = „Fisch". „Ichthydion" = „kleiner Fisch", nur in Mt 14,14-21 u. Mk 6,34-44 (nicht in Joh 6). Das griech. Wort „*Ichthys*" ist gleichzeitig ein Akronym für den Satz »*I*esous **Ch**ristos

„der Sohn" und als „Gott" angeredet worden ist (vgl. Ps 102,26 und Fn zu V. 25: „El". Vgl. auch Kol 1,17). „Und Gott hatte am siebten Tag sein Werk vollendet, das er gemacht hatte; und er ruhte am siebten Tag von all seinem Werk, das er gemacht hatte. Und Gott segnete den siebten Tag und heiligte ihn; denn an ihm ruhte er von all seinem Werk, das Gott geschaffen hatte, indem er es machte." So groß war die Liebe Gottes, dass Er den Menschen als allererstes an Seiner Ruhe teilhaben lassen wollte, und so sollte es fortan immer sein, doch an diesem siebten Tag wurde die göttliche Ruhe gründlich gestört. Darum lesen wir auch nicht: Und es wurde Abend und es wurde Morgen: der siebte Tag. Mit dem achten Tag wollte (musste) Gott jetzt einen Neuanfang in Gnade beginnen. Schon früh morgens sich aufmachend wandelte Gott bei der Kühle des Tages und *Er* suchte den Menschen. Gott kann so nicht mehr ruhen, Er sucht seitdem jeden einzelnen Menschen; der Herr Jesus sagt: „Mein Vater wirkt bis jetzt, und *ich* wirke." Jeder Mensch aber, der nichts von der Liebe Gottes weiß, beziehungsweise die Liebe Gottes verachtet, lebt ganz allgemein gesagt in latenter Furcht, und als ein solcher fürchtet er sich vor Gott wegen seiner Sünde und versucht sich irgendwie vor Ihm zu verstecken - mit Wissen und Wollen drückt der natürliche Mensch Gott gewaltsam aus seinem Bewusstsein und tötet sein Gewissen ab. Und wird er dann doch gefunden und gestellt, klagt er Gott an. Die Liebe Gottes ist eine ewige und Seinen Ratschlüssen bleibt Er sich ewig treu. Die Ruhe Gottes über das Werk Seiner Hände und für Menschen musste zeitlich nach hinten verschoben werden, sie wird seitdem bis zu der von Ihm festgesetzten Zeit aufbewahrt. Das geringste aller Völker, Israel, hatte Gott für sich selbst erwählt und zu sich gerufen. Sie sollten aus Gnade Gemeinschaft mit Ihm haben und in den Genuss Seiner Liebe kommen. Sie sollten sich würdig erweisen, in die Ruhe Gottes einzugehen. *Ihnen* gab Gott den siebten Tag als Sabbat.

---

*Th*eou *Y*ios *S*oter«, d.h. Jesus Christus, Gottes Sohn, Heiland od. Retter. („Ch" u. „th" im Griech. je-

Es ist das erste Mal in 2. Mose 16,23, dass Gott die Anweisung gibt, den Sabbat zu beobachten; doch schon in Vers 27 wird die Sabbatruhe wieder gebrochen. Jetzt gab Gott ihnen diesen Tag sogar als ein Gebot, das vierte (2.Mo 20,8-11). „Der Sabbat wurde um des Menschen willen geschaffen" (Mk 2,27) und man kann sagen: Der Sabbat weist hin auf die Gleichheit aller Menschen. Wir, die Gläubigen der Gnadenzeit, ruhen heute schon täglich, für alle Zeit und Ewigkeit in der Liebe Gottes in der Gemeinschaft des Heiligen Geistes, wir erfreuen uns der Gemeinschaft mit dem Vater und mit Seinem Sohn durch unseren Herrn Jesus Christus.

Wir hatten festgestellt, dass es nicht heißt: Und es wurde Abend und es wurde Morgen: der siebte Tag. Das Sechs-Tage-Werk war vollendet und die Ruhe des siebten Tages einschneidend gestört worden. In diesem Sinn besteht der Ruhetag auf Erden noch nicht, er musste bis auf späteres aufbewahrt, zeitlich nach hinten verschoben werden. Das bedeutet, der sechste Tag dauert fort[164]. Das findet auch seine Bestätigung im Wort Gottes in Epochen übergreifender Sichtweise; ein Beispiel, das einen Bogen vom Anfang zum Ende schlägt: „Und Gott der HERR sprach zu der Schlange: Weil du dies getan hast, sollst du verflucht sein ... Auf deinem Bauch sollst du kriechen und Staub fressen alle Tage deines Leben", und du wirst „zermalmt" werden (1.Mo 3,14.15). Seitdem gibt es die Schlange, so, wie wir sie auch heute noch kennen, und sie ist der Typus auf den Ursprung der Sünde, das ist der Teufel. In der Mitte der Drangsalszeit wird „der große Drache, die alte Schlange, welcher Teufel und Satan genannt wird", auf die Erde geworfen werden: „Wehe der Erde und dem Meer! Denn der Teufel ist zu euch hinab gekommen und er hat große Wut, da er weiß, dass er wenig Zeit hat. ... Und der Drache wurde zornig." (Off 12,7-12.17; vgl. Lk

---

weils nur ein Buchstabe).
[164] Wir leben heute in der sechsten Haushaltung, in dem sechsten Zeitalter der Menschheitsgeschichte.

10,18). Erst wenn dieser für tausend Jahre gebunden und in den Abgrund eingeschlossen wird, endet die Haushaltung des sechsten Tages (Off 20,1-3). Dann beginnt der siebte Tag, das 1000-jährige Reich. Der Prophet Jesaja (65,25) hält eine Vorausschau auf das 1000-jährige Reich. In der Natur des Menschen herrscht immer noch das sündige Fleisch und wir finden die Tatsache, dass der Fluch der Sünde noch nicht fortgetan ist auch darin, dass es von der Schlange immer noch heißt: „Staub wird ihre Speise sein." Erst in Offenbarung 20,10 sind „alle Tage" ihres Lebens zu Ende, die volle Wucht des Fluches Gottes trifft sie, den Urheber von Sünde und Schuld, im Gericht ohne Gnade, ihr Kopf wird zermalmt (vgl. Jes 27,1). Unmittelbar daran anschließend endet jetzt der „siebte Tag" mit den Versen 10-15.

Während die zwölf Brote vor dem Angesicht Gottes zum ewigen Gedächtnis in ihrer Ordnung und Ruhe liegen und an jedem siebten Tag ausgetauscht werden, vermitteln sie den Eindruck eines „geduldigen Wartens". Auch Israel lebt heute in der Zeitperiode des sechsten Tages, die bis zum Ende der großen Drangsal andauern wird. In dieser Zeit sehen wir den Herrn Jesus im Himmel „stehen" und „sitzen".

Stephanus schaute voll Heiligen Geistes unverwandt „in den geöffneten Himmel" und er sah „die Herrlichkeit Gottes, und Jesus zur Rechten Gottes stehen." Das „Stehen" des Herrn illustriert ein aktives Warten, ein Abwarten unter großer Anteilnahme, ob das jüdische Volk Buße tun würde, damit Er zu ihnen gesandt werden könne und Zeiten der Erquickung für sie kämen, und es drückt die sofortige Bereitschaft zum Handeln aus. Es illustriert, dass Gott, der Sohn, als Mensch in völligem Gehorsam unterwürfig unter den Willen Seines Gottes und Vaters auf den Augenblick wartet, an dem Gott Ihn sendet (Mt 24,36, Mk 13,32; Off 5,6).

In Psalm 110,1 wird der Messias sitzend gesehen. Es ist Ausdruck Seines geduldigen Wartens - Seiner Langmut (2.Pet 3,9) -, auf „jenen

Tag", an welchem Er Seine Friedensherrschaft in Gerechtigkeit antreten kann[165]. Wenn dann einmal das langmütige Warten Gottes ein Ende hat, dann sitzt Er auf hoch erhabenem Thron um Gericht zu üben über alles Fleisch (Off 5,7).

Der „7. Tag", „der Tag Christi" (respektive „der Tag des Herrn"), beginnt mit dem Offenbarwerden der Seinen vor dem Preis-Richterstuhl des Christus. Dann findet die „Hochzeit des Lammes" statt (Jemand hat einmal das 1000-jährige Reich mit der anschließend stattfindenden Hochzeitsfeier verglichen). Darauf folgt das sichtbare Erscheinen - die Offenbarung - des verherrlichten Menschen Christus Jesus. Siebenmal lesen wir in Bezug auf Sein Erscheinen, dass es „wie ein Dieb" sein wird: einmal, um die Gläubigen der Gnadenzeit zu ermuntern und zu erbauen, dass Er für sie - für uns - *nicht* kommt wie ein Dieb, weil wir vorher zur vollkommenen Errettung gelangt sind und zusammen mit Ihm leben (1.Thes 5,4-11)! In den anderen sechs Fällen sehen wir fünf Gruppen von Menschen, für die Sein Erscheinen entweder unerwünscht und/oder unerwartet sein wird, eben „wie ein Dieb in der Nacht":

1. Gläubige Juden in der Drangsal (Mt 24,43.44; Lk 12,39.40);
2. Heiden, das sind die ungläubigen Völker (1.Thes 5,2);
3. Jüdische Verführer (2.Pet 3,10);
4. Ungläubige Christen (Off 3,3);
5. Gläubige aus den Völkern, die in der Drangsalszeit zur Bekehrung gekommen sind (Off 16,15).

Der Herr kommt das zweite Mal in diese Welt in der Herrlichkeit des Vaters mit allen Seinen Heiligen und mit den heiligen Engeln Seiner Macht und in Seiner eigenen Herrlichkeit, „um an jenem Tag verherrlicht zu werden in seinen Heiligen und bewundert zu werden in allen

---

[165] So.a. viermal in Heb 1,3; 8,1; 10,12; 12,2.

denen, die geglaubt haben." Wir, die Gläubigen der Gnadenzeit - Seine Braut -, und alle Heiligen, und die Engel werden also zusammen mit Ihm offenbar werden. Der „7. Tag" erstreckt sich weiter über die Endzeitgerichte und über die Zeit Seiner Herrschaft in Gerechtigkeit und Frieden über die Welt, dem 1000-jährigen Reich, und endet schließlich mit dem fürchterlichen, ewigen Gericht Satans und seiner Engel, und für alle gottlosen Menschen vor dem Richter auf dem großen weißen Thron. Das letzte an diesem Tag wird sein, „wenn er (Christus) das Reich dem Gott und Vater übergibt" (1.Kor 15,24).

Der „7. Tag" ist also kein Tag mit 24 Stunden, es ist eine Epoche, ein ganzes Zeitalter. Es ist der Tag der Ruhe Gottes über das Werk Seiner Hände. Der Gott aller Gnade schenkt Ruhe Seiner ganzen Schöpfung. Diese göttliche Vollkommenheit auf der Erde gab es zuvor (seit 1.Mo 3) noch nie, die ganze wiedergeborene Schöpfung wird von den Folgen des Fluches befreit sein, denn Satan ist gebunden und in dem Abgrund sicher verwahrt. Er schenkt Ruhe dem Himmel; Er schenkt Ruhe Seinem irdischen Volk - die Vollzahl des Überrests, der erneuert worden ist; Er schenkt Ruhe den Nationen; Er schenkt Ruhe für das Land, Ruhe für die Tierwelt. Er, der Herr, spricht: „Siehe, ich schaffe einen neuen Himmel und eine neue Erde; und an die früheren wird man sich nicht mehr erinnern, und sie werden nicht mehr in den Sinn kommen. Sondern freut euch und frohlockt auf ewig über das, was ich schaffe" (Jes 65,17.18). Ähnlich wie in 1. Mose 1,26.27 und nach der Sintflut[166] wird der Herr etwas völlig Neues schaffen, hier in moralischer Hinsicht und Er macht es aus etwas bereits vorhandenem.

Der Prophet Hosea nennt den Tag des Herrn den „dritten Tag" (6,1-3). Das steht nicht im Widerspruch zu dem bisher Gesagten, vielmehr ist die Sichtweise Hoseas nicht auf Epochen ausgerichtet, sondern auf drei kennzeichnende Merkmale des Volkes: Am „ersten Tag" hat Israel sich verhärtet, es verweigerte Gott den Gehorsam und hat deswegen am „zweiten Tag" als Folge davon zu leiden, Gericht und Zerstreuung kamen. Das ist es, was wir in Hebräer 4,5 in einer starken Form der Verneinung finden: „Wenn sie in meine Ruhe eingehen werden". Am „dritten Tag" werden sie nach der Erkenntnis des Herrn trachten, sie werden verbunden und aufgerichtet werden und vor Seinem Angesicht leben. Das ist das „Heute", die „übrig" gebliebene Sabbatruhe der Verse 6-10.

Das siebte Zeitalter, das 1000-jährige Reich, ist abgeschlossen und geht über in den „8. Tag". Bei dem Begriff „achter Tag" kann man genau genommen weder von einem Tag noch von einem Zeitalter sprechen. In der Zahl 8 kommt in ihrer Sinndeutung der Neuanfang nach dem Abschluss aller Zeitalter zum Ausdruck, sie hat Ewigkeitscharakter und die Ewigkeit kennt keine Zeit. Vorgebildet ist das in dem siebentägigen Laubhüttenfest in 3. Mose 23,39: „Ihr sollt das Fest des Herrn feiern sieben Tage; am ersten Tag soll Ruhe sein, und am achten Tag soll Ruhe sein." Es beginnt der „Tag Gottes", der „Tag der Ewigkeit". Die Ewigkeit wird unserem Gott und Vater Seine Ruhe bringen. Der neue Himmel und die neue Erde wird Sein Reich sein, ein bleibendes, ein unerschütterliches, in dem dann Gerechtigkeit wohnen wird (nicht mehr herrschen; wenngleich es eine gewisse Herrschaft in Ewigkeit geben wird). „Neu": »Das griechische „kainos" bedeutet „jung, frisch, ungebraucht, unbekannt, ungewohnt", nicht neu der Zeit nach, sondern neu der Erscheinungsform, der Qualität, dem Charakter nach. ... Wir gehen sicher nicht fehl in der Annahme, dass die neuen Himmel und die neue Erde aus Elementen der alten Schöpfung aufgebaut sein werden« (C.Briem). Dann ist Gott „alles in allem" und in allen[167]. Als Gott, „die ganze Fülle der Gottheit", und als wahrer Mensch wird der Herr Jesus

---

[166] Hebr. „mabul", wörtl. „Himmelsozean"; 1.Mo 7; 8: Gesamtdauer 365 Tage, ein ganzes Sonnenjahr.

ohne jeden Titel herrschen (Mt 26,64. Nicht als der „Sohn des Vaters", nicht als der „König Israels"). *Ihm* ist die Herrlichkeit und die Macht von Ewigkeit zu Ewigkeit. Amen. Es ist das Reich des Sohnes Seiner Liebe, das sich dann in unvorstellbarer, ewiger Vollkommenheit entfaltet haben wird, es ist Sein ewiges Reich: „das ewige Reich unseres Herrn und Heilandes Jesus Christus." Und zusammen mit Ihm werden auch alle himmlischen Heiligen herrschen, vielleicht in dem Sinn, dass sie dann Verwalter aller göttlichen Segnungen sein werden, zur Verherrlichung Gottes. In der Vollendung aller Dinge ist die Anbetung Gottes, und dieses als nächsthöchstes, der Sinn menschlichen Lebens.

Darüber hinaus sagt uns Gottes Wort hierzu nur sehr wenig, und wir werden unweigerlich an Worte des Apostel Paulus erinnert, die er uns bei anderen Gelegenheiten mitteilte, nämlich, dass es „in keines Menschen Herz aufgekommen ist, was Gott bereitet hat denen, die Ihn lieben", und das schon im Paradies über unaussprechliche Dinge gesprochen wird, „die ein Mensch nicht sagen darf." Der Herr Jesus nennt das im Blick auf die Teilhaber der göttlichen Natur: „Leben haben und es im Überfluss haben." Es ist die vollkommene Verwaltung aller Segnungen, die heute schon unser geistliches Teil sind, es ist unser in den himmlischen Örtern aufbewahrtes Erbteil. Wie unfassbar kostbar und ewig sind doch die Herrlichkeiten, die Gott uns verheißen hat - und diesem großen Gott dürfen wir als Anbeter dienen, jetzt und in Ewigkeit. Wir dürfen sie heute schon genießen, denn Er hat uns gesalbt mit Seinem Geist und Ihn uns als Unterpfand gegeben. Wie weit, wie herrlich, wie gesegnet ist es doch, in der Gemeinschaft mit Gott getragen zu werden und in der Erkenntnis des wunderbaren Namens unseres Herrn Jesus Christus zu wachsen.

---

[167] 1.Kor 15,24-28. Vgl. Eph 3,21; 2.Pet 3,13; Heb 12,27b.28a; Off 21,1-8. „Seine Ruhe" in Heb 3 und 4 weist auch auf den ewigen Zustand hin.

Für uns, die Glaubenden der Gnadenzeit, hat der achte Tag eine besonders schöne Bedeutung: Jeder achte Tag[168] erinnert uns an die Auferstehung unseres Herrn und Heilandes aus den Toten und damit untrennbar verbunden an den Beginn einer neuen Schöpfung - aus Gott geboren durch den Glauben - auf der Grundlage der Gnade. Es ist unser kalendarischer Sonntag, der erste Tag der Woche. Der „erste Tag der Woche" wird im NT achtmal genannt[169] und aus Offenbarung 1,10 wissen wir, dass dieser Tag dem Herrn gehört - an diesem Tag war der Apostel Johannes mit Herz und Sinn, wie er sagt „im Geist", mit dem Herrn beschäftigt und der verherrlichte Herr im Himmel, Jesus Christus, offenbarte sich ihm. »Des Herrn Tag, oder der dem Herrn gehörende Tag, griech. „he kyriakè heméra", ist ein besonderer Ausdruck, der nur in Offenbarung 1 und in 1. Korinther 11,20 (dort in Verbindung mit dem Abendmahl) vorkommt« (C.H.Macintosh). Es ist jedes Mal der achte Tag, an dem wir uns als Versammlung *zu Ihm hin* (in Seinem Namen) versammeln, und uns vor Gott als *ein Leib* darstellen, von welchem *Er* das Haupt, das Haupt *Seines* Leibes ist. An diesem Tag verkündigen wir den Tod des Herrn bis Er kommt zu Seinem Gedächtnis. Es ist der dem Herrn gehörende Tag, und es ist das dem Herrn gehörende Mahl. An diesem Tag und an diesem Ort und in der Handlung wird sichtbar, dass Christus *und* Seine Versammlung *ein Leib* ist. „Bis er kommt", um uns in die himmlische Herrlichkeit des Vaterhause heimzuholen. *„Er* ist des (Seines) Leibes Heiland". Der Apostel Paulus nennt das „unser Versammeltwerden zu Ihm hin" um dadurch „allezeit bei dem Herrn zu sein" (2.Thes 2,1; 1.Thes 4,17). Nur noch in Hebräer 10,25 wird dasselbe griechische Wort „episynagoge"[170] als Substantiv

---

[168] „Der Tag nach dem Sabbat": 3.Mo 23,11.15.16.

[169] Mt 28,1; Mk 16,2.9; Lk 24,1; Joh 20,1.19; Apg 20,7; 1.Kor 16,2.

[170] Das Wort „episynagoge" besteht im Griech. aus drei Wörtern, „epi-syn-agoge". „Syn-agoge" bedeutet „Sich-Versammeln"; „Epi-syn-agoge" „Sich-versammeln-zu". Als Verb wird „epi-syn-agoge" 7- od. 8-Mal im NT erwähnt: Mt 23,37 (2-Mal); 24,31; Mk 1,33; 13,27; Lk 12,1; 13,34 u. viell. 17,37 (G.C.Willis).

benutzt; es wird dort mit „Zusammenkunft"[171] übersetzt. Der Ausdruck umfasst eine Form des Wortes „Synagoge", dem die Vorsilbe „epi" („darüber, oben, auf, bei, neben") vorangestellt ist. In beiden Stellen (2.Thes 2,1; Heb 10,25) spricht es von unserem Herrn Jesus Christus als dem Mittelpunkt des Zusammenkommens der Heiligen, in Hebräer 10 von unserem gegenwärtigen Vorrecht uns *zu Seinem Namen* in Versammlung (als Versammlung, Sein Leib) zu versammeln, während und solange wir auf jenes herrliche Ereignis warten. Wir sehen durch das inspirierte Bibelwort „episynagoge" die engste Beziehung, das Untrennbare, zwischen den Zusammenkünften als Versammlung und der Ankunft unseres Herrn Jesus Christus und unserer Entrückung. (In Matthäus 18,20 werden fast dieselben Wörter benutzt).

Des Zusammenhangs wegen möchte ich das weiter oben gesagte, das „stehen" und „sitzen" des Herrn im Himmel, ergänzen und noch kurz auf das Wandeln des Herrn Jesus im Himmel eingehen. So beschreibt Er sich selbst in Offenbarung 2,1. In dem ersten Sendschreiben - an Ephesus - finden wir Christus in Seinem allgemeinen richterlichen Charakter, den Er grundsätzlich bis zum Ende beibehält - Laodizea. Er nimmt beständig den gegenwärtigen und veränderlichen Zustand der Versammlungen (beziehungsweise der christlichen Kirche) zur Kenntnis und prüft vollständig, ob sie ihrer besonderen Verantwortlichkeit in der Zeit unter freier Gnade entspricht: In Seinem Namen Buße und Vergebung der Sünden zu predigen (Lk 24,46-48), Seine Herrlichkeiten widerzustrahlen (Phil 2,15), Seine Tugenden zu verkünden (1.Pet 2,9), ein lebendiger Empfehlungsbrief Christi zu sein, gekannt und gelesen von allen Menschen (2.Kor 3,2.3). Gott erwartet von den Seinen, dass in der Versammlung Sein Wille mit Autorität vorgestellt und verwirklicht wird. In zunehmender Weise wird offenbar, dass die

---

[171] „Indem wir unser Zusammenkommen (zu Ihm hin) nicht versäumen (nicht aufgeben), wie es bei einigen Sitte ist."

Kirche, die Namen-Christenheit, die ihr geschenkte Gnade verachtet und ihre Stellung böswillig missbraucht. Eine schöne Ausnahme zeigt sich trotz Schwachheit in Philadelphia, das heißt „Bruderliebe", also dort, wo in den Herzen der Einzelnen die Liebe Gottes wohnt und trotz Schwierigkeiten anderen zukommt. Die Kirche als solche hat in ihrer Verantwortung vor Gott, dem Herrn, völlig versagt. Als der „Amen, der treue und wahrhaftige Zeuge" steht Christus außerhalb der verweltlichten Christenheit - eine Christenheit ohne Christus, bis hin zu einer Theologie[172] ohne Gott. Doch unermüdlich übt Er Seine kostbare Gnade aus, um zu suchen und zu erretten, was verloren ist. Er wendet sich an jede einzelne Seele und bittet gleichsam: „Lass dich versöhnen mit Gott!". Er geht von Herzenstür zu Herzenstür und klopft bei jedem Mensch an, um die Aufmerksamkeit auf sich zu lenken: „Sei nun eifrig und tu Buße! Siehe, ich stehe an der Tür und klopfe an; wenn jemand meine Stimme hört und die Tür öffnet, zu dem werde ich hineingehen und das Abendbrot mit ihm essen, und er mit mir".

Mögen wir uns doch mehr der uns geschenkten wunderbaren Gnade bewusst sein, und unserer damit verbundenen Verantwortung mehr entsprechen. Mögen wir uns doch allezeit Seiner Liebe zu Seiner Versammlung bewusst sein, einer Liebe, die stärker war als der Tod, und die uns aus Gnade und Barmherzigkeit durch Gottes Macht bewahrt und einmal völlig erlösen wird und diese Liebe aufrichtigen Herzens rein und heilig erwidern.

Sei es nun, ob wir Christus Jesus, unseren Herrn, „stehen", „sitzen" oder „wandeln" sehen, in allem wird unser Herz hingelenkt auf das „Ausharren des Christus". Zum einen auf Sein Kommen, auf den Augenblick, an welchem Gott, der Vater, Ihn *für* die Seinen senden kann, um sie in das Vaterhaus heimzuholen, und zum anderen, um hernach *mit* den Seinen auf der Erde zu erscheinen. Das Ausharren des Chris-

---

[172] Griech. „Rede von Gott"; im engeren Sinn, die Lehre von Gott.

tus findet sein Ende, wenn wir in der Ewigkeit unaussprechliche, unvorstellbar glückliche Gemeinschaft mit Gott haben durch Jesus Christus, unseren Herrn. »In unserem heutigen Zeitalter - dem sechsten - herrscht die Gnade durch Gerechtigkeit. Wir werden vor dem Bösen bewahrt. In dem zukünftigen Zeitalter, am „Tag des Herrn", herrscht die Gerechtigkeit auf der Erde. Im 1000-jährigen Reich wird die Gerechtigkeit unter Zwang aufrecht erhalten; es ist also ein erzwungener Friede. In der Ewigkeit aber wird die Gerechtigkeit wohnen. Jeder wahre Gläubige wartet also nicht nur auf die Entrückung der Versammlung. Wir warten auch auf die Erscheinung des Herrn: Wir lieben Seine Erscheinung. Wir sollen auch ganz bewusst auf die Ankunft des Tages Gottes warten und uns befleißigen, uns eifrig bemühen so zu leben - würdig, „in heiligem Wandel und Gottseligkeit"[173] -, als ob wir die Ankunft schneller anbrechen lassen können. Denn an diesem „Tag" werden einmal in unvorstellbarer Weise - von Herrlichkeit zu Herrlichkeit - die vollen Früchte des Werkes des Herrn gesehen werden, weil dann das Prinzip der Sünde in absolutester Weise abgeschafft sein wird« (W.J.Ouweneel).

---

[173] Griech. „eusebeia"; das Wort wird aus „eu" und „sebomai" gebildet: „eu" = „richtig, gut"; „sebomai" beschreibt die Haltung des Menschen Gott gegenüber, Ihn ehrfürchtig u. mit heiliger Scheu zu ehren (H.Cremer). Es wird auch zur „Anbetung" gebraucht (W.F.Arndt; F.W.Gingrich). (In Joh 4,23 wird „proskyneo" verwendet). Dieses „eu-sebomai" = „eusebeia", diese wahre, richtige Frömmigkeit, Gottesfurcht verleiht Kindern Gottes einen erhabenen Charakter und es erfreut das eigene Herz, Gott wohlgefällig zu wandeln!

Nur eine kurze Zeit

Wir leben in der letzten Zeit. -
        Der Herr kommt bald!

Wir leben in den letzten Tagen. -
        Der Herr kommt schnell!

Wir leben in der letzten Stunde. -
        Der Herr kommt eilends!

„Amen; komm, Herr Jesus!"

Wir leben in der letzten Zeit
und rühmen Gottes Lieb und Gnad,
der Kraft mir gibt in allem Leid,
zu gehn auf dem glückselgem Pfad.

Wir leben in den letzten Tagen,
die voller Hast und Unruh sind.
Doch ohne Bang, voll Gottvertrauen,
geh ich zu Ihm, wo Ruh ich find.

Wir leben in der letzten Stunde
und Sorgen treiben dürre Triebe.
Doch ruhe ich, gleich einem Kinde,
in meines Vaters Schoß, der Liebe.

Nur kurze Zeit die Prüfung währt.
Wer, was will mir da noch schaden?
Der Heiland ist´s, der mich begehrt!
Erquickung schenkt Er mir aus Gnaden.

Der Herr kommt bald. Er hat´s gesagt!
Denn Er weiß wohl, wie schwach ich bin.
Barmherzig ist *Er* jeden Tag.
„Dein Freud´ und Fried´ gib meinen Sinn."

(1.Pet 1,6; 5,10; 1.Tim 4,1; 2.Tim 3,1; 1.Joh 2,18; Off 22,7.12.20)

Trankopfer - Durch Leiden zur Freude

Neben den Schaubroten mussten Gegenstände aus reinem Gold auf dem Tisch stehen. Nur von der Kanne wird uns erklärt, wozu sie diente, nämlich um das Trankopfer aufzunehmen. Das wurde im Heiligtum vorbereitet um dann an den Brandopferaltar getragen, dort verwendet zu werden. In dem reinen Gold erkennen wir wieder symbolisch Gott, den Sohn, unseren verherrlichten Herrn Jesus Christus. Das Trankopfer war Wein, und Wein ist ein Bild der Freude, irdischer, zeitlicher Freude. Wir werden erkennen, dass das Trankopfer ein Freudenopfer, ein „Opfer des Jubels" ist. Es weist letztlich hin auf eine Zeit des Segens, in der es Überfluss an Wein geben wird. Wenn der Fluch, der auf der Erde liegt, weggenommen sein wird, schenkt Christus Überfluss an Freude. In geistlichem Sinn herrscht seit dem Sündenfall Mangel an gutem Wein und denen, die schon heute auf Sein Wort hören, verwandelt Er den Mangel in Überfluss, Er schenkt völlige Freude, Freude im Herzen. Doch bevor diese Freuden genossen werden können, müssen die gelesenen Weintrauben in der Kelter getreten, gestampft und ausgepresst werden. Der Christus musste Leiden und für unsere Sünden sterben und auferstehen aus den Toten und in Seine Herrlichkeit eingehen.

Wein finden wir das erste Mal in der Bibel bei Noah und danach, historisch gesehen, bei Hiob[174]. Auf der gereinigten Erde baute Noah seinem (Schöpfer-) Gott einen Altar und opferte Ihm ein wohlgefälliges Brandopfer. Sich der Liebe und Gnade Gottes bewusst, fing Er an ein Ackermann zu werden. Den Segen, den Gott einst aus Liebe den Menschen gegeben hatte (nämlich in Eden Arbeit / bebauen und bewahren, Weinstock und das Produkt aus beidem), den Wein, missbrauchte er

---

[174] Einige Schriftenforscher datieren das Leben Hiobs etwa in die Zeit Tarahs, (heb. Terach; 1.Mo 11,24ff; vermutl. * 1878 - † 2083 A.H.); also hat er nach der Sintflut gelebt. Sein Leben fällt also auch ungefähr in die Zeit Nimrods.

zur Sünde, er wurde trunken und entehrt. Hiob lebte in Ruhe und Frieden als untadeliger Mann, der rechtschaffen und gottesfürchtig war und das Böse mied. Seine Kinder saßen zusammen und sie aßen und tranken Wein. In diese Szene hinein begann Satan sein zerstörerisches Werk und es kam unsägliches Leid über ihn.

Nachdem Israel aus Ägypten errettet war und vierzig Jahre der Rastlosigkeit in der Wüste hinter ihnen lagen, sollten sie nun in das Land Kanaan eingehen und es in Besitz nehmen. Wein gehörte zu den sieben Nahrungsmitteln, die das Volk Gottes im Land als vollkommenen Segen für ihre Bedürfnisse vorfindet.

Aus dem Buch Richter wissen wir, dass Wein Gottes und der Menschen Herz erfreut, ein Bild der Freude in der Gemeinschaft. Die Geschichte des Volkes zeigt, dass sie die Gott gegebenen Freuden, die Segensgaben und die Gemeinschaft mit Gott verschmähten und missbrauchten. Die Folgen waren unter anderem auch, dass das Land zu einer wüsten Landschaft verkam und sich immer wieder Hungersnöte einstellten. Und „alle diese Dinge widerfuhren jenen als Vorbilder und sind geschrieben worden zu unserer Ermahnung, auf die das Ende der Zeitalter gekommen ist" (1.Kor 10,11).

Diese kurze Übersicht macht uns zweierlei deutlich: Zum einen, dass Leiden und Freude sich einander nicht ausschließen (vgl. Esra 3,13; 2.Kor 6,10) und zum anderen, dass Gott völlig für das Wohl Seiner Gläubigen sorgt. Er möchte, dass wir Ihn ehren und uns an Seinen Segnungen erfreuen. Wir tragen vor Ihm Verantwortung, wie wir Seine Gaben benutzen. Wir sollen gegenwärtig sein, dass alle Seine Segnungen aus Gnade, ich wiederhole: aus Gnade! sind und uns auch wieder genommen werden können, auch um unseren Glauben und unsere Treue zu erproben, auch um unser Bewusstsein unserer Abhängigkeit von Ihm zu schärfen; und immer ist es ein Akt Seiner Gnade!

Nach dem mosaischen Gesetz musste eine bestimmte Menge Wein das Brandopfer begleiten. (Vgl. das Morgen- und Abendopfer, 2.Mo 29,38-40; 4.Mo 28, und die Opfer bei den „Festen des HERRN", 3.Mo. 23,13.18). Als Trankopfer wurde er darüber ausgegossen. Das Trankopfer war kein selbständiges Opfer, es war ein Beiopfer hinter dem Speisopfer. In dieses Vorbild hinein schreibt Jesaja in prophetischer Sicht auf den Herrn Jesus, „dass er seine Seele ausgeschüttet hat in den Tod". Die Freuden des Herrn Jesus sind unterschiedlich, sie gründen sich aber immer auf Sein Erlösungswerk! Sein Werk konnte sowohl zum Beweis seiner Gerechtigkeit unter der Nachsicht Gottes die vorher geschehenen Sünden des Volkes hingehen lassen, als auch uns rechtfertigen, die wir des Glaubens an unseren Herrn Jesus Christus sind. In Ihm sehen wir vollkommen, dass der Weg durch Leiden zur völligen Freude führt. Angesichts der vor Ihm liegenden Leiden und Seines Todes der Sünde wegen und des Gerichtes Gottes, setzte unser Heiland für uns das Abendmahl zu Seinem Gedächtnis ein, indem Er sagt: „Nehmt, esst; dies ist mein Leib. Und er nahm den Kelch und dankte und gab ihnen diesen und sprach: Trinkt alle daraus. Denn dies ist mein Blut, das des neuen Bundes, das für viele vergossen wird zur Vergebung der Sünden. Ich sage euch aber: Ich werde von jetzt an *nicht* von diesem Gewächs des Weinstocks trinken bis zu jenem Tag, wenn ich es neu mit euch trinken in dem Reich meines Vaters." Und hernach sagt Er: „Den Kelch, den mir der Vater gegeben hat, soll ich den *nicht* trinken?" Aus Seiner Seele Not hören wir, wie der wahre Mensch zu Seinem Vater betet: „Mein Vater, wenn es möglich ist, so gehe dieser Kelch an mir vorüber; doch nicht wie *ich* will, sondern wie du willst". Dieser ist es, und nur Er allein, der den Kelch des Grimmes und des Zornes Gottes über die Sünde annehmen und leeren[175] konn-

---

[175] In diesem Zusammenhang wird oft das Wort "neigen" benutzt, es hat die Bedeutung von kippen. Es wird benutzt wenn etwas zu Ende geht, leeren. Einen Becher leer zu trinken ist oftmals ein Symbol

te. Anbetungswürdiger Herr! Dieser ist es, der Seinen Gläubigen den „Becher der Rettungen", den „Kelch der Segnung" („der Danksagung, des Lobpreises") reicht zu Seinem Gedächtnis, bis Er kommt.

Das Trankopfer stellt uns auch ein Bild Seines vollkommenen Nasiräertums vor. In 1. Mose 49, 26 finden wir in der Schrift zum ersten Mal den Begriff „Nasiräer" (d.h. „Geweihter"). In dem Segen Jakobs über Joseph heißt es „Sohn eines Fruchtbaumes" oder Weinstocks (wörtl. „Sohn eines Fruchttragenden"), der der „Abgesonderte unter seinen Brüdern" sein wird (5.Mo 33,16). Der Herr Jesus Christus, der Reine, hielt sich stets abgesondert von jeder weltlichen, natürlichen Freude. Er wollte allein zur Freude Seines Gottes und Vaters wandeln, von der Holzkrippe bis an das Fluchholz. Als der König Israels (Matthäus-Evangelium), als gehorsamer Knecht und Prophet (Markus-Ev.), als wahrer Mensch (Lukas- Ev.) und als der Sohn des Vaters (Johannes-Ev.) lebte und wirkte Er immer in vollkommenem Gehorsam und in vollkommener Abhängigkeit. Er konnte kein Teil und erst recht keinerlei Freude an dem haben, was unter Seinem Fluch und unter Seinem Gericht stand. Seine Freude war es, und das war das Werk, welches der Vater Ihm gegeben hatte, aus Israel und aus den Nationen Menschen zu sammeln, die Buße vor Gott tun und durch den Glauben an Ihn als den Sohn Gottes in die Gemeinschaft mit Gott als Ihren Vater zu bringen. In Lukas 15 sehen wir den Dienst des Herrn Jesus (V. 3-7), das Wirken des Heiligen Geistes (V. 8-10) und das Warten des Vaters (V. 11-32). Der dreieine Gott ist immer tätig, um Verlorene und Sünder aus der Macht Satans zu erretten. Zweimal lesen wir danach: „Freut euch mit mir, denn ich habe ... gefunden. ... Ebenso wird Freude im Himmel sein über *einen* Sünder, der Buße tut." Und dann hören wir von der Freude des Vaters. Er sagte: „Lasst uns essen und fröhlich sein." In

---

der Unterwerfung unter Gottes Willen - zum Segen oder zum Fluch -, und steht in dieser Bedeutung in enger Verbindung mit dem Tragen eines Jochs; Mt 11,29. Vgl. Jer 25, 15-29; 27.

dem Gleichnis vom Schatz im Acker sagt der Herr Jesus: „Das Reich der Himmel ist gleich einem im Acker verborgenen Schatz, den ein Mensch fand und verbarg; und vor Freude darüber geht er hin und verkauft alles, was er hat, und kauft jenen Acker" (Mt 13,44). Wir sehen hier den Gegenstand der Freude des Herrn Jesus, nämlich einen verborgenen Schatz in der Welt, ein Bild Seiner Versammlung, gleich den Edelsteinen auf dem Brustschild; beides unter dem Aspekt der individuellen, persönlichen Seite des Einzelnen. In Matthäus 18 ist es ein verirrter Gläubiger, dem der Herr Jesus nachgeht und ihn sucht. Und wie groß ist Seine Freude, wenn Er ihn wieder findet, wie groß ist Seine Freude über jede wieder hergestellte Seele.

Matthäus berichtet uns, dass der Herr Jesus, bevor Er zu Seinem letzten Gang dieses unvorstellbaren Leidensweges an das Kreuz nach Golgatha aufbrach, mit Seinen Jüngern ein Loblied gesungen hat, ebenso Markus. »Schriftforscher sagen, dass die geistlichen Lehrer der Juden, die Rabbiner, es eingeführt hatten, zum Passahfest bestimmte Psalmen, das „Hallel", zu singen; und zwar vor und während dem Passahmahl die Psalmen 107-114 und hernach die Psalmen 115-118. Mit an Sicherheit grenzender Wahrscheinlichkeit sangen der Herr Jesus und die elf Jünger, nachdem der Herr das Neue, das Gedächtnismahl eingesetzt hatte, die Psalmen 115-118« (C.Bruins). Es ist sehr ergreifend, in den letztgenannten Psalmen immer wieder von loben und preisen, vom Opfer des Lobes und der Stimme des Jubels und der Rettung, von sich freuen und von frohlocken[176] zu hören. Unmittelbar daran anschließend, auf dem Weg nach Gethsemane, sagt der Herr in Johannes 15: *„Ich* bin der wahre Weinstock, und mein Vater ist der Weingärtner." Er stellt uns vor, dass Leid der Weg zur Frucht ist. Dann segnet Er sie mit den Worten: „Dies habe ich zu euch geredet, damit

---

[176] „Frohlocken" ist ein frohes Triumphieren das eine siegreiche Zuversicht ausdrückt, es ist also mehr als nur die Fröhlichkeit des Herzens.

meine Freude in euch sei und eure Freude völlig werde." Der Herr Jesus hat Sein Werk nicht allein im Gehorsam vollbracht, sondern Er tat es mit Freude (vgl. Ps 40,9), was das besondere Wohlgefallen Seines Vaters war und Sein Herz erfreute.

In Hebräer 12,2 lesen wir, dass der Herr Jesus alle Schmach und Schande nicht achtend, für die vor Ihm liegende Freude das unsagbare Leid am Fluchholz erduldete. Was für eine Freude erfüllt Sein Herz, dass die Frage der Sünde nun für ewig gelöst ist. Er hat gemäß dem Ratschluss Seines Gottes und Vaters eine ewige Antwort auf die Sünde, als die Ursache und damit Trennung von Gott, gegeben, indem Er ihren Urheber, Satan, besiegt und seine Macht gebunden, seiner Macht deutliche Grenzen gesetzt hat. Was für eine Freude erfüllt Sein Herz, dass Gott, der so sehr durch den Menschen beleidigt, verunehrt und ignoriert wird, jetzt in Seiner Liebe und in Seiner Gnade vollkommen geoffenbart und verherrlicht und geehrt worden ist. Was für eine Freude erfüllt Sein Herz, dass Er auf der Grundlage Seines vollbrachten Werkes auf Golgatha nun jedem bußfertigen Sünder alle Sünden und Schuld ewig vergeben und hinweg tun kann. Wir lesen in Psalm 22,23, nachdem uns Seine tiefsten Leiden auf dem Kreuz vorgestellt wurden: „Verkündigen will ich deinen Namen meinen Brüdern; inmitten der Versammlung will ich dich loben." Wie groß ist Seine Freude, dass Er Sein irdisches Volk Israel völlig erneuern kann und Sie Ihm dienen und wahre Anbetung bringen. Wie groß ist die Freude unseres anbetungswürdigen Herrn, dass Er für die Seinen, die Er bis zum Äußersten liebte, das Werk dort auf Golgatha vollbracht hat und Er diese Seinem Vater nun als Kinder bringen konnte, und wie freut es Ihn zu erleben, dass Sein Vater die Seinen so liebt wie Ihn selbst und sie in die Einsicht von Söhnen erhebt. Wie groß ist Seine Freude, dass Sein Vater Ihn als das Haupt *über alles* Seiner Versammlung gegeben hat. Wie groß ist Seine Freude, dass Er persönlich in Seiner Versammlung anwesend ist und

Lob und Dank anstimmt, was die Versammlung dem Vater darbringt. Wie groß ist Seine Freude, dass Sein Vater Ihm die Versammlung als Seine himmlische Braut gegeben hat. Wie groß ist Seine Freude, dass Er Seine ganze Schöpfung neu machen wird und Er dann alles Seinem Gott und Vater übergeben und Er sich Ihm dann auch in der Ewigkeit unterwirft, damit Gott alles in allem (allen) sei.

Dieser ist unser Heiland, unser Erlöser und Er ist unser Herr und unser Herr ist der Sohn Gottes, der mit klarer, mit kraftvoller Stimme gerufen und gesagt hat: „Es ist vollbracht! Und er neigte das Haupt und übergab den Geist". Dieses sechste Wort unseres Herrn am Kreuz erinnert an Psalm 22,32: „Er hat es getan."

„Tetelestai!" - *ES IST VOLLBRACHT!*

„Tetelestai!" - Alles ist getan!

„Tetelestai!" - ruft der Sieger.

Der Kampf ist beendet! Der Sieg errungen!

„Tetelestai!" - „Tetelestai!"

Alle Seine Feinde sind niedergeworfen!

(G.C.Willis) [177]

Dasselbe griechische Wort für „neigen" finden wir in Matthäus 8,20 und in Lukas 9,58. Es ist dort mit „hinlegen" übersetzt; der Herr Jesus sagte: „Die Füchse haben Höhlen und die Vögel des Himmels haben Nester, aber der Sohn des Menschen hat nicht, wo er das Haupt *hinlege*." Im

---

[177] • Wenn ein siegreicher röm. Feldherr nach Rom zurückkam, durfte er an der Spitze eines Triumphzuges durch die Stadt ziehen und rufen: „Tetelestai!" - „Es ist beendet!" Es war der Ruf des Siegers (G.C.Willis).

• „Tetelestai" wurde von einem Knecht od. Diener benutzt, um seinem Herrn von der Fertigstellung der Aufgabe zu berichten: „Die Arbeit die du mir aufgetragen hast, ist vollendet" (J.R.Cross).

• „Tetelestai" war auch ein gebräuchlicher griech. Begriff in der Finanzwelt. Es kennzeichnete die Vollendung einer Zahlung, wenn die Schuld völlig abgetragen war. Wenn die letzte Rate eingereicht wurde, konnte man sagen „tetelestai", das bedeutet: „Die Schuld ist beglichen". Man hat antike Quittungen auf Tontafeln für Steuerzahlungen gefunden, auf denen quer »tetelestai« - völlig bezahlt - geschrieben stand (dto.).

• Die Auswahl eines Opferlammes für den Tempel war immer eine besondere Aufgabe gewesen. Die Herde wurde durchsucht, und wenn man ein fehlerloses Lamm gefunden hatte, rief man auf griech. „tetelestai" - die Suche war zu Ende (dto.).

Johannes-Evangelium sagte Er: „*Ich* bin der gute Hirte; der gute Hirte legt sein Leben hin für die Schafe" (10,11 Fn); „Ich lege mein Leben für die Schafe hin" (V. 15 Fn). Darum liebt mich der Vater, weil *ich* mein Leben hinlege, damit ich es wiedernehme. Niemand nimmt es von mir, sondern *ich* lege es von mir selbst hin (V. 17.18 Fn). Ja, den Willen Gottes in dieser Welt zu tun, bedeutet immer auch zu leiden. Und auf dieser Erde war für Ihn kein Ruheplatz, selbst in Seinen Qualen und in Seinem Tod wurde Er von der Erde hinweg auf das Fluchholz erhöht.

Dasselbe griechische Wort für „übergeben" finden wir in Epheser 5,2: „wie ... der Christus uns geliebt und sich selbst für uns *hingegeben* hat als Darbringung und Schlachtopfer, Gott zu einem duftenden Wohlgeruch." Dieses Wort wird nur in dieser einen „Sache" so von dem Sterben eines Menschen benutzt. Darüber hinaus finden wir im NT den Begriff „sterben", der für Sünder und für den Herrn Jesus steht: Er wurde für uns zur Sünde gemacht (2.Kor 5,21). Wird aber der Ausgang der Kreuzigung unseres Herrn beschrieben, heißt es in den vier Evangelien: Er „gab den Geist auf" (Mt 27,50), Er „verschied" (Mk 15,37), „Vater, in deine Hände übergebe ich meinen Geist! Als er aber diese gesagt hatte, verschied er" (Lk 23,46), Er „übergab den Geist" (Joh 19,30). Für Gläubige heißt es immer „entschlafen" - durch die Gnade ruhen Geist und Seele in der Liebe Gottes. C.H.Spurgeon schreibt dazu: »Es ist bemerkenswert, dass keiner der Evangelisten das Sterben unseres Herrn beschreibt. Er starb, wie man eben stirbt, aber die Evangelisten sprechen nur davon, dass Er Seinen Geist aufgab; dass Er Seinen Geist Gott anvertraute. Du und ich, wir erleiden den Tod; aber Er war selbst darin aktiv ... (Joh 10,17.18) ... und lieferte Seinen Geist an Seinen Vater aus. In Seinem Fall war der Tod ein Akt, eine Handlung unter eigener Regie. Er vollführte diesen Akt mit der Absicht, uns von Tod und Hölle zu befreien. In diesem Sinne also stand Christus im Tode völ-

lig allein da. ... Er starb aus freien Stücken, „der Gerechte für die Ungerechten, auf dass er uns zu Gott führe (1.Pet 3,18)."

Nach Galater 5,22 ist Freude ein Ausdruck der Frucht des Geistes.
Hier kommt die Freude direkt nach der Liebe. Die neunfältige Frucht
entwickelt sich kontinuierlich, und zwar beginnend mit der Größten, das
heißt, alle nachfolgenden Arten hängen sozusagen an der Liebe, der
wertvollsten, der ewigen Frucht. Diese Liebe ist die Liebe Gottes, die in
unsere Herzen ausgegossen ist durch den Heiligen Geist. Wer sich
dieser Liebe bewusst ist und sie genießt und sie auch praktisch verwirklicht, der kennt diese Freude, die Freude, die aus der Tiefe des Herzens emporsteigt. Es ist ein allezeit-glücklich-sein im Herrn. Solch einer
ist sich auch der Gnade und der Barmherzigkeit Gottes zutiefst bewusst
und er ruht im Herrn und in Seinem Frieden. Deshalb können wir uns
trotz aller widrigen Umstände und vielerlei Sorgen *„in dem Herrn"* allezeit freuen. Nicht allein aber das, sondern der, der durch den Geist geleitet wird, spricht auch von dieser Freude, denn „aus der Fülle des
Herzens redet der Mund", wie es in Römer 5,1-11 nach einer Häufung
von Segnungen heißt: „Nicht allein aber das, sondern wir rühmen
(„freuen"; engl. Authorized Version) uns auch in Gott durch unseren
Herrn Jesus Christus." Jemand hat gesagt:»Nach dem Rühmen in Gott
gibt es kein „nicht allein aber das" mehr. Höher geht es nicht mehr!«
Und ein anderer schreibt:»Sich in Gott zu rühmen, ist die höchste Antwort auf all das, was Er getan hat.«

Der Apostel Paulus schrieb an die Gläubigen in Rom: „Denn ich halte dafür, dass die Leiden der Jetztzeit nicht wert sind, verglichen zu
werden mit der zukünftigen Herrlichkeit, die an uns offenbart werden
soll. ... Wir wissen aber, dass denen, die Gott lieben, alle Dinge zum
Guten mitwirken, denen, die nach Vorsatz berufen sind". Er konnte sich
als ein echtes Vorbild hinstellen und später sagen: „Denn das Leben ist
für mich Christus, und das Sterben Gewinn". Nach andauernder Verfol-

gung und aus vierjähriger Gefangenschaft gebraucht er zweimal das Bild des Trankopfers für sich selbst und beschreibt so in schöner Art und Weise den Weg seiner Hingabe für Christus und seine Heiligen: „Aber wenn ich auch als Trankopfer ... gesprengt werde, so <u>freue</u> ich mich und <u>freue</u> mich mit euch allen. Ebenso aber <u>freut</u> auch ihr euch und <u>freut</u> euch mit mir!" Der Apostel offenbart auch hier die demütige Gesinnung Christi, dessen Nachahmer er war. Er allein ist sein Vorbild. Er anerkannte die Größe der Opfer, die, durch die Gnade Gottes bewirkt, in den Versammlungen Mazedoniens - Philippi - aus der Gemeinschaft des Dienstes für die Heiligen und ihm erwuchsen. Ihnen konnte Paulus das Zeugnis ausstellen: „Sie gaben sich selbst zuerst dem Herrn, und uns durch Gottes Willen." In dem Herrn Jesus ist der ewige Grund gelegt, den er verkündigte und bepflanzte, und den andere begossen, Gott aber gibt allein das Wachstum. Als Frucht dieses Wachstums offenbarte sich bei den armen Philippern trotz großer Drangsalsprüfungen die Hingabe und Freigiebigkeit mit Freude. Paulus selbst, der Knecht Christi Jesu, sieht sich bei alledem nur als ein Beiopfer. In unmittelbarer Erwartung der Vollstreckung des beschlossenen Todesurteils durch den römischen Kaiser Nero schreibt er in seinem letzten Brief: „Denn ich werde schon als Trankopfer gesprengt, und die Zeit meines Abscheidens ist gekommen."

Der Apostel Petrus schreibt: „Geliebte, ... insoweit ihr der Leiden des Christus teilhaftig seid, freut euch, damit ihr auch in der Offenbarung seiner Herrlichkeit mit Frohlocken euch freut. Wenn ihr im Namen Christi geschmäht werdet, glückselig seid ihr! Denn der Geist der Herrlichkeit und der Geist Gottes ruht auf euch." Von Petrus und den Aposteln lesen wir: „Sie nun gingen aus dem Synedrium weg, voll Freude, dass sie gewürdigt worden waren, für den Namen Schmach zu leiden" (Apg 5,40.41).

In dem Brief an die Hebräer werden wir ermuntert, auf den Herrn Jesus zu schauen, „den Anfänger und Vollender des Glaubens, der, die Schande nicht achtend, für die vor ihm liegende Freude das Kreuz erduldete und sich gesetzt hat zur Rechten des Thrones Gottes". Als Sohn steht Er vor Seinem Vater und kann mit großer Freude sagen: „*Ich* habe dich verherrlicht auf der Erde; das Werk habe ich vollbracht, das du mir gegeben hast, dass ich es tun sollte. ... Als ich bei ihnen war, bewahrte *ich* sie in deinem Namen, den du mir gegeben hast; und ich habe sie behütet, und keiner von ihnen ist verloren gegangen." Wahrlich, wie kostbar und ehrenvoll ist das für Seinen Vater und wie sehr hat Er Ihn in Seinem Versöhnungswerk geehrt und verherrlicht! Was die Propheten verkündigten und nicht verstanden und wo Engel hinein zu schauen begehrten und keinen Teil daran haben durften, darüber dürfen wir nun als Kinder Gottes mit unaussprechlicher und verherrlichter Freude frohlocken, indem wir das Ende unseres Glaubens, die Errettung der Seele, davontragen (1.Pet 1,8-12). Diese unaussprechliche Freude lässt sich im Leib der Schwachheit nicht recht darstellen, sie ist eben unaussprechlich weil sie den verherrlichten Herrn im Blick hat. Doch durch den Glauben und in der Kraft des Geistes Gottes können wir mit erleuchteten Augen des Herzens unseren Herrn und Heiland im Himmel betrachten (Eph 1,15-20; Heb 2,9; Off 5,14) - wir haben Gemeinschaft mit Ihm (vgl. Joh 13,9b).

Der Herr Jesus verheißt uns völlige Freude,

1. „wenn ihr meine Gebote haltet", also wenn wir einander lieben, wie der Vater Ihn geliebt und *Er* uns geliebt hat (Joh 15,9-17). Völlige Freude steht mit <u>Gehorsam</u> im Zusammenhang. Das setzt ein Erkennen Seiner ewigen Liebe voraus. Es unterliegt einem geistlichen Wachstumsprozess, der nur möglich ist, wenn wir in Ihm bleiben - getrennt von Ihm können wir gar nichts tun, werden wir keine Frucht tragen - und der Liebe des Vaters und des Sohnes willig allen Raum

in uns geben mit uns zu handeln. So erfassen wir dann auch stückweise mehr was *Seine* Freude ist und haben Teil daran, damit wir erfüllt sein mögen zu der ganzen Fülle Gottes, unseres Vaters, in der Erkenntnis des Sohnes, des Christus. Die »Transmission« der Liebe Gottes - vom Vater zum Sohn zu den Gläubigen, welche in Seiner Liebe bleiben, indem sie anderen Liebe erweisen - soll auch ein aktives Zeugnis zum Segen aller Menschen sein, ein Zeugnis davon, was der Herr Jesus Christus, der Sohn Gottes, als Mensch auf der Erde war und was Er als verherrlichter Mensch jetzt im Himmel ist.

2. weil wir das unbeschreibliche, das heilige Vorrecht haben, mit Freimütigkeit vor Gott zu treten in der Gewissheit, dass Er der uns liebende Vater, der „Abba" ist zu dem wir beten dürfen im Namen des Herrn (Joh 16,23-27); unsere Bitten sollen in aller Einfalt und Demut also so sein, wie wenn der Herr Jesus selbst alle unsere Anliegen vorbringen würde - und der Sohn war vom Vater stets erhört worden. Unsere Gebete sollen eine Frucht unserer neuen Natur - aus Gott geboren - sein, die immer von Ihm und von der Leitung Seines Heiligen Geistes abhängig bleibt und nicht die Frucht unseres Eigenwillens, der alten. Das heißt: Völlige Freude erlangen wir durch die *Abhängigkeit* von dem Vater.

3. weil wir auf immerdar mit Ihm eins sind, und Er ist uns nach Seinem vollbrachten Werk auf Golgatha mit Freude vorausgegangen in das Vaterhaus. Und wir werden bei Ihm sein, völlig errettet und vollkommen gemacht und Seine Herrlichkeiten schauen. Bis zu diesem wunderbaren Augenblick sind wir dem Vater anvertraut, von Jesus unserem Herrn. Der „Heilige Vater" bewahrt uns in Seinem Namen vor dem Bösen (Joh 17,9-19.24). Die *Sicherheit unserer Bewahrung* lässt unsere Freude völlig werden (vgl. 2.Thes 3,3).

4. wenn die Kinder Gottes Gemeinschaft untereinander üben und pflegen, „und zwar ist unsere Gemeinschaft mit dem Vater und mit sei-

nem Sohn Jesus Christus" (1.Joh 1,3.4). Unser Wandel muss mit der Heiligkeit Gottes übereinstimmen (V. 5). Diese *Gemeinschaft* verbindet die Kinder Gottes nicht allein miteinander, sondern diese Gemeinschaft sondert die ganze Familie Gottes auch von der Welt ab (V. 7). Diese Gemeinschaft trägt den einzelnen, wenn sie in dem Licht ist, wenn die Liebe innerlich spürbar und äußerlich sichtbar ist und wenn das Bewusstsein des ewigen Lebens vermittelt, dass wir auch im Vaterhaus Gemeinschaft haben. Diese Gemeinschaft kann und soll uns einen Vorgeschmack unserer himmlischen Berufung geben. „Euch aber mache der Herr völlig und überströmend in der Liebe zueinander und zu allen ... um eure Herzen zu befestigen, dass ihr untadelig seid in Heiligkeit, vor unserem Gott und Vater." Gemeinschaft ist bedeutend mehr als nur in einer Beziehung zu jemanden zu stehen. Kindschaft spricht von einer Beziehung, Sohnschaft von Teilhaberschaft. Gemeinschaft, das ist Teilhaberschaft, mit dem Vater zu haben, heißt zunächst, Sein Wort in uns aufzunehmen. Das bedeutet im Weiteren aber, dass wir in der göttlichen Kraft des Heiligen Geistes grundsätzlich befähigt sind - wenn wir auch in diesem Leib der Schwachheit es nur unvollkommen vermögen - ein wenig die Gedanken und Gefühle unseres Gottes und Vaters im Blick auf Seinen Sohn und Sein Werk zu betrachten und zu erkennen, und uns vor Ihm Seiner wunderbaren Gabe zu erfreuen. Gemeinschaft mit Seinem Sohn, unserem Herrn, zu haben bedeutet, dass wir Ihm gleiche Gefühle und gleiche Interessen und eine Ihm gleiche Gesinnung entwickeln und darstellen, zu Seiner Verherrlichung.

5. Letztmalig schreibt Johannes von völliger Freude in seinem zweiten Brief, Vers 12, in einer *gottesfürchtigen Familie*, wenn die Liebe Gottes in unseren Herzen durch die Wahrheit geleitet, kontrolliert und begrenzt wird. Demgegenüber ist das Thema seines dritten Briefes, dass die Wahrheit festgehalten, aber von der Liebe unterstützt und

begleitet werden soll. „Die Liebe freut sich mit der Wahrheit." Die zur völligen Freude führende Liebe bedarf immer der Erkenntnis und Einsicht des Willens Gottes. Das gibt dem Gläubigen die gerade, sichere Bahn.

Fünfmal schreibt Johannes insgesamt von der völligen Freude. Grundsätzlich ist jeder Mensch befähigt, mit seinen fünf Sinnen das Zeugnis Gottes in der Schöpfung (Rö 1,18-32) zu erkennen und sein Gewissen legt auch Zeugnis von Gott ab (1.Mo 3,22; Pred 3,11; Rö 2,1-16) und sie haben die Bibel, die Heiligen Schrift, das Wort Gottes (das wir ihnen predigen sollen damit sie hören und glauben; Rö 10,14). Durch den Glauben an den Herrn Jesus Christus und aufgrund der Wahrheit, dass allen im Herzen Glaubenden der Heilige Geist auf ewig gegeben ist, können die Gläubigen darüber hinaus in jeder Lage durch Gehorsam, Unterwürfigkeit und Abhängigkeit im Geist der Demut und in Ehrfurcht in dem Herrn völlige Freude genießen und dann auch ausleben. Während die ganze vergängliche Schöpfung unter dem „Fürst dieser Welt" versklavt ist und seufzt, kann der treue Gläubige mit einer Seinen Herrn verherrlichenden Freude sich freuen, zum Ruhm und zur Ehre seines Gottes und Vaters.

»In der Liebe Gottes ruhen, das ist völlige Freude!«

(J.N.Darby).

Diesen Abschnitt möchte ich schließen mit einem kurzen Hinweis darauf, dass uns die Bibel praktisch nur einmal ein Trankopfer mit Wasser vorstellt, nämlich in 2. Samuel 23,13-17 (1.Chr 11,15-19). „Diese Art von Treue und Ergebenheit" sagte David gleichsam, „gebührt nur dem Herrn." Die grundsätzliche Bedeutung ist die gleiche. Die Unterscheidung liegt darin, dass wir hier nicht den Gedanken der Freude finden, der uns einen Blick auf das Ergebnis zukünftiger Dinge öffnet, sondern es symbolisiert allein die Tatsache, dass sich die Liebe und

Treue bis ans Ende hingibt: „Wie Wasser bin ich hingeschüttet" (Ps 22,15a).

Gefäße aus reinem Gold

Zu den zwölf Broten auf dem goldenen Tisch und der Kanne zum Trankopfer gehörten weitere praktische Gefäße aus reinem Gold: Schüsseln, Schalen und Spendschalen. Es sind gegenständliche geheiligte Mittel, von Gott in die Hände der Priester gegeben, mit welchen sie den wohlgefälligen Gottesdienst zur Vervollkommnung ausüben können. In Offenbarung 5,8 sehen wir eine goldene Schale, aus der die Gebete der Heiligen emporsteigen. Im 1. Thessalonicherbrief (4,4) und im 2. Timotheusbrief (2,20.21) werden die Gläubigen aufgefordert, sich selbst als ein gereinigtes, heiliges und nützliches Gefäß zur Ehre Gottes darzustellen. Die Übereinstimmung mit allen Stellen zeigt auf, dass wir alle Gnadengaben Gottes - geistliche Segnungen und materiellen Gaben, kurz: alles aus Seiner Hand - zu Seiner Ehre verwenden sollen. Leben wir täglich neu in diesem Bewusstsein und tragen wir Sorge betreffs unserer Heiligkeit, werden wir an jedem ersten Tag der Woche zu Seinem Gedenken eine wahrhaftige Anbetung und Opfer des Lobes mit Danksagung vor Ihn bringen können. Wir wissen, der Herr Jesus *ist* in unserer Mitte! Inmitten der Seinen ist für Ihn der einzige Platz in dieser Welt, wo Er in Ruhe und mit großer Freude weilen kann und weilen will. Bereiten wir Ihm, unserem anbetungswürdigen Herrn, diesen Platz in unserer Mitte. So ehren wir unseren guten, uns liebenden Vater und wir verherrlichen unseren Herrn vor der ganzen Schöpfung. Der Herr Jesus trägt, Er nährt und pflegt uns in dieser Gemeinschaft, damit wir sie völlig genießen und ihr vollkommen entsprechen können. *Er* ist des Leibes Heiland.

DIESE GEMEINSCHAFT IST UNSER HEIL!

DIESE GEMEINSCHAFT IST UNSER TEIL!

UND IN DER GEMEINSCHAFT WERDEN DIE SEINEN GETRAGEN!

* * * * * * *

Aus dem Sand der Wüste schon heute emporgehoben in die himmlischen Sphären des Vaterhauses: Seine Gnade - Seine Liebe - Seine Gemeinschaft!

ER TRÄGT UNS IN GNADEN!

ER TRÄGT UNS IN LIEBE!

ER TRÄGT UNS ALS GEMEINSCHAFT!

JESUS CHRISTUS,

DER HERR,

SPRICHT:

ICH

WERDE EUCH

TRAGEN!

Jesaja 46,4

6. Schlusswort:

Meine Suche war nach der Antwort auf die Frage: Wie trägt Christus die Seinen heute? Auf welche Art und Weise insbesondere dann, wenn der Einzelne nicht nur die Lasten und Konsequenzen seiner unterschiedlichen Probleme und Schwierigkeiten nicht mehr tragen, sondern sich selbst nicht mehr tragen kann - wenn er darüber hinaus mit sich selbst zu Ende gekommen ist! Die Ursachen für einen solchen schwierigen Zustand können vielfältig und individuell sehr unterschiedlich sein (meistens liegt aber wohl, verborgen oder offen, ungerichtete Sünde vor). Es handelt sich also um einen Zustand, wo das Herz zerbrochen und der Geist zerschlagen ist. Petrus ging hinaus und weinte bitterlich! Der Prophet Joel schreibt: Zerreiße dein Herz und nicht deine Kleider (2,13). Solch eine Seele kann geheilt werden (Ps 147,3; Jak 5,16; beachte die Verheißungen in Ps 34,19; 51,19; Jes 57,15; 66,2).

Allein das grundehrliche Bekennen vor Gott, das sich vor Ihm demütigen ohne Wenn und Aber ist die Voraussetzung und dann das sich mit Ihm beschäftigen ist der Weg der Wiederherstellung - und das immer vorausgehende Danken soll nicht vergessen werden! Dieser Gnadenweg ist lang, doch der Herr Jesus trägt die Seinen, jeden Einzelnen besonders, auch wenn der Betreffende meint sein Herr seit weit fort. Das ist Er nicht! Du musst dich nur umdrehen und umkehren und konsequent sein:

- Beschäftige *du* dich mit Deinem Herrn Jesus Christus!
- Faste auf biblische Art und Weise.
- Untersuche die Bibel was Er *Dir* zu sagen hat.
- Bete jeden Tag oft! Lerne "*Danke*" zu sagen *für alles*!
- Sage Ihm was du in der Bibel gefunden hast!
- Stelle Ihm Deine Fragen!
- Rede mit Ihm über Deine Gefühle!

Die ganz konkrete Antwort die ich gefunden habe ist also eigentlich recht einfach wenn da nicht unser "Ich" wäre und "die Anderen".

Die Liebe Gottes ist eine ewige und _Er_ ist treu! Je mehr du dich mit Ihm beschäftigst spürst und erlebst du, wie Er dich aus den Umständen herausträgt und dir neue Freude und neuen Frieden ins Herz schenkt; Du lernst darüber hinaus in Seiner Liebe zu ruhen. Ich wünsche dir ganz persönlich und ganz herzlich Gottes Gnade und Barmherzigkeit und Seinen reichen Segen für Geist, Seele und Leib. Und ich wünsche Dir, dass du wachsen mögest in der Erkenntnis Seines wunderbaren Namens.

7. Anhang:

Ergänzung: Die perfekte Buchführung (Seite 110)

III.)   Die „Rolle des Buches"
(Ps 40,8.9; Heb 10,7)

Das herrlichste Buch aller Bücher ist das inspirierte Wort Gottes, die Heilige Schrift, die Bibel mit ihren sechsundsechzig Büchern. Der Prophet Jesaja nennt es das „Buch des HERRN", das wir erforschen und lesen sollen! „Es fehlt nicht eins von diesen, keins vermisst das andere. Denn mein Mund, *er* hat es geboten; und sein Geist, *er* hat sie zusammengebracht" (34,16; vgl. 2.Pet 1,20.21; 2.Tim 3,16). Der Herr Jesus sagte, dass von diesem Wort auch nicht *ein* Jota oder *ein* Stichlein vergehen wird[178]. In Offenbarung 22,18.19 spricht der Herr eine sehr ernste Warnung aus gegen jeden, der diesem Wort irgendetwas hinzufügt oder wegnimmt.

C.H. Spurgeon, der bekannte Erweckungsprediger des 19. Jahrhunderts, schrieb über Psalm 40,8: »„Im Buch (in der Buchrolle) ist von mir (wörtl.: über mich) geschrieben". Die geheimnisvolle Buchrolle des göttlichen Vorsatzes, welche die Vorsehung Schritt um Schritt entfaltet, ... dass in der Fülle der Zeit Gott selbst auf die Erde niederkommen sollte, um einen Zweck auszuführen. ... Und zwar ist dies über Ihn Geschriebene nach 2. Könige 22,13 wohl als verpflichtendes Gotteswort, als Vorschrift zu denken«: „Geht hin, befragt den HERRN ... wegen der Worte dieses aufgefundenen Buches. Denn groß ist der Grimm des HERRN, der gegen uns entbrannt ist, weil unsere Väter nicht auf die Worte dieses Buches gehört haben, um nach allem zu tun, was unseretwegen geschrieben ist (od. was uns vorgeschrieben ist)."

---

[178] Mt 5,18. Das Jota - „ ; " - ist der kleinste griech. Buchstabe. Ein Strichlein über einem griech. Wort verändert oder fortgelassen, gibt diesem Wort oft eine entscheidend andere Bedeutung.

Der Apostel Paulus schreibt ermunternd, dass „das Wort des Christus reichlich" in uns wohnen soll. Der Apostel Petrus ermahnt uns, dass wir auf dieses „prophetische Wort" sorgfältig achten sollen, wie „auf eine Lampe, die an einem dunklen Ort leuchtet, bis der Tag anbricht". Die Bibel ist die vollkommene Darstellung Gottes selbst, in der Person Seines eingeborenen, einzigartigen, Sohnes, unseres Herrn Jesus Christus. *Er* ist das Wort Gottes, das ewige Wort und die Offenbarung der innersten Gedanken Gottes, Er, der „Treu und Wahrhaftig" genannt wird. *Er* ist der Weg und die Wahrheit und das Leben. Wir lesen in Psalm 40,8.9 und Hebräer 10,7 von „der Rolle des Buches". Jemand hat hierüber geschrieben: »Es ist das Buch aller Ratschlüsse Gottes, die Er gefasst hat vor Grundlegung der Welt in Seinem Sohn Jesus Christus, dem Herrn. In dieses Buch dürfen wir schon hineinblicken, während wir noch auf der Erde sind. Dazu müssen wir in unseren Gedanken weit in die Ewigkeit zurückgehen. Gott hat uns nicht nur viele wunderbare Dinge betreffs der Ewigkeit offenbart, die vor uns liegt und wo wir die Ergebnisse des Werkes Seines Sohnes für uns anschauen dürfen, wir sollten auch wissen, wo der Ursprung unseres Heils liegt. Er liegt im Herz Gottes selbst! Jesus Christus ist der Anfang, der Mittelpunkt und das Ende aller Dinge, und Er ist in die Welt als wahrer, vollkommener Mensch gekommen, um uns, durch den Glauben an Sein Wort, zu Gott zu führen, Seinem Gott und Vater, damit Er auch unser Gott und Vater werde.«

Der Herr Jesus sagte: „Siehe, ich komme; in der Rolle des Buches steht von mir geschrieben. Dein Wohlgefallen zu tun, mein Gott, ist meine Lust; und dein Gesetz ist im Inneren meines Herzens (meiner Eingeweide). Ich habe die Gerechtigkeit in der großen Versammlung als frohe Botschaft verkündet; siehe, meine Lippen hemmte ich nicht - HERR, *du* weißt es! Deine Gerechtigkeit habe ich nicht im Inneren meines Herzens verborgen; deine Treue und deine Rettung habe ich ausgesprochen, deine Güte und deine Wahrheit nicht vor der großen Versammlung verhehlt" (Ps 40,8-11). Er will in das heilige Gericht Gottes der Sünde wegen gehen, und an der Stelle des Sünders das Gericht auf sich nehmen und dessen Strafe tragen, damit Gottes Gerechtigkeit befriedigt würde und Seine Liebe sich in ihrer ganzen Fülle offenbaren könnte. Das steht in der Rolle des Buches. In der Ewigkeit ist im Himmel geschrieben worden, dass der Vater den Sohn geben und der Sohn den Willen des Vaters vollbringen würde zu unserer Errettung.

In dieses Buch der ewigen Ratschlüsse Gottes dürfen wir hineinsehen und wissen, dass Gott die Welt geliebt hat und dass der Sohn sich freiwillig an unserer statt gegeben hat. Durch Seinen Willen sind wir geheiligt, durch das ein für allemal geschehene Opfer des Leibes Jesus Christi. Welche Liebe unseres Herrn! Er wusste, dass das Vollbringen des Willens Gottes Ihm das Kreuz eintragen würde, dass Er sterben musste. Aber Er tat den Willen Gottes, gepriesen sei sein Name! Gott ist der Ursprung, Christus das Mittel und wir sind die Begnadigten. Gott, unser Vater, hat uns Seinen Geist gegeben, Gott, der Sohn, unsere Herr, hat uns den heiligen Geist gesandt, und Gott, der Heilige Geist ist gekommen und wohnt fortan in Ewigkeit in uns. Er leitet uns in die ganze Wahrheit zur Verherrlichung des Sohnes und des Vaters durch Ihn. Wie sicher ist unser Heil! Es ist in Gott selbst. Möge unser Blick auf die Rolle des Buches gerichtet sein. Lasst uns danach streben, in der Erkenntnis Seines wunderbaren Namens zu wachsen.

IV.)   Das „Gedenkbuch"
       (Mal 3,16)

Das Gedenkbuch ist rein jüdisch. In dem Gedenkbuch, das wir in Maleachi finden, wird von dem gläubigen Überrest aus den Juden in dieser Zeit als von „Gottes Juwelen" gesprochen (Mal 3,17, engl. u. franz. Üb. J.N.Darby); Sie sind sichtbare Edelsteine auf der Erde. Sie sind wertvoll für Ihn und Seinem Herzen teuer. Er sagt: „Und sie werden mir ... zum Eigentum (od. viell. Sondereigentum) sein an dem Tage, den ich machen werde."[179] Drei Kennzeichen werden von diesen hervorgehoben: Sie unterredeten sich (oft; engl. Üb. J.N.Darby) miteinander, sie fürchteten den HERRN und sie achteten Seinen Namen. Sie gehören zu der Gruppe treuer, ausharrender Glaubensmänner, die die Schrift „die Maskilim" (heb. „Verständige, Lehrer") nennt. Das ließ sie zu Juwelen Gottes werden und es scheint mir so, als wenn der Herr gerade im Hinblick auf diese das Gedenkbuch einführte, wir lesen: „Und der HERR merkte auf und hörte; und ein Gedenkbuch wurde vor ihm geschrieben."

»Nach Stellen wie Offenbarung 3,7-11 wird man ziemlich sicher sagen können, dass das Gedenkbuch sozusagen noch immer in Gebrauch ist und dass noch immer die Berichte über solche darin aufgezeichnet werden, die den Herrn fürchten und Seinen Namen achten, also solche, die mehr von einem bestimmten inneren Zustand geprägt sind, als dass sie eine bestimmte Stellung einnehmen« (F.B.Hole).

Wenn die Propheten auch gegenwärtige Umstände zum Anlass nahmen, haben ihre Weissagungen auch deutlich eschatologischen (zukunfts-, endzeitgeschichtlichen) Charakter (mit Ausnahme von Jona). Sie verweisen auf die Zeit der großen Drangsal Jakobs und der Aufrichtung des messianischen Reichs. In dem Gedenkbuch ist der böse Wandel des widerspenstigen Volkes Gottes aufgeschrieben (Jes 65,1-7) und die gerechten Werke der „Sanftmütigen des Landes", die den Herrn fürchten und Gerechtigkeit und Demut suchen (Zeph 2,3), ebenso ihr Fehlverhalten, ihre Leiden und ihr Festhalten an ihrem Glauben (Ps 56,9).

Aber nicht die Glaubenstaten all derer allein. Sicherlich werden aus den Tagen der großen Drangsal in dem Gedenkbuch auch alle Namen

---

[179] »And.Üb.: „Sie werden mein sein, wenn ich sie mir zu Juwelen machen werde." Oder wörtlicher: „...

und gerechten Werke der Vollzahl aus jedem der zwölf Stämme Israels - die Versiegelten - stehen; und vielleicht auch die einer unzählbaren Schar aus den Nationen, die das „ewige Evangelium"[180], das „Evangelium des Reiches" angenommen haben (Mt 24,14.15; Off 14,6.7; vgl. Ps 96). Ebenso finden sich sicher auch die Namen des jüdischen Überrestes aus jenen schweren Tagen in dem Gedenkbuch. Sie kennzeichneten sich dadurch aus, dass sie „die Vielen zur Gerechtigkeit weisen". Sie hatten Verstand und Einsicht in die Gedanken und Wege Gottes erhalten und in Sein Wort und sie predigten dem Volk (Dan 11,32b.33a; 12,1-3; Spr 11,10). Zudem verbleiben ihre Namen in dem „Buch des Lebens" (Jes 4,3). Am Ende der Drangsalszeit, die dann zugleich auch das Ende der gegenwärtigen Epoche der sechsten Haushaltung markiert, werden alle während dieser furchtbaren Zeiten getöteten Gläubigen, auch aus den Toten auferweckt werden (damit ist der zeitliche Begriff der ersten Auferstehung, der „Aus- (od. Heraus-) Auferstehung", abgeschlossen.

In diesem Zusammenhang sei am Rande erwähnt, dass das auch für die treuen Juden und ihre unsäglichen Leiden bis zum Märtyrertod zutrifft, die zur Zeit der sogenannten „vierhundert schweigenden Jahre" (Maleachi bis Matthäus) lebten, die in dem inspirierten Kanon der Heiligen Schrift nicht aufgenommen ist (vgl. Heb 11,35b) - besonders während der Zeit der Makkabäer unter der Schreckensherrschaft Antiochus IV. Epiphanes (syrischer König der Seleukiden-Dynastie von 175-164 v.Chr.).

---

wenn ich meine Juwelen zusammenstellen werde"« (W.A.Lickley).
[180] Eine Art „Kern- od. Mindestevangelium", das in allen Haushaltungen gilt, nämlich: die Menschen müssen Gott, den Schöpfer und Richter, ehren.

Übersicht über
die erste und die zweite Auferstehung:

Die erste Auferstehung.

Die Auferstehung *aus* den Toten / die Heraus-Auferstehung.
Nur Gläubige.

1. Phase: (1.Kor 15,20)	Christus, der Erstling	vor ca. 2000 Jahren

↕ min. 2000 Jahre später,

2. Phase: (Off 4,10)	Das Kommen Christi *für* die Seinen.	
1. Gruppe: und	Die des Christus sind.	Lebten vor dem Kreuz; Israeliten und Heiden, z.B. Hiob, Melchise- dek, Naamann.
2. Gruppe:	Die in Christus Entschlafenen.	Leben nach dem Kreuz bis zur Entrückung, die Versammlung.

↕ min. 3 ½ Jahre später,

3. Phase:		
1. Gruppe: (Off 6,9)	Die um des Zeugnisses Jesu und um des Wor- tes Gottes willen ent- hauptet worden sind.	Leben nach der Entrückung bis zur letzten hal- ben Jahrwoche; keine Unter- scheidung Juden/Nationen.

↕ ca. 3 ½ Jahre später,

| 2. Gruppe:
(Off 20,4) | Die das Tier und sein
Bild nicht angebetet
und nicht das Malzei-
chen an ihre Stirn und
an Ihre Hand ange-
nommen haben. | Leben in der
letzten halben
Jahrwoche. |
| Danach: | Das Kommen Christi
mit den Seinen. | |

↕ 1000 Jahre später,

<u>Die zweite Auferstehung</u>.

Die Auferstehung *der* Toten zum Gericht.
Nur Ungläubige.
(Off,20,11)

↓ Danach:

<u>Menschen in der Ewigkeit</u>:

1. Die Versammlung im Vaterhaus.
2. Die übrigen Gläubigen auf der Erde.
3. Die Ungläubigen in der Hölle.

V.)   Das „Gerichtsbuch"
       (Off 5,1)

Das Buch der Ratschlüsse Gottes mit der Erde enthält 3 x 7 Gerichte, die Gott über die ganze bewohnte Erde bringen wird:

Die Siegelgerichte (Off 6,1 - 8,1),

die Posaunengerichte (Off 8,2 - 11,19),

die Zornschalen des Grimmes Gottes (Off 15,1 - 16,21),

um den Sohn des Menschen, Seinen Christus, in Sein Königreich - die gereinigte Erde - einzuführen, das 1000-jährige Friedensreich. Das „geöffnete Büchlein" in Offenbarung 10,2 enthält die schon sehr viel früher offenbarten Weissagung dieser Ratschlüsse Gottes, jedoch in nur sehr begrenztem Maß (Dan 12,4).

Zwei besondere Gerichtsbücher finden wir in Hesekiel 2,9.10 und in Daniel 7,9-11. In Hesekiel handelt es sich wahrscheinlich um die Aussagen der Kapitel 4-32: Gottes Gerichtsurteile über Jerusalem, Juda und die umliegenden Völker. In Daniel wird in sehr gedrängter Form die Vernichtung der wieder erstarkten und satanischen Macht des römischen Reichs angekündigt (vgl. Off 19,20).

VI.)   „Bücher"
(Off 20,11-15)

Zuerst möchte ich notwendigerweise auf ein leider zu häufig benutztes Schlagwort eingehen, das in Bezug auf das Heil (Erlösung, Errettung) besagt: Im Himmel gibt es nur Freiwillige, in der Hölle nur Unfreiwillige. Und man diskutiert unsinnigerweise zuweilen darüber, ob es nicht richtiger heißen müsse: ... in der Hölle gibt es auch nur Freiwillige. Das Wichtigste zuerst: Wenn dem so wäre, wo bleibt dann oder was ist dann die souveräne, unumschränkte Gnade Gottes? Die unumschränkte Gnade Gottes zur Errettung des Sünder würde zunichte gemacht. Das Wort ist nicht nur irreführend, es ist in jeder Hinsicht falsch.»Der Mensch ist nicht frei, Gott und Sein Heil zu wählen, Gott und Seinen Willen zu wollen; er ist, was das Heil betrifft, ein Unfreier, er ist ein Knecht der Sünde (Joh 8,34), unfähig zum Guten« (B.Peters). „Die Gesinnung des Fleisches (das Prinzip des Bösen) ist Feindschaft gegen Gott, denn sie ist dem Gesetz Gottes nicht untertan, denn sie vermag es auch nicht. Die aber, die im Fleisch sind, vermögen Gott nicht zu gefallen" (Rö 8,7.8). „Kann ein Kuschit seine Haut wandeln, ein Leopard seine Flecken? Dann könntet auch ihr Gutes tun, die ihr Böses zu tun gewöhnt seid" (Jer 13,23). Und, so fragt J.MacArthur, »welchen Sinn würde es ergeben, Gott um Errettung für unsere Lieben zu bitten, wenn sie allein von einer Entscheidung des freien Willens abhinge?«

Gott ist es,   der zu Christus zieht (Joh 6,44.65),

            der zur Buße leitet (Apg 11,18; Rö 2,4),

            der den Glauben schenkt (Eph 2,8) und

            der dafür das Herz auftut (Apg 16,14).

Der Gehorsam gegen Gottes Willen ist dem Menschen also nützlich: Er bringt ihm die Errettung und die Glaubenden finden hierdurch geistliche Nahrung (Joh 4,34) und Erkenntnis (7,17) und Befähigung (Heb 13,21).

Die Errettung ist *keine Freiwilligkeit* des Menschen!

Der Grundgedanke dieser theologischen Behauptung liegt in dem ketzerischen Pelagianismus. Der Mönch Pelagius[181] lehrte den Grundsatz vom freien Willen des Menschen. Er verwarf die Erbsünde und lehrte, dass der Mensch aus eigener Kraft Gottes Gebote erfüllen und sein ewiges Heil erwerben könne.[182]

Die Errettung ist ein *Gebot* Gottes! (Und sie ist unsere Bitte an Christi statt zu allen Menschen; 2.Kor 5,20.)

Die Heilige Schrift, das Wort Gottes sagt:

Joh 3,7.36:   Ihr *müsst* von neuem geboren werden. ... Wer dem Sohn nicht glaubt (*gehorcht*, Fn) wird das Leben nicht sehen, sondern der Zorn Gottes bleibt auf ihm.

Apg 17,30:   Gott *gebietet* jetzt den Menschen, dass sie überall Buße *tun sollen.*

---

[181] Sein wirklicher Name war Morgan; ∗ 360 in Wales, † nach 418.

[182] Im talmudischen Judentum hat die rabbinische und im Christentum die römisch-katholische Theologie diese Heilslehre in ihrer Pädagogik seit Jahrhunderten fest verankert.

1.Tim 2,4: unser Heiland-Gott *will*, dass alle Menschen errettet werden und zur Erkenntnis der Wahrheit kommen.

2.Pet 3,2.9 gedenket des *Gebotes* des Herrn und Heilandes ... er ist langmütig, da er nicht *will*, dass irgendwelche verloren gehen, sondern dass *alle* zur Buße kommen.

1.Joh 3,24: Und dies ist sein *Gebot*, dass wir an den Namen seines Sohne Jesus Christus glauben.

Der Begriff „Freiwilligkeit" im Zusammenhang mit Errettung ist der Schrift völlig unbekannt. Auf der Seite Gottes ist alles vollkommen und vollendet: Seine Gnade, Seine Liebe, bezeugt durch Sein Wort. Und Er hat nur ein einziges Gebot an den Menschen, das Er mit Liebe und Sehnsucht in der Gnadenzeit überall durch Wort und Schrift verkündigen lässt. Auf der Seite des Menschen bleibt nur der Gehorsam gegen dieses *eine* Wort zur Errettung zu tun übrig. Verloren gehen die Ungehorsamen! Wäre das Evangelium die Basis einer Freiwilligkeit, wäre es höchst Unrecht, den zu bestrafen, der ablehnt. »In Seiner Gnade stellt Gott diese Dinge in autoritativer Weise vor unsere Seelen. ... Er spricht daher in vielen Fällen mit großer Entschiedenheit, mit aller Klarheit und Autorität. Ist das nicht gut und richtig? Kann ein nüchtern denkendes Geschöpf sich vorstellen, dass Gott je anders als mit absoluter Autorität reden könnte oder dass Seine Autorität nicht hinter allem steht, was Er dem Menschen gebietet? ... Gott gebietet also dem Menschen, dem Evangelium zu glauben. ... Damit zeigt Er uns, dass in allen Dingen Seine Autorität ... maßgebend ist und dass Er das Recht hat zu gebieten. Der Mensch aber hat ohne Frage Gott Gehorsam zu leisten. ... Fleischlicher Eigenwille, das nennen die Menschen dieser Welt den „freien Willen". Dabei ist es nur des Satans und des Sünders „freier Wille". Welches Recht kann der Mensch als solcher überhaupt auf einen freien Willen haben? Ist er nicht als intelligentes Geschöpf gehalten, Gott zu dienen? Folglich ist der Anspruch auf die Ausübung eines freien Willens ganz widersinnig. Ist er nicht als gefallener Mensch ein Sklave Satans?« (W.Kelly).

Wie schon weiter oben ausgeführt, trägt nach der Errettung der Glaubensgehorsam den Charakter von Freiwilligkeit. Das Wort selbst, „freiwillig", finden wir zweiunddreißigmal in der Schrift und „Freiwilligkeit" einmal. Davon im AT: achtundzwanzigmal; in den Psalmen: je einmal; im NT: dreimal (Elb. Konkordanz). Und immer nur in Verbindung mit

1. Gaben zur Ehre Gottes, dargebracht von Seinem Volk, für das Haus Gottes;
2. Opfer zur Ehre Gottes, dargebracht von Seinem Volk, hinweisend auf das Werk des Herrn Jesus Christus;
3. Gelübde vor Gott.

Zu sechs unterschiedlichen Anlässen steht in der Bibel an sieben Stellen geschrieben, dass ausnahmslos *alle* Menschen Gottlose, Sünder und Böse sind[183]. Viele sind es, viele, die den Namen des Herrn missbraucht, aber nie wirklich angerufen haben. Durch alle Zeitalter hindurch sind sie im Unglauben gestorben. Am Ende aller Zeiten wird jetzt namentlich jeder Einzelne vor den großen weißen Thron gerufen, um mit göttlicher Gerechtigkeit gerichtet zu werden - nicht *einer* wird vergessen. Es gibt kein Schnellgericht und keine Eilverfahren, keine Kollektivhaftung und keine Pauschalverurteilung. Alles, jedes persönliche einzelne Detail wird geprüft, bewertet und gewichtet werden: „Denn Gott wird jedes Werk, es sei gut oder böse, in das Gericht über alles Verborgene bringen."[184] Der Name eines Jeden wird in dem „Buch des Lebens" gesucht und nicht gefunden werden. In das „Lebensbuch des Lammes" ist dieser Mensch nie eingetragen worden. Ihre Namen sind sozusagen „in die Erde geschrieben" (vgl. Jer 17,13; Joh 8,6), in die Erde, die Gott wegen der Sünde verfluchen musste; diese Menschen

---

183 1.Mo 6,5; 8,21; 1.Kö 8,46 u 2.Chr 6,36; Ps 14,1-4; 53,3.4; Rö 3,10-20.
184 Pred 12,14; Apg 10,42; Rö 2,5-8.16; 14,9; 2.Tim 4,1; Heb 6,2; 1.Pet 4,5; Off 11,18.

stehen also unter dem Fluch Gottes. Nun werden weitere Bücher hinzugezogen. In diesen Büchern stehen alle Taten dieser Menschen. Dass sie das Werk Christi zu ihrer Errettung angenommen hätten, ist dort auch nicht dokumentiert. Entsprechend der Eintragungen in den Büchern wird jeder Mensch wegen seines Ungehorsams gegen Gott und gemäß seiner Werke im Unglauben verurteilt, und sein Strafmaß wird individuell bestimmt werden. »Letzten Endes werden wir nicht so sehr danach gerichtet, wie viele Sünden wir begangen haben, sondern danach, wie viel Licht wir abgestoßen haben« (V. Havner).

Fazit: „Der Gottlose fällt durch seine Gottlosigkeit". Dieser Mensch ist verloren, ewig verloren, das heißt, er wird jetzt auf ewig von allem Göttlichen getrennt sein. Das heißt in fürchterlich schrecklicher Konsequenz, dass er in alle Ewigkeit als ein von Gott Verfluchter lebendig in der Hölle sein wird, in dem ewigen Feuer, das eigentlich nur für den Teufel bereitet ist und seinen Engeln, den Dämonen - dort wird er jetzt „wohnen".

Solch ein törichter Mensch lebte nach der Devise: Es ist kein Gott! Und sie lebten in der gleichen Gesinnung all jener, die einst riefen: „Kreuzige, kreuzige ihn!" Sehenden Auges und trotz an-klagenden Gewissens durch die Fähigkeit Gutes und Böses erkennen zu können, und in dem Wissen der Ewigkeit, dass eben mit dem Tod nicht alles zu Ende ist, hatte er seinem Schöpfer und dem Heiland der Welt den Rücken zugekehrt. Er suchte den Rat der Gottlosen, folgte dem Weg der Sünder und saß im Kreis der Spötter. „Irrt euch nicht, Gott lässt sich nicht spotten! Denn was irgend ein Mensch sät, das wird er auch ernten." Er war ein Vagabund und er zog es vor ein solcher zu bleiben (vgl. 1.Mo 4,12b; die engl. Üb. J.N.Darby übersetzt "unstet und flüchtig" mit Vagabund). Frieden mit Gott zu machen und in Seiner Ruhe Gemeinschaft mit Gott zu haben durch den Glauben an Seinen Sohn war ihm lästig, nicht erstrebenswert. Jeder, der die Liebe Gottes und Seine

Gnade und Barmherzigkeit verachtet hat, wird endgültig und absolut von allem Göttlichen abgeschnitten sein aufgrund dessen was er ist, nämlich ein Sünder, und er wird verurteilt gemäß dem, was er getan hat oder was er nicht getan hat, nämlich sich nicht in Reue und Buße vor Gott gebeugt, und nicht an den Sohn Gottes, Jesus Christus, geglaubt hat - *dieser ist aller HERR*! *und aller Richter*! -. Jeder dieser Menschen bekommt eine

»Vorladung«.

Das ist die Auferweckung der Toten zum Gericht (Hiob 14,10-12, bea. das Wörtchen „bis" u. Off 20,5.11-15). Wenn die Ungläubigen gerufen werden, haben sie wieder einen Leib, Geist und Seele. Der unbestechliche Richter richtet ohne Ansehen der Person und „wenn er Lust hat, mit ihm (Gott) zu streiten, so kann er ihm auf tausend nicht eins antworten."

V O R L A D U N G   Datum: „Der Tag des HERRN"

Terminsache:

Öffentliche Strafgerichtssache
Anwesenheitspflicht für alle Menschen!

Der ewige und heilige Gott, der Sohn,
der Herr Jesus Christus, der Höchste

. / .

Söhne des Bösen   (Mt 13,38)
Söhne der Hölle   (Mt 23,15)
Söhne des Verderbens   (Joh 17,12)
Söhne des Teufels   (Apg 13,10)
Söhne des Ungehorsams   (Eph 2,2; 5,6; Kol 3,6)

1.)   Anberaumter Gerichtstermin:
       Nach Vollendung der 1000 Jahre (Off 20,7)

2.)   Gerichtssaal und Gerichtsstuhl:
       Der „Große Weiße Thron" (Off 20,11)

3.)   Vorsitzender Richter:
       Der von Gott verordnete gerechte Richter, Sein Name:
       „Das Wort Gottes"
       (Joh 5,22; Off 19,13; Apg 10,42; 17,31; 2.Tim 4,1)

4.)   Beisitzende Richter:
       Die Heiligen der Gnadenzeit,
       die Versammlung des lebendigen Gottes (1.Kor 6,2.3)

5.)   Protokollführer:
       Der Herr, Sein Name: „Treu und Wahrhaftig" (Off 19,11)

6.)   Beschuldigte:
       Unbußfertige Sünder

7.) <u>Tatvorwurf:</u>
Ungehorsam, Ablehnung, offene Feindschaft
und Rebellion gegen Gott.
- Jeder einzelne Anklagepunkt wird öffentlich vorgelesen -

8.) <u>Strafverteidiger, Anwalt der Beschuldigten:</u>
Niemand. Sie alle haben ausdrücklich den einzigen,
den besten Anwalt abgelehnt!

9.) <u>Vertreter der Anklage:</u>
Jesus Christus, der Sohn des lebendigen Gottes

10.) <u>Urteilsspruch:</u>
Schuldig im Sinne der Anklage.
Die erdrückenden und durch nichts widerlegten Sachbeweise
lassen gerechterweise nur dieses Urteil zu.

11.) <u>Rechtsmittel:</u>
Können keine eingelegt werden!
Ein Revisionsverfahren ist nicht zugelassen!
Es gibt keine nächst höhere Instanz.

12.) <u>Vollstreckung des Urteils:</u>
Mit sofortiger Wirkung!

13.) <u>Haftdauer:</u>
Ewigkeiten! (Off 14,11)

14.) <u>Name der Justizvollzugsanstalt (JVA):</u>
„Hölle des Feuers"; „Feuersee", „See, der mit Feuer
und Schwefel brennt" (Mt 18,9; Off 20,15; 21,8)

Ewige Haftbedingungen:

1.) „Da wird sein das Weinen und das Zähneknirschen".
(Dieses Merkmal beschreibt der Herr sechsmal; es wird siebenmal erwähnt: Alles menschliche Streben ohne Gott führt in die
ewige, die vollkommene Pein);

2.) „wo der Wurm (wörtl. „Made". D.h. die ewig nagende, anklagen-
de Gewissenspein und Verzweiflung) nicht stirbt und das Feuer
nicht erlischt".
(Dieses Merkmal beschreibt der Herr in einer Rede dreimal: Das
wesenhafte dieses schrecklichen Ortes kann in seiner Wirklichkeit nicht deutlicher ausgedrückt werden);

3.) wie in einem außergewöhnlich heiß brennenden Feuerofen; ein
unauslöschliches Feuer;

4.) Finsternis,

5.) dennoch Unterscheidung von „Tag" und „Nacht", (d.h., die bekannte Zeit zählt bewusst weiter - ohne Ende);

6.) Schlaflosigkeit;

7.) sie haben keine Ruhe Tag und Nacht;

8.) Verletzungen werden nicht versorgt;

9.) Krankheiten sind unheilbar;

10.) keinerlei persönliche Habe;

11.) völliges Bewusstsein und Erinnerungsvermögen;

12.) absolut keinen Besitz, kein Eigentum - nackt;

13.) es gibt kein Wasser, das heißt Durst, ewig unerträglicher Durst;

14.) Füße und Hände bleiben gefesselt (d.h. völlig wehrlos);

15.) der Rauch der Qualen (d.h. immerwährende Verbrennungen 3.
Grades), aufgrund von Feuer und Schwefel, steigt auf von Ewigkeit zu Ewigkeit;

16.) Sehen der Glückseligen in der Herrlichkeit und ihre wunderbare
Gemeinschaft mit Gott;

17.) das heißt definitiv: der alte natürliche Mensch wird wieder mit Geist, Seele und Leib ewig existieren, und zwar in dem Zustand, in dem ihn der Tod ereilt hat;

18.) Sterben zur Erlösung von den Qualen: unmöglich, denn diese Art Ewigkeit ist der zweite Tod (d.h., ein nie endendes Sterben unter unvorstellbaren Qualen);

19.) schutzlos in der Gesellschaft des Teufels, der gefallenen Engel (der Dämonen) und all seiner Verbündeten;

20.) es ist ein Gefängnis;

21.) Fluchtmöglichkeiten: absolut keine;

22.) Hoffnungslosigkeit!

Mt 8,12 u. Lk 13,28; Mt 13,42.50; 22,13; 24,51; 25,30;
Mk 9,44.46.48 (vgl. Jes 66,24);
Mt 3,12; 5,22.26-30; 23,33; Lk 16,19-31;
1.Thes 4,13; 1.Pet 3,19; 2.Pet 2,17; Jud 13;
Off 14,10.11; 20,10.15; 21,8

Liebe Leserin, lieber Leser,

du allein bist verantwortlich für Dein Leben. Bitte übernimm Verantwortung, Verantwortung für dich selbst. Trage Vorsorge für dein Leben. Die Bibel rät Dir schon so lange Zeit: Mach dich bereit deinem Gott zu begegnen (Amos 4,12) und in Seiner Langmut gewährt dir Gott noch eine Gnadenfrist, da Er nicht will, dass du verloren gehst, sondern dass du zur Buße kommst (2.Pet 3,9).

Thomas Jefferson, Gouverneur von Virginia und 3. Präsident der USA, schrieb vor über 200 Jahren in seinen Bemerkungen über den Staat Virginia: »Wenn ich darüber nachdenke, dass Gott gerecht ist, bange ich um mein Volk. ... Tatsächlich zittere ich, dass seine Gerechtigkeit nicht für immer schlafen kann.« - Lass dich ernstlich fragen: Suchst du Gott? Hast du vor Ihm Buße getan? Willst du nicht Jesus, den Sohn Gottes, als deinen Herrn und Heiland im Glauben in dein Herz aufnehmen? Willst du dich nicht bekehren? Bedenke das Ende! Überschlage die Kosten! Entweder bist du Gott, deinem Schöpfer, gehorsam und gehst durch die „enge Pforte" (Mt 7,13.14) und mit weitem Herz auf schmalem Weg zum Leben oder du hörst auf den Teufel - der von Anfang an sündigt und Lügen redet - und bleibst wie bisher hochmütig, stolz und hartherzig auf dem breiten Weg der ins Verderben führt. Die Türen der „engen Pforte" sind dann für ewig verschlossen. Niemand wird sie je wieder öffnen können, »der Willigste nicht, der Stärkste nicht, der Fähigste nicht, der Begabteste nicht, Niemand! « (W. Gitt. Vgl. 2.Thes 2,11.12; Amos 8,11.12). Sei nicht töricht, es gibt keinen dritten Weg, keine Kompromisslösung, keinen sogenannten „goldenen Mittelweg". Auch ist vieles vielleicht nicht so wichtig, als dass es nicht fünf Minuten warten kann, aber eben nicht alles. Es gibt kein „zu früh", sondern nur ein „früh genug", kein „egal" oder „vielleicht später", sondern nur das "Hier!" und das "Heute!" und das "Jetzt!":

Gottes Wort sagt:	*Heute!* Heute musst du dich bekehren, soll der Himmel dir gehören.
Satan flüstert dir zu:	Warte noch, keine Eile, warum heut? Morgen ist gelegene Zeit.
Morgen? -	Es gibt ein „Heute" und es gibt ein „Zu spät".

Die Hölle ist eigentlich nur für den Teufel und seine Engel bereitet worden. Der große Gott hat in Seinem Wort eine bildhafte Beschreibung der Hölle gegeben, damit wir annähernd eine Vorstellung von dem bekommen was es heißt Sein Feind zu sein - viele Menschen sagen: Egal, Übertreibung und es wird nicht so heiß gegessen wie gekocht wird, es wird schon gut gehn. Und doch ist das Feindschaft gegen Gott. Ja, wer nicht nach Gott sucht und fragt und *Ihn* zum Lügner macht, ist in Feindschaft gegen Ihn - doch Gott in Seiner Gnade ist *heute* noch der Heiland-Gott, dein Retter, nicht dein gerechter Richter. *Heute* wird dir noch zugerufen: „Lass dich versöhnen mit Gott!" „Heute, wenn ihr seine Stimme hört, verhärtet eure Herzen nicht."

Keine bildhafte Beschreibung ist folgendes: Mit dem deutschen Wort „Hölle" wurde das griechische Wort „gehenna" übersetzt; das leitet sich ab von dem hebräischen „ge hinnom", das heißt übersetzt „Stöhnen, Gewimmer". An der Südwestseite von Jerusalem gibt es das „Tal Hinnom" („Tal des Gestöhns, des Wehklagens"), der Prophet Jeremia musste es „Würgetal" nennen (Jer 7,32, 19,6). In diesem Tal gab es die Gräuelststätte „Tophet" (aram. „verächtlich anspeien", „Feuerplatz"; heb. „Topheth": „Gräuel(stätte), Gespei, Abscheu"). Bemerkenswert und vorausweisend - im Blick auf ein endzeitliches Gericht - ist die finstere Sprache in Jesaja 30,33: „Denn längst ist eine Gräuelstätte (Topheth) zugerichtet; ... Tief, weit hat er sie gemacht, ihr Holzstoß hat Feuer und Holz in Menge; wie ein Schwefelstrom setzt der Hauch des HERRN sie in Brand." Tophet ist ein Bild der Hölle. In alttestamentlicher

Zeit wurden dort dem ammonitischen Gott Molech tatsächlich Kinder geopfert. Unter König Josia war es eine öffentliche Müllkippe, auf der aller Unrat mit Feuer verbrannt wurde; das Feuer brannte Tag und Nacht. Bis in die Zeit von Jesus Christus wurden dort auch die Leichen von Verbrechern verbrannt. Nach dem Willen der Menschen damals - die religiöse Welt, die kulturelle Welt und die politische Welt - sollte der Sohn Gottes genau an diesem Ort endgültig und restlos beseitigt werden (Lk 22,37; Jes 53,9). Es ist also seitens Gottes nur gerecht, wenn Er diesen Ort jetzt für die gottlosen Menschen bestimmt hat. Jemand hat geschrieben: »Die Hölle ist eine Müllkippe, wo die Sünder, die Christus ablehnen, für immer mit Satan und seinen Engeln leiden werden« (W.W.Wiersbe).

....

Siehe, ich komme *bald*.

Siehe, ich komme *bald*.

Siehe, ich komme *schnell*, und mein Lohn mit mir,
  um einem jeden zu vergelten, wie sein Werk ist.

 Ja, ich komme *eilends*.   (Off 3,11; 22,7.12.20)

....

<u>Liebe(r) Leser(in):</u>

 Schnell naht die Zeit der Ewigkeit.
Verdräng es nicht. - Bist du bereit?

Bist du bereit? Mach es dir klar,
das Wort des HERRN ist ewig wahr!

»*Eilends*«! Hör doch Seine Stimme. -
 Schärf´ in Beugung deine Sinne

und nimm sie an, die Retterhand,
die dich in deinen Sünden fand.

Nutz die Zeit, verhärte dich nicht!
Die Liebe ruft, stellt dich ins Licht,

und spricht von Seiner Heiligkeit:
»ER richtet in Gerechtigkeit!« -

 Der HERR kommt bald! - ja, das beglückt -
nur Sünder lässt ER dann zurück!

ER holt nur Seine Bluterkauften,
die treulich Seinem Worte glaubten.

Bei IHM! - Im Himmel herrlich droben
wird Freude sein und ew´ges Loben! -

 Erscheint dir das krank, dumm, zum Hohn?
Am Ende steht dann Höllenlohn.

Drum bangt mein Herz aus Angst um dich;
glaub Seinem Wort und irre nicht!

„Ich nehme heute den Himmel und die Erde

als Zeugen gegen euch:

Das Leben und den Tod habe ich euch vorgelegt,

den Segen und den Fluch!

So wähle das Leben, damit du lebest,

du und deine Nachkommenschaft,

indem du den HERRN, deinen Gott, liebst

und seiner Stimme gehorchst

und ihm anhängst;

denn das ist dein Leben und die Länge deiner Tage!"

5. Mose 30,19.20

„Das Endergebnis,

nachdem alles vernommen wurde, ist:

Fürchte Gott und halte seine Gebote;

denn das ist der ganze Mensch."

Prediger 12,13

* *
* *
* * * * * * * * * * * * * * * * * * * *
* * * * * * * * * * * * * *
* * * * * * *

Notizen:

Notizen: